JN319301

新訳文庫

神学・政治論(上)

スピノザ

吉田量彦訳

光文社

Title : Tractatus theologico-politicus
1670
Author : Benedictus de Spinoza

凡例

一．底本について

本書は一六七〇年に匿名で刊行された著作『神学・政治論 Tractatus theologico-politicus』の全訳である。今日、著者であることが明らかとなっているスピノザ（一六三二～一六七七）という人物については、「訳者まえがき」および「解説」を参照していただきたい。

一六七〇年の初版ではなく、原則として以下のラテン語・フランス語対訳版を底本として訳出する。以下、訳注等で「底本」への言及がある場合、すべてこの版を指すものとする。

Tractatus theologico-politicus / *Traité théologico-politique.* Texte établi par Fokke Akkerman. Traduction et notes par Jacqueline Lagrée et Pierre-François Moreau. Paris (Presses universitaires de France), 1999.

なお、底本とするのはアッカーマン校訂のラテン語原文のみであり、フランス語の訳文は各国語訳の一例としての参照にとどめる。

また、時に底本と異なる読みに基づいて訳出することがある。こうした箇所については訳注でその理由を示すものとする。

原文にはヘブライ文字で書かれた箇所（大部分は旧約聖書からの引用）が多数見られるが、ヘブライ文字を再掲するのは、文意の理解に不可欠と思われる箇所に限定する。

二．訳文中の記号について

本書で言及される他の著作名については『　』で示す。聖書各巻の名称についても同様とする。

原文の強調箇所および引用文は「　」で示す。ただし原文では引用と明記されていないが、引用であることが明らかな箇所にも用いることがある。また文意を補うために、原文では強調されていない文字列を訳者の判断で「　」でくくることが稀にある。これらについては、まぎらわしい場合のみ訳注で断りを入れるものとする。

スピノザ自身が補足説明的に文章や語句を挿入している箇所は、原文通り（　）で示す。本文中でこれ以外の意味に（　）を用いることは一切ない。ただし、本文以外の部分についてはこの限りではない。

文意を補うため、原文にない、あるいは原文から直接訳出できない文章や語句を、訳者の判断で挿入することがある。こうした箇所は［　］で示す。

元々のラテン語原文は当時の慣例上、極端に改行の少ない文章となっている。底本では校訂者のアッカーマンが独自の改行を行っているので、本書でもこれを踏襲する。改行箇所冒頭に時折挿入される［　］の中の数字は、このアッカーマンの分割による段落番号である。

ただし、このアッカーマンによる段落分けでさえ、現代日本語の一段落としては大きすぎる場合が少なくない。したがって本書では、訳者の判断でさらに改行箇所を増やしてある。改行箇所冒頭に［数字］がない場合、その改行は訳者の判断で行ったものである。

したがって、［　］の中の数字はアッカーマンの本来の意図では段落番号として付されているが、本書では節番号として用いる。たとえば「本書第十六章二節を参照」という場合、十六章の［二］直後から［三］直前までの、時に複数の段落におよぶ文章のまとまりを指すものとする。

三．他の文献の引用・参照指示について

聖書の引用および参照指示については、『巻名』、章番号、節番号で示す（例『出エジプト記』第十八章二十三節）。

他の文献の引用および参照指示については特に共通規格を設けず、文献ごとの形態に応じて、該当箇所をもっとも特定しやすい形で示す。

引用・参照指示回数が比較的多い文献のうち、邦訳のあるものを以下に示す（訳者名は割愛）。本文中で「邦訳Xページを参照」といった指示がある場合、すべて以下の版に基づくものとする。

複数の邦訳がある場合、今日の一般読者がもっとも参照しやすいと思われる版を優先するものとする。訳文の優劣とは一切関わりがないので、注意されたい。

・クルティウス・ルフス『アレクサンドロス大王伝』京都大学学術出版会、二〇〇三年
・タキトゥス『同時代史』ちくま学芸文庫、二〇一二年
・タキトゥス『年代記』岩波文庫、全二巻、一九八一年
・テレンティウス『ローマ喜劇集5　テレンティウス』京都大学学術出版会、二〇〇

二年

・フラウィウス・ヨセフス『ユダヤ古代誌』ちくま学芸文庫、全六巻、一九九九年〜二〇〇〇年

四．名詞の表記について

人名、地名、特殊用語等の表記については、原則的に現地の言語に近い音で転写することを心がけ、日本語での通称にはこだわらない（例「アレキサンダー」ではなく「アレクサンドロス」）。この際スピノザ自身が翻訳を使用していた場合も、翻訳言語上の発音ではなく、元の発音に戻す（例えば、スピノザがラテン語訳を用いているが元はギリシャ語の文献の場合、「アレクサンデル」ではなく「アレクサンドロス」）。ただし、文意の理解に不可欠となる場合を除き、母音の長短には特にこだわらない。また、聖書に登場する人名や地名についてはこの限りではない（後述）。

元の言語に忠実に転写すると理解に大きく差し障ると思われる場合に限り、右の原則を弱めて通称を用いることとする（例「ベン・マイモン」ではなく「マイモニデス」）。また中世のユダヤ人聖書学者たちのように基準となる名前の読み方を特定しにくい場

合、もっとも通りがよいと思われる読み方を訳者の判断で選んだ上、別称や別言語における呼称を訳注で示す。

聖書各巻の名称、登場人物名、地名等は、現代日本でもっとも流通していると思われる、日本聖書協会発行の新共同訳聖書に準じるものとする。例外的に異なる名称を採用した箇所については、訳注でその理由を示すものとする。

五．原注について

本書で原注と呼んだものは二種類ある。一つは原書初版の下段に印刷されている、スピノザ自身が原文に付けた脚注である。これらはみな短いものであり、本書では「原注」と断り書きを付けた上、訳注に統合した。

もう一つの「原注」とは、いくつかの古い稿本の欄外に残された「書き込み」のことである。ゲプハルトが整理・統合した上で通し番号を付けており、全部で三十九ある。これらは各巻末にまとめて訳出した。以下、こちらの意味の原注について、近年の研究でわかっていることを伝えておく。番号は底本に習い、ゲプハルトの付けたものを踏襲する。

三十九の原注のうち、確実にスピノザが書いたと立証できるものは五つしかない。イスラエルのハイファ大学の図書館に、スピノザがヤコブス・クレフマンヌス（ヤーコプ・クレフマン）という人物に贈った版本が収蔵されている。これにはタイトルページに書かれた一六七六年七月二十五日付の献辞とともに、五箇所にスピノザの肉筆の書き込みがある（原注番号二、六、七、十三、十四）。スピノザが自分の手元に置いて使っていた版本（以下、仮に自家本と呼ぶ）から自ら写し取ったものと思われる。

それでは、残り三十四の原注はどうか。常識的に考えて、他人に自著を献呈する時などは、あまりにも煩瑣《はんさ》な話題にまつわる書き込みや、自分のための覚書程度のものはわざわざ書き写したりしないだろう。したがって、残りの原注もすべて自家本には書き込まれていた、と想定することも理論的には不可能ではない。やがてスピノザの死後、何らかの経路で伝わった自家本の中から、後代の誰かがすべての書き込みを写し取って伝えたというわけである。

しかし、この想定には無理がある。こうした原注の中には、本文の該当箇所の内容と明らかに係わりの薄い、単なる連想やトリヴィアの域を出ていない書き込みも少なからず見受けられるからである。また比較的長い原注では、お互いに関連性の薄い一連の話題が、話題の転換を示す接続詞「さて」の繰り返しによって不自然に結び付けられていたりする。これなども元々何も書き込まれていなかったか、短い書き込みしかなかった箇所に、衒学《げんがく》趣味に毒された後代の読者が連想の赴くままに書き足しを行っただけのように思われる。また慎重なスピノザがおよそ書きそうにない、あるいは稀にしか書かない、不必要に挑発的な語句が頻出するのも妙な印象を受ける。いくら他人に見せるつもりのなかった自家本とはいえ、こうも無駄に毒の入った書き込みをスピノザ自身が頻繁に行っていたとは考えにくい。

本書ではスピノザの真筆かどうか明らかに疑わしいものも含め、三十九の原注をすべて訳出した。ただし古いフランス語訳の欄外に散見される、他の稿本から内容的に大きく隔たった箇所は除いてある。間違いなくスピノザの手によるものではないことに加え、内容的にも、対応する他の稿本の原注を説明的に書き改めたものに過ぎないからである。

六．各国語訳について

訳出にあたり、既に存在している各国語の翻訳を適宜参照した。以下に示すのがそれである。その存在を把握していながら、訳者の側の諸事情で参照できなかった翻訳は、この中に含まれていない。また参照の度合いには翻訳言語によって差があるが、これも訳者の不均等な語学力に基づくものであり、それぞれの訳文の質とは一切関わりがないことを断っておく。

（日本語訳）

『神学・政治論』岩波文庫、一九四四年（全二巻、畠中尚志訳）

（ドイツ語訳）

Theologisch-politischer Traktat. Auf der Grundlage der Übersetzung von Carl Gebhardt neu bearbeitet, eingeleitet und herausgegeben von Günter Gawlick. Hamburg (Felix Meiner), 1976.

Theologisch-politischer Traktat. Neu übersetzt von Wolfgang Bartuschat. Hamburg (Felix Meiner), 2012.

（フランス語訳）

Tractatus theologico-politicus / Traité théologico-politique. Texte établi par Fokke Akkerman. Traduction et notes par Jacqueline Lagrée et Pierre-François Moreau.

（底本を参照）

（英語訳）

A *Theologico-political Treatise and* A *Political Treatise*. Translated by R.H.M. Elwes. New York (Dover Publications), 1951. (Originally 1883)

Theological-Political Treatise. Translated by Michael Silverthorn and Jonathan Israel. Cambridge University Press, 2007.

『神学・政治論（上）』目次

〈下巻目次〉

損なわれることなくわたしたちまで伝えられた、ということが示される

第十三章　聖書は単純きわまりない教えしか説いていないこと、ひとびとを服従させることだけが聖書の狙いであること、そして聖書は神が本来どういうものであるかについては、ひとびとがそれを見習って生き方の指針にできるようなことしか説いていないことが示される

第十四章　信仰とは何か。信仰のある人とはどのような人か。信仰の基礎になることが決められ、最終的に信仰が哲学から切り離される

第十五章　神学が理性に奉仕するのでも、理性が神学に奉仕するのでもないことについて。そしてわたしたちが聖書の権威を認める理由について

第十六章　国家体制の基礎について。個人のもつ自然な権利と、市民としての権利について。そして至高の権力の持ち主たちの権利について

第十七章　至高の権力にすべてを引き渡すことは誰にもできないし、その必要もないことが示される。ヘブライ人たちの国家

訳者まえがき――いま『神学・政治論』を読む人のために

いま皆さんの前にあるこの『神学・政治論』という本は、一六七〇年にヨーロッパの西の方で出版されました。出版された当時、この本には、著者の名前がどこにも書かれていませんでした。

ついでに言うと、出版元もどこだか分からないように工夫されていました。初版本の扉には「ハンブルク、ヘンリクス・キュンラート出版」と書かれています。ハンブルクは北海貿易でうるおった北ドイツの港町、ヘンリクス（ハインリッヒ）・キュンラートという名前もいかにもドイツ人らしい響きですから、素直に読めばドイツ人の版元がドイツ（当時そういう名前の国はまだできていませんでしたが）で出版した本のように見えます。しかし、ハンブルクにこのような名前の版元は存在しませんでした。

実はこの本、本当はオランダのアムステルダムで出版されました。出版を請け負ったのもオランダ人の印刷業者で、この人は著者の親しい友人でした。それでは、その著者とは誰だったのでしょうか。

いま述べたような工夫がほどこされていたにもかかわらず、この本の出版からまもなく、「これを書いたのは、あいつではないか」という噂がオランダ各地に広がりました。「あいつ」とは、このころ同じオランダのハーグに住んでいた、一人のユダヤ人のことです。

ユダヤ人（この本の中ではヘブライ人やイスラエル人とも呼ばれます）とは、はるか昔に今のイスラエルがある辺りに暮らしていた民族の子孫で、自分たちの国を失ってから長い時間をかけて、世界各地に散らばって暮らすことになった人たちのことです。キリスト教の創始者だったイエス・キリストことナザレのイエスもユダヤ人です。それなのに「わたしたちのイエスさまを殺したのはあいつらだ」ということで、キリスト教の信者からは何かと嫌われることの多い人たちでした（本当にイエスを処刑したのは、既に自分たちの国を失っていたユダヤ人たちではなく、ローマ帝国から派遣されていたローマ人の代官とその手下たちだったのですが）。

このハーグのユダヤ人は、以前からとても有名でした。自分たちの国をもたなかったユダヤ人たちは、この当時、地球上のどこに住みついても仲間うちで固く団結して共同体を作り、自分たちの生活を守ろうとしていました。世界各地に点在し、そして国境を超えて結びついたこのような共同体のネットワークこそ、ユダヤ人が生きていくのに欠かせない生活基盤と考えられていました。それなのにこの人は、自分が生まれ育ったアムステルダムの町のユダヤ人共同体から「破門」を受けていたのです。

破門とはこの場合、一つの町の共同体から追放されるだけでなく、ユダヤ人共同体のネットワークから完全に放り出されることを意味します。実際この人も、それまで死んだ父親の跡を継いでアムステルダムで貿易商を営んでいたのですが、破門されたことで事実上商売を続けられなくなり（もっとも、続ける気がなかったからこそ破門を受け入れたのでしょうが）、お店の経営権を弟に譲っています。キリスト教徒たちからはユダヤ人としてさまざまな差別を受け、差別される側のユダヤ人たちの共同体からも破門される。これは当時の常識では、いわば究極のひとりぼっちになることを意味していました。だからこそ、あえてそのような生き方を選んだこの人物は、なおのこと周囲の人たちの関心をよんでいたのです。

もう、名前を出してもいいでしょう。この人の名は、スピノザといいます。そして世間の噂は結果的に当たっていました。このハーグの市中でひっそり暮らしていたユダヤ人スピノザが、『神学・政治論』という本を書いたのです。

それでは、スピノザはなぜこのような本を書いたのでしょうか。またそもそも、この本には一体どういうことが書かれているのでしょうか。

これについては、訳者であるわたしなりの答えを、あとで「解説」に書いておこうと思います。しかしわたしはむしろ皆さんに、そういう疑問はとりあえず抱え込んだまま、直ちに『神学・政治論』本文に進まれることをお勧めします。まずは本文のタイトルページに、さらにはそれに続く少し長めの「序文」に、スピノザ自身が答えを書いてくれているからです。

とはいえ、すべてを皆さんに丸投げするのも不親切ですから、一つだけヒントをお教えしておきましょう。タイトルページを見てください。『神学・政治論』という書名の横に、短い文章がくっついていますね。実はこの文章、とても重要なことを語っているのです。

「本書は、哲学する自由を認めても道徳心や国の平和は損なわれないどころではなく、むしろこの自由を踏みにじれば国の平和や道徳心も必ず損なわれてしまう、ということを示したさまざまな論考からできている」

「哲学する自由」といっても、何かややこしい思弁を繰り広げる自由のことではありません。ここでいう哲学する自由とは、スピノザ自身が後で言い直しているように、ものごとの真偽を自分で考えて判断する自由であり、そして自分がこうだと思ったことを「言う自由」、つまり世の中に問いかける自由のことです。現代風の表現に直すと、思想・言論・表現の自由ということになるでしょうか。

ものごとを好き勝手に考える自由、しかも好き勝手な考えを世間に言いふらす自由だって？　冗談ではない。そんな自由を認めたら、この世は自分勝手な悪人だらけになり、国の秩序も目茶目茶に乱されてしまう……十七世紀当時、多くのヨーロッパ人はそんな風に考えていました。西ヨーロッパ諸国の中では思想に対する締め付けがかなり「ゆるかった」ことになっているオランダでさえ、そうなのです。みんなが同じ一つの宗教を信じ、この宗教の教義に反することなど一切考えなくなれば、悪い考えを起こす人もいなくなって社会全体が平和になるだろう、というわけです。

スピノザは先に引用した短い断り書きの中で、そしてひいてはこの『神学・政治論』という本全体を通して、まさにこのような見方を掘り崩そうとするのです。しかもその崩し方がひねってある。「哲学する自由を認めれば道徳心や国の平和が損なわれる」という主張に反論しようとする場合、すぐに思い浮かぶのは「哲学する自由を認めても道徳心や国の平和は損なわれない」という、逆の主張をぶつけることでしょう。しかしスピノザはこのような穏健な反論の仕方をとりません。彼の主張はこれとは比べものにならないほど鋭く、ある意味では攻撃的・挑発的と言ってもよいものです。つまり「哲学する自由を認めても道徳心や国の平和は損なわれない」どころではない。むしろ「この自由を踏みにじれば国の平和や道徳心も必ず損なわれてしまう」とスピノザは言うのです。

道徳心や国の平和を損なわないものなら、それはいわば「大目に見てもらう」ことができるでしょう。あってもなくてもひとの心や国のあり方に大差は出ないのだから、宗教勢力や政治権力側に情けがあるなら認めてくれてもよいではないか、というわけです。しかし哲学する自由とは、スピノザによれば、決してそのようなどうでもいいものではありません。それはひとの心や国にとって「あっても無害」なのではなく、むしろ「ないと有害」なものなのです。したがって、もし宗教家や政治家が、道徳心や国の平和を守るという触れ込みでひとびとからこの自由を取り上げようとするなら、彼らは実は自分たちが守ろうとしている（少なくともそう主張している）当のものを台無しにしていることになります。

『神学・政治論』全体をつらぬいているスピノザの主張は、大まかにいえば、以上のようなものです。聖書の章句の細かな読解に取り組んでいる時でも、聖書解釈の方法論を組み立てている時でも、古代イスラエル人の国家体制を分析している時でも、またきわめて独自性の高い自然権論や社会契約説を提唱している時でも、スピノザの議論の底にはいつもこのような基本主張が流れている。このことを忘れずに読み進んでいかれるなら、読者の皆さんが途中で道に迷われることはないでしょう。

それでは、直ちに本文にお進みください。内容的にも分量的にも中々骨の折れる文章かもしれませんが、楽しく刺激的な読書になることを訳者として心から願っております。

神学・政治論（上）

本書は、哲学する自由を認めても道徳心や国の平和は損なわれないどころではなく、むしろこの自由を踏みにじれば国の平和や道徳心も必ず損なわれてしまう、ということを示したさまざまな論考からできている。

『ヨハネの手紙一』第四章十三節[1]

「これによってわたしたちは、わたしたちが神のうちにあり、神ご自身がわたしたちのうちにあることを知るのです。神はそれを、ご自身の霊からわたしたちに与えてくださったのですから」

ハンブルク
ヘンリクス・キュンラート出版[2]、一六七〇年

1 この引用については本書第十四章七節を参照。

2 「訳者まえがき」にも記したように、実在しない版元である。底本はハインリッヒ・クンラート（一五六〇～一六〇五）という、十六世紀後半のザクセン地方（現在のドイツ中東部）に実在した医師・錬金術師の名前をもじった可能性に言及しているが、真相はよく分からない。

序文

［一］自分にかかわることを、すべて決まった計画に基づいて取り仕切れるなら、迷信など無用だろう。また、人生がいつも願ったりかなったりの幸運続きなら、やはり迷信に振り回される人などいないだろう。しかし現実には、ひとはしばしば、計画など役に立たないような窮地に陥るものだ。また、幸運などそう続くわけがない。そんな幸運を無節操に望めば、ひとは大抵の場合、希望と不安の間を痛ましいくらい揺れ動くことになる。

だからこそ、ひとの心は往々にして、何でもあっさりと信じてしまいがちである。一旦疑いの念に取りつかれたら、些細なきっかけであちらこちらへ揺り動かされるし、まして希望と不安に駆りたてられればますます簡単に動揺する。そのくせ、その同じ人間が別の角度から見れば自分に自信たっぷりで、やたらと自己評価が高く、慢心しがちなのである。

［二］自分で自分のことを知らない人は確かに多いけれども、今述べたようなことを知らない人はいないと思う。というのも、他人に囲まれて暮らしていれば、誰でも次のようなことに気づかずにはいられないからだ。多くの人は、ものごとの成り行きが順調な時には、たとえ未熟きわまりない人でも自分は十分な知恵者だと思っていて、他人が口添えでもしようとすると侮辱を受けたと思い込むことさえある。ところが成り行きが逆境に転じればたちまち動転してなすすべを知らず、他人という他人に哀願しては助言を求め、たとえそれが不適切でも馬鹿馬鹿しくても無意味でも、耳にした限りのあらゆる助言に従おうとする。おまけにごく他愛ないきっかけにも、これで事態が好転するのではないかと希望を寄せたり、反対に一層悪くなるのではないかと恐れたりする。実際、ひとは恐れに駆られて右往左往している間は、以前にあった好事凶事を思い起こさせるような出来事がたまたま生じるのを目にしては、そうした出来事がよい結果や悪い結果を予兆していると思い込むのである。だからこそ、たとえ何度となく裏切られても、それを吉兆とか凶兆とか呼び続ける。それどころか、何か普通でない出来事を目にしただけで仰天し、それを何かの兆しのように、たとえば神々

だか至高の存在だかの怒りの兆しのように思い込んでしまう。迷信にとらわれやすく、まともな宗教に服さない人なら、お供えやお祈りを捧げてこれを鎮めなければならないと思うのである。

このようにして、ひとは空しい想像を果てしなく繰り広げる。そして、まるで自然全体が自分と一緒に正気を失ったかのように、自然［の出来事］を奇怪な仕方で解釈し続けるのである。

［三］こういうわけだから、特に次のようなことは誰の目にも明らかだろう。あらゆる種類の迷信のとりこに一番なりやすいのは、必ず得られるとは限らないことを無節操に望む人である。中でも、危険にさらされていてしかも自力ではどうにもできないような場合には、そうした人は誰であれ、祈ったり女々しく泣いたりして神様に助けを乞い願う。そして理性など（その人が求めている空しい目標にたどり着くための確かな道筋を示してくれないから）ものを見る役に立たないし、人間の知恵など空しいと叫ぶのだ。その一方で、想像力の産物に過ぎない妄想、夢、子供じみた珍解答を神のお告げと信じ込む。それどころか、神は知恵あるものがお嫌いであるから、ご自分の決められたことを［人間の］精神ではなく獣の臓物に書き込まれたとか、あるいは

愚者や狂人や鳥こそ神の息吹や刺激に呼応し、神の思し召しを予言するものたちであると信じ込む。不安に駆られると、人間はこれほどまでに正気を失うものなのだ。

〔四〕したがって恐怖こそ、迷信が生まれ、保たれ、育まれる原因なのである。その実例を、今述べたこと以外にも具体的に知りたければ、たとえばアレクサンドロス大王を見るがいい。この人はスーサの山道で運命の恐ろしさを初めて思い知ったのとちょうど同じ時期に、[3]心に迷信が生まれて占い師を招くようになった（クルティウス『アレクサンドロス大王伝』第五巻四章を参照）。ダレイオス〔＝ペルシャ王ダレイオス三世〕に勝利した後、易者や占い師に相談するのを一旦止《や》めたのだが、それも長くは続かなかった。よりによって自分が負傷してぐったり寝込んでいる時に、バクトリア人の反乱やスキタイ人との戦いに苦しめられたせいで、大王は時の運に恵まれないことをまたしても恐れ始め、「再び（クルティウスが同書第七巻七章で言っているように）ひとの精神の戯れから生まれた迷信にはまり込み、軽率にも信頼を寄せていたアリスタンドロスに、生贄を捧げてことの成り行きを探るよう命じた」[4]のである。

このような実例はいくらでも持ち出せるだろう。そうした例からはっきり分かるのは、ひとが迷信に心を動かされるのは、恐れの続いている間に限られるということである。ひとびとがかつて空しい宗教に惑わされて崇拝していたことはすべて幻想であり、苦しむ心、恐れに駆られた心が生み出した妄想にすぎないのだ。また占い師というものは、国が抱えている困難が多い時ほど民衆を意のままに操り、王たちを恐れさせたのである。しかしこうしたことは誰にでも知られていると思うので、これ以上立ち入らないことにする。

［五］迷信の原因がこういうものだとすると、明らかに、ひとは本来誰でも迷信にとらわれやすいことになる（ひとがみな迷信深いのは、彼らが神について抱いている観念が雑だからだ、と考える人もいるが、そういう人には言いたいだけ言わせておこ

3 『アレクサンドロス大王伝』の記述によると、ペルシャ遠征中「スーサの隘路《あいろ》」で奇襲を受けた時、それまで負け知らずだったアレクサンドロス大王は自軍の運用に迷い、初めてある種のパニックに陥った。それ以来、王は進退について思慮深くなっただけでなく、折に触れて占いで神々の意見を伺うようになったという。

4 『大王伝』邦訳一八三ページを参照。スピノザは現在形で引用しているが、文脈上過去形に直しておく。アリスタンドロスは王の取り巻きの占い師の一人で、『大王伝』では王の信頼がもっとも厚かった占い師とされている。

う)。また、精神が戯れに生み出した妄想や、無我夢中の激情などがみなそうであるように、迷信というものも、その内容はきわめてまちまちで一定しないことになる。さらにまた、迷信は他でもない、ひとの期待や憎しみや怒りや欺きによって守られることになる。理性ではなくただ感情から、しかも最も活発な感情から生じるのが迷信なのだから、これは当然のことである。

したがって、ひとびとがありとあらゆる種類の迷信にとらわれることは簡単に起こるけれども、反対に、みんなが同じ一つの迷信にとらわれ続けることは起こりにくい。そもそも、常に変わりなく悲惨な状態におかれているからこそ、民衆はどこにも長く安らいではいられない。民衆に最も歓迎されるのは、新しいもの、まだそれに裏切られたことのないものに限られる。この定まりのなさこそが、数多くの激しい騒乱や戦乱の原因となったのだ。まさに(たった今述べたことから明らかなように、またクルティウスも上掲書第四巻十章で見事に評しているように)「迷信にまさる群衆の支配者はない」[5]のである。だからこそ群衆は、見かけ倒しの宗教に簡単に引きずられては、ついさっきまで彼らの支配者たちを神々のように崇《あが》めていたかと思うと、今度は罵《ののし》り始めたり、全人類を苦しめる疫病のように呪ったりするのである。

［六］こうした不都合を避けようとして、ひとは大変な努力を払ってきた。具体的には、まともな宗教であろうとなかろうと、ともかく宗教というものを儀式や仕掛けで飾り立てようとした。こうすることで宗教を他の何よりも重大なもののように見せかけ、いつでも誰からも最高の敬意を払われるようにしようとしたのである。これに一番成功したのはトルコ人たちだった。彼らは［宗教儀礼について］あれこれ議論することすら罪悪と考え、ひとびとの判断力を大量の先入見で覆い尽くすことで、精神のうちにまともな理性の居場所を残さないように、というかそもそも何かを疑問視することすらできないようにしたのである。

［七］こうしてみると、君主がうまく国を統治するための一番のコツは、また君主が統治を行う上で何よりも心掛けるべきなのは、ひとびとを上手にだまし続けることであるようだ。ひとびとを恐怖でしばり続けようとして、この恐怖を宗教という美名で覆い隠すから、誰もがついには救済を求めるかのように隷属を求めて戦い、たった一人の人物［＝君主］の体面のために全身全霊を費やすようになり、しかもそれを醜悪

5 『アレクサンドロス大王伝』邦訳一〇一ページを参照。

でなく最上の偉業であるかのように思い込む。しかし仮にそうなら、逆に言えば、自由な国においては考え方としても政策としてもこれ以上に忌まわしいものはありえない。一人一人の自由な判断を先入見で覆い尽くしたり、何らかの仕方で制限したりするなら、誰もが有している自由と真っ向から矛盾することになるからである。

また、宗教問題を装って紛争があおり立てられることもあるが、こういう紛争が生じる原因もはっきりしている。それは他でもない、そもそも思弁的な事柄にまつわる法律を制定して、ただの意見にすぎないものを、まるで悪事のように犯罪扱いして断罪するからなのだ。そうした意見を擁護したり認めたりしているという理由で弾圧される人々は、公共の福祉のためではなく、反対意見の持ち主たちの憎しみや嗜虐心の犠牲になっているに過ぎない。もし国の法律上「行ったことだけを告発し、語ったことは罪に問わない」[6]ことさえ徹底されれば、そのような紛争を見せかけの法で美化することはできなくなるだろうし、ただの意見の食い違いが紛争に化けることもなくなるだろう。

［八］わたしたちが暮らすこの国［オランダ］では、ものごとを判断する自由が誰にでもそのまま認められているし、自分の好きなように神を敬ってよいことになってい

る。また自由以上に貴いもの、愛すべきものはないと考えられている。こういうありがたい幸運に浴してきたからこそ、わたしはついに、次のようなことを示してやれば誰にでも歓迎されるし、また役に立つのではなかろうかと思うに至った。実はこの自由というものは、それを認めても道徳心や国の平和は損なわれない、というだけではない。むしろそれどころか、もしも自由が踏みにじられたら、国の平和も道徳心も必ず損なわれてしまうのである。わたしがこの論考の中で証明したかったのは、何よりもまずこのことなのだ。

これを証明するためにまず必要だったのは、宗教についての数々の重大な先入見を、言い換えれば過去の時代の奴隷根性の遺物を指摘することであり〔第一～十五章〕、それからまた、至高の権力の持ち主〔＝主権者〕たちに属する権利についての先入見を指摘することであった〔第十六～二十章〕。それというのも、この上なく厚かましい「お墨付き」[7]をひけらかしては、こうした権利の大部分を私物化しようとする連中が

6　タキトゥス『年代記』第一巻七十二節を参照（邦訳上巻八三ページ）。ただし本文では構文の都合上接続法に直してある。

後を絶たないからだ。彼らは宗教の見かけを借りて、まだ異教的迷信にとらわれたままの群衆の心を、主権者たちから切り離そうと企む。それによって全ては再び奴隷状態に収まるというわけだ。

さて、こうしたことをどういう順序で示すか以下で手短に語ろうと思うのだが、しかしその前に、そもそもなぜわたしがこんなことを書こうと思ったのか、その動機について述べておきたい。

［九］わたしにはしばしば不思議でならなかったのだが、キリスト教を信じていると公言してはばからない人たちが、つまり愛、喜び、平和、自制心、分け隔てのない誠意などを重んじているはずの人たちが、意外にも反目して争い合い、この上なく激しい憎しみを毎日のように互いにぶつけ合っている。上に挙げた徳目よりも、こういう争いを目にすることで彼らが何教の信者なのか分かってしまうほどである。

わたしがそんなことを思うのも、ものごとが次のようになって既に久しいからだ。ちょっと考えてみてほしい。ある人がどういう人物か、つまりキリスト教徒かトルコ人［＝イスラム教徒］かユダヤ人かあるいはそれ以外の異教徒なのか、外見や服装を除けばほとんど見分けがつかないのではないだろうか。あるいはどこそこの聖堂をよく訪れているとか、こういう考えを信奉していてこういう導師の言葉によく誓いを立てているとか、そういう所で見分けるしかない。その他の点での暮らしぶりは、誰でも同じなのである。

なぜこういうややこしいことになったのだろうか。原因を探ってみると、はっきり分かった。教会を取り仕切る仕事を特別立派なことと見なして、そういう仕事に報酬［＝聖職禄］を付けてやり、聖職者たちには最上級の敬意を払う。宗教の内実が、一般にそんなものだと見られるようになったのがそもそもの始まりだったのだ。というのも、教会内でこういう誤解が生じると、すぐにろくでもない人間がどうしても聖職に就きたいと思い始めるからである。神の教えを広めようとする熱意は薄汚い金銭欲と虚栄心に変わり、聖堂は芝居小屋に変わってしまった。そこでは見識ある教会人ではなく、演説屋が弁を振るうようになった。その誰ひとりとして民衆を教化する気はなく、ただ自分に心服させようとするだけであり、別の考えの持ち主たちを公然と挑発する一方で、自分では新しく耳慣れないこと、つまり民衆を一番心服させやすいこ

7　すぐ明らかになるように、この「お墨付き」とは聖書の章句のことである。

とし か教えようとしないのだった。そこから大規模な内輪もめ、ねたみ合い、憎み合いが生じたのは当然で、それはどんなに時が過ぎても静まることはなかった。

したがって、古代の宗教の内容で残ったものといえば外的な儀礼だけだったのも（民衆にとって儀礼とは、神を讃えるよりも神にへつらう[8]ためのもののようだ）、信仰心が今となってはうかつな信じ込みや先入見でしかなくなっているのも、少しも不思議ではない。しかも何という先入見だろうか。それは人間を理性的動物からただの獣に戻してしまう。つまり一人一人が自らの自由な判断によってものごとの真偽を判別するのを、何事につけても妨げるのだ。それはいわば知性の光を完全に消し去るために、わざわざ考え出された道具のようである。何ということだろう。道徳心と宗教の根幹が、訳の分からない奥義でできあがっているとは。よりによって、あの理性など軽蔑しきった人たち、知性など元々いかれたものとして投げ捨てて顧みない人たちが、自分たちこそ神の光を与えられていると信じ込んでいるとは。不当といえばこれほど不当なこともないだろう。

　本当に神の光の一かけらでも彼らに与えられていたら、これほどまでに正気を失って増長することはなかったろう。もっと慎み深く神を敬うことを学び、現にそうなっているように憎しみで悪目立ちするのではなく、愛によってひとびとの模範となっていただろう。自分たちと意見の違う人をこれほどの敵意をもって迫害したりせず、その人たちをむしろ（もし自分たちの行く末でなく、本当にその人たちの幸福を気遣っているならば）憐れんでいただろう。

さらに言ってしまうが、多少なりとも神の光を与えられていたら、少なくとも彼らの教えにそれが現れてきたはずだ。なるほど、彼らが聖書の深遠この上ない神秘とやらを、飽きることなくほめたたえてきたのは認めよう。ところがその神秘とは何かとなると、アリストテレス主義者やプラトン主義者たちのさまざまな思弁以外に、彼らは明らかに何一つ教えてくれなかったのだ。しかも彼らは異教徒［＝古代ギリシャ人］に追随していると思われるのを嫌って、聖書をそのような思弁に無理矢理合わせてしまった。ギリシャ人とともに正気を失うだけでは満足せず、預言者も一緒に錯乱してくれるよう望んだのである。彼らが聖書の神聖さを夢見たことすらなかったのは、以上のことから十分に明らかである。

8　原文は「讃える（アドラーレ）」と「へつらう（アドゥラーリー）」をかけている。

また、この神秘とやらの讃嘆があまりにしつこいから露骨に分かるのだが、彼らは聖書を信じているというよりもむしろ聖書に追従しているに過ぎない。これは以下のことからも明らかだ。彼らの多くは、まるで（聖書を理解しその本当の意味を探り出すための）大原則のように、聖書の記述はどこを取っても真実で神聖だと決めてかかっている。そんなことはそもそも聖書を知的に読み解き、厳しく吟味してからでないと確定できないはずだ。また人間の想像などほとんど加えなくても、聖書それ自体がはるかによく教えてくれるはずだ。ところがまさにそういうことを、彼らは最初から自分たちの聖書解釈の規則にしてしまっているのである。

［十］自然の光［＝もともと人間に備わっている知的能力］がただ軽んじられるだけでなく、多くの人からまるで不道徳の源のように非難される。ひとの思いつきが神の教えと見なされる。うかつな信じ込みが信仰心として評価される。哲学者たちの論争が教会や議会で、激情にあおられながら戦わされる。そんな様子について、わたしは熱心に考えを巡らせてきた。またそういう論争から激しい憎しみや意見の食い違いが生じ、それがひとびとをいとも簡単に紛争に駆り立てるのも見てきたし、また長くなりすぎるからここでは一々挙げないが、それ以外にも多くのことが生じるのを見てきた。

その結果、わたしはこう決心するに至ったのである。まずは改めて聖書を、偏見に侵されない自由な気持ちで味わってみようと。そして聖書自体が明白きわまりない形で教えていないようなことは、何一つ聖書について主張しないし、聖書の教えと認めないようにしようと。

そういう注意を払いつつ、わたしは聖書を解釈する方法を組み立てた。それからこの方法を用いて、次のような順序で考察を始めたのだった。まず取り扱ったのは、次のようなことである。

預言とは何か。またどのような形で神は自らを預言者たちに示したのか〔第一章〕。これらの預言者はなぜ神に受け入れられたのか。神や自然について高度な知識を有していたからか。それともただ単に道徳心が豊かだったからか〔第二章〕。

こういうことを解明した後、わたしはあっさりこう結論することができた。預言者たちの権威が重みをもつのは、ひととしての生活態度や本当の徳について語っている時だけであり、それ以外の事柄についての彼らの意見は、わたしたちにはあまり関係ないのである。

こういうことを確認してから、わたしは次に、ヘブライ人たちがどういう理由で神の選民と呼ばれたのか調べてみた。それは神が彼らのために、安全で快適に暮らせるような地上の一定の地域を選び出してくれたからだ、というのが唯一の理由のようだった。したがってモーセが神から啓示されたと言われている律法も、実はヘブライ人の国だけで通用する法に他ならないから、それ以外の人々が受け入れる必要はない。いや、実はヘブライ人ですら、そうした法には彼らの国が続いている間だけしか縛られないのである［第三章］。

次にわたしは、人間の知性が元々いかれているなどという結論を、本当に聖書から引き出せるのかどうか知りたくなった。このためわたしは、以下のようなことを調べようとした。

普遍宗教は、つまり預言者や使徒たちによって人類すべてに啓示された神の法は、自然の光でも知ることのできる法［＝いわゆる自然法則］と何か違うものなのかどうか［第四章、第五章］。

奇跡は自然の秩序に反して起きたことなのか。また神の存在や摂理は、大元の原因にさかのぼって明晰判明に理解できるような事柄に頼るよりも、奇跡に頼った方がより明確に分かるのかどうか［第六章］。

すると聖書がはっきり教えている事柄の中には、知性と合わないことも見つからなければ、知性に反することも見つからなかった。また預言者たちが説いているのは誰でも簡単に分かるごく単純なことであって、その主張を装飾している語り口も、主張の裏付けに用いられる根拠も、ただ群衆の心をつかむためのもの、神に身を捧げたくてたまらない気にさせるためのものに過ぎないと分かった。だからわたしは、いよいよ確信したのである。聖書は理性を全面的に放任している。聖書は［理性の営みとしての］哲学と共通するものを何ももたず、両者はそれぞれ固有の足がかりに基づいているのである。

このことを異論の余地がないくらいはっきり立証し、これまでの主張全体に決着をつけるため、そもそも聖書というものはどのように解釈すべきか示しておく。聖書のことであれ霊魂にまつわることであれ、そういうことについての知識はすべて聖書それ自体から得ようとすべきであり、決して自然の光で理解できるようなことから得ようとしてはいけないのである［第七章〜第十一章］。

民衆は（迷信にとらわれやすく、永遠そのものよりも時の遺物を好むから）神の言葉それ自体よりも聖書の各巻を崇拝しがちなので、そこからさまざまな先入見が生じてきた。次に、そうした先入見を指摘する作業に取りかかる［第十二章］。

その後で、啓示された神の言葉とは特定の巻数の書物ではなく、預言者たちに啓示された神の精神であり、その精神を伝える単純明快な考えのことなのだということを示す。その考えとは、正義と愛の心を養いつつ、曇りのない心で神に仕えるということである。ただしこのことは、聖書にただ説かれているのではなく、当時のひとびとの理解力やものの見方に合わせた形で説かれている。預言者や使徒たちが、いつもそういう人に向けてこの神の言葉を語っていたからである。ひとびとが反感をもたず、神の言葉を心から受け入れてくれるよう配慮した結果として、そういう説き方になったのだ［第十三章］。

［十二］その後、信仰の根拠をなすものは何かということを示してから、いよいよ結論を出す。啓示による知とは、内容的には［神への］服従以外の何ものでもない。それは自然の［光によって得られる］知とは対象も、根拠も、手段もまったく別であり、お互いに共通するものを何一つ持たない。両者はお互いに抵触することなくそれぞれ固有の領域をもっており、どちらかがどちらかの下働きをする必要はないのである［第十四章］。

［十二］さらに、ひとの好みはひとそれぞれで全く違っていて、あの考えの方が馴染むという人もいれば、この考えの方が落ち着くという人もいる。ある人を信心に導いた考えが、別の人には笑いごとにしか映らないこともある。だからこそ、上に述べたことも合わせて、結論はこうなる。ものごとを判断する自由と、信仰の根拠を自分の好むように解する権利は、どんな人にも保障されなければならない。またひとの信仰の善し悪しは、その人の行いだけを基準に［＝信仰内容を度外視して］決められなければならない。これさえ徹底すれば、誰もが曇りのない自由な心で神に仕えられるし、それでいて正義と愛だけは誰からも重んじられることになるだろう［第十五章］。

［十三］このように、啓示による神の法は、誰にでも上に述べたような自由を認めていることが分かる。これ以後に取りかかるのが後半部分［＝政治論］の問題である。つまりこのような自由は、国の平和や主権者たちの権利を侵すことなく認められるし、また［国の平和や主権者たちの権利を守りたければ］むしろ認めなければならない。この自由を禁じれば平和は必ず大きく乱され、国全体にも大きな損害が及ぶのである。

このことを証明するため、誰もが自然にもっている権利［＝自然権］の話から始めることにする。自然の権利は、そのものの欲望や力が届くのと同じ所まで届く。他のものの意向にそって生きるよう、自然の権利によって縛られているものは誰もいない。誰もが自らの自由の守り手なのである。

　さらに示すと、もしこの権利を本当に放棄するなら、それは自分を守る権限を他のものに譲り渡すことになり、譲られた側は必然的にこの自然の権利を余さず獲得する。つまり自分独自の意向にそって生きる権利も、自分自身を力の限り守る権利も、他のものに譲り渡したことになるのだ。ここから明らかに、至高の権力を担う人たちは行える限りのあらゆることを行う権利を持っており、権利と自由の唯一の守り手ということになる。これに対し、それ以外の人たちは何事につけ、もっぱらこの人たちの取り決めることにしたがって行動しなければならないことになる。

　ただし、自分を守る権限を自分で放棄しつくせるような人は誰もいない。[9] それは人間であることを止《や》めるのに等しいからだ。ここから出てくる結論として、自然な権利というものが完全に奪われるようなことはありえないのである。たとえ「特定の国の実定法に服している」臣民であろうと、何らかの権利をいわば自然の権利として持ち続けている。この権利を禁じれば国は必ず大きな危機を迎えるから、それはひとびとに暗黙のうちに認められているか、あるいは国を治める人たちとの申し合わせではっきり認められているはずなのである［第十六章］。

［十四］こうした考察の後、話をヘブライ人たちの国のことに移して、これをじっくりと描写してみたい。どういう理由で、そしてどういう人たちの取り決めでこの国では宗教に法的拘束力が与えられることになったかを示すとともに、他にも知っておいて損はないと思われるさまざまな事柄を示すためである［第十七章、第十八章］。この後で、至高の権力を担う人たちは市民生活上の法や権利だけでなく、宗教上の法や権利についても守り手や解釈者の役を務めるのであり、彼らだけが正不正、道徳不道徳を決める権利を持つことを示す［第十九章］。そしてついに結論を出す。権力者たちがこうした権利を最上の形で持ち続け、支配を安全に続けていくためには、考えたいことを考える権利を、そして考えたことを言う[10]権利を、誰にでも認めるほかないのである［第二十章］。

［十五］哲学的読者[11]の皆さん、以上のようなことをここに提示するので、どうかご検

9 初版では「自分を守る権限を［当人から］奪い尽くすようなことは誰にもできない」だが、底本の修正に従ってこう読んでおく。

討いただきたい。この本全体としても章ごとに見ても、かなり重要で有益な議論を扱っているので、わたしとしては皆さんに歓迎していただけるのではないかと思っている。これ［＝内容紹介］についてはもっと書き加えることもできたのだが、この序文が一冊の本に化けてしまうのも困るし、また何よりも、主要な点は哲学者なら十分すぎるくらい十分にご存じと思われるので、この辺で止めておく。

それ以外の人たちにこの論考を勧めるのは、わたしとしては気が進まない。何かの理由でこの本を気に入ってもらえるとは、どう見ても期待できないからだ。先入見がどんなにしつこく人間精神に住みつくものか、わたしは知っている。ひとの心はこうした先入見を、まるで道徳心であるかのように慈しんできた。また民衆から迷信を取り去るのは、恐怖を取り去るのと同じくらい無理だということも知っている。民衆の態度が変わらないのは［定見があるからというよりもむしろ］強情だからであり、彼らは理性に導かれず、衝動に心を奪われては何かをほめちぎったり非難したりする、ということも知っている。

だから民衆にも、また民衆と同じ感情にとらわれているあらゆる人たちにも、わたしはこの本を読むよう勧めない。この本を読むくらいならいっそ完全に無視してほしい。彼らが何につけてもよくやるように、この本にも倒錯した解釈をつけて勝手に不愉快がるよりは、無視してくれた方がよほどありがたい。そんなことをしてもらっても彼ら自身にとって何の得にもならないばかりか、他人の迷惑になるだけなのだ。誰に対して迷惑なのかというと、理性は神学の下働きをすべきだという考え[12]に妨げられなければ、もっと自由に哲学できるはずの人たちに対してである。この著作は間違いなく、そういう人たちにこそ一番役立つはずなのに。

［十六］ちなみに、すべてを通読する暇もその気もない人は多いと思うので、この論考の末尾で述べることをここでも述べておく必要がある。わたしが以下に記すことは、

10 この後の本文中でも何度か出てくる「考えたいことを考え、考えたことを言う」という言い回しは、タキトゥス『同時代史』第一巻一節（邦訳一四ページ）に出てくるものが元型とされている。スピノザの同時代人たちにも広く知られ、また用いられていたらしい（底本の指摘）。

11 「哲学的読者」と「それ以外の人たち」という区別については解説を参照。

12 「哲学は神学の侍女（下働き）である」という、神学（宗教）の優越をうたった有名な決まり文句が想起されている。

ひとつ残らず、わが祖国の至高の権力の持ち主たちの検証と判断に喜んで委ねたい。つまり、もしわたしが言うことの何かが祖国の法律に反しているか、またはみんなの安全の妨げになると判断された場合、それは言わなかったこととしていただきたい。わたしも人間だから、誤ることもあると自覚している。ただそう簡単に誤らないための細心の配慮は重ねてきたし、また特に、何を書くのであれ、祖国の法律や道徳心やよき習わしと完全に対応するよう配慮してきたつもりである。

第一章

預言について

［一］預言とは、啓示ともいうが、ある事柄について神が人間に示した確かな知のことである。普通の人は、神から啓示された事柄を確実に知ることなどできないから、そういう啓示をただ信じることで受け入れるしかない。神から啓示されたことを、そういう普通の人たちに通訳してみせるのが、預言者と呼ばれる人々である。ヘブライ人の言葉では、預言者をナビという（原注一）。これは弁じる人、通訳という意味である。［旧約］聖書では常に、神の通訳の意味に用いられる。たとえば『出エジプト記』第七章一節からの引用だが、神はモーセに「ごらん、わたしはお前をファラオの神とする。そしてお前の兄弟アロンをお前の預言者《ナビ》と

する」と語りかける。要するに、モーセが語ることをアロンがファラオに通訳してみせるから、アロンは預言者の役であり、そしてモーセ自身はいわばファラオに対しての神の役、あるいは神の代役になるというのである。

［二］預言者については次の章で取り上げるとして、この章では預言を扱おう。預言の定義は既に示したが、この定義に従うなら自然の知［＝人間に自然に備わった認識能力によって何かを知ること］も預言と言えることになる。ひとが自然の光によって何を知ろうと、それは煎じつめればただ神を知ることに、そして神が取り決めた永遠に変わらない事柄を知ることに帰着するからである。しかしこの自然の知は、あらゆる人に共通の認識能力によって得られるものだから、あらゆる人に共通のものである。したがって民衆にはあまりありがたがられない。民衆は常に、あまり見かけないものや、人間らしいあり方とかけ離れたものに憧れて、自然の贈りものを軽んじるからだ。したがって民衆は、預言による知が話題になっている時には、こういう自然の知をそれに含めたがらない。

しかし実は、自然の知にも神の知と呼ばれる十分な資格があるし、この点では他の［神に由来するとされる］どんな知識にも劣っていない。自然の知を「教えて」くれるのは、こちらの関わり方に応じてわたしたちに現れてくる神自身の性質であり、神の取り決めだからである。誰もが神の知と呼ぶあの［預言による］知と違うのは、あちらの方は自然の知の限界を超えたところまで広がっており、またそのような［超自然の］知を得るには、人間に自然に備わっている認識の規則だけではどうにもならないという点だけである。しかしその確かさにおいても、またその由来する源（つまり神）においても、自然の知は預言による知に全く劣っていない。このことに納得しない人もいるかもしれないが、それはその人が、預言者たちは肉体的には人間だが精神的には普通の人間でないとか、だから彼らの感覚も意識もわたしたちのそれとはまったく別の［超自然的］性格を持つはずだとか、そういう考え、というか夢物語を手放したがらないからだろう。

［三］このように、自然の知も神［について］の知なのである。にもかかわらず、自然の知を広めようとする人を預言者と呼ぶことはできない（原注一）。というのも、こういう人たちが教えてくれることは、教えられる側も相手と同じ確かさに基づいて、相手と同等の資格で受け取り、そして受け入れることができるからである。相手を［＝預言者の権威を］信じるしかない預言による知とは、そこが違う。

［四］わたしたちの精神は、その対象として、自分自身の内に神の本性を含んでいる。わたしたちの精神は神の本性を分け持っている、と言ってもよい。このこと一つとっても十分明らかなように、精神にはものごと本来のあり方を解明し、人生の過ごし方を教えてくれるような、何らかの概念を形づくる力が備わっているのである。だとすると、むしろ精神が本来的にそういうものだからこそ、神からの啓示がありうるのだと考えても不当ではあるまい。なにしろわたしたちが明晰判明に理解することは、すべて（いま示したように）神の観念と本性がわたしたちにそう告げることなのだから。もちろん言葉で告げるのではなく、もっとはるかに優れた、そして精神本来の性質にこの上なく適した仕方で「告げる」のだが。このことは何かを確実に理解するという経験を味わったことのある人なら、誰でも必ず身に覚えがあるはずだ。

［五］しかしわたしは、特に聖書に関わる事柄だけについて述べるつもりである。だから自然の光についてはこのくらい語っただけで十分だろう。次に話題を転じて、神からの啓示が伝えられる［自然の光とは］別の原因や経路のことを、もっと詳細に扱うことにしよう。ひとがこうした原因や経路によって啓示されることの中には、自然の知の限界を超えたこともあれば、超えないこともある（自然の光で分かることでも、

神が別の仕方で伝えようとしない理由はないのだから)。

［六］繰り返し強調するが、この話題について何を述べるにせよ、その主張はみな聖書だけから取り出して来なければならない。そもそもわたしたちの理解力の限界を超えた事柄について語るわけだから、預言者たち自身から口頭か文書で伝えられること以外は語りようがないではないか。ただ、わたしの知るところでは、今日預言者は一人もいない［＝だから「口頭で伝えられる」というのはありえない］。そうするとわたしたちに残された手段は、預言者たちの残していった聖なる文書の各巻［＝聖書］をひも解くことしかない。この際もちろん、そうした事柄について預言者たち自身がはっきり述べていないことを断言したり、彼らの意見として扱ったりしないように注意しなければならない。

しかし何よりも注意すべきなのは、ユダヤ人[1]［＝ヘブライ人、イスラエル人］にありがちな癖である。彼らは［大元の原因としての神と最終結果としての現象をつなぐ］中間的な原因や個別的な原因には、言及しないというか関心を示さない。宗教心から、道徳心から、あるいは（よく口にされるように）神に奉仕する心から、いつでも、そして何もかも神に差し戻して語るのである。たとえば商売でお金が儲かったら、神からわたしにお金が恵まれたと言う。何かがほしいと思ったら、神がわたしの心をその何かに向けたと言う。何かを考える時も、神がわたしにその何かを語ったと言う。だからたとえ聖書に神が誰かに語ったと出ていても、そのすべてが預言とか、超自然的な知のことだと考えてはいけないのだ。預言または啓示であると聖書ではっきり言われていること、または話の前後関係から預言のことを言っているとはっきり分かること、それだけを預言と見るべきなのである。

［七］聖書をざっと通読すれば分かるだろうが、神が預言者たちに啓示したことは、みな言葉［＝声］か、映像か、あるいは言葉と映像の両方で示されてきた。しかしこうした言葉や映像には、二つの可能性がある。一つはそれらが本物だった場合、つまりそれを聞いたり見たりした［と思っている］預言者たちの想像力と無関係に、本当にあった場合である。もう一つは、それらが想像の産物だった場合である。預言者たちの想像力は夢の中でなくても強く働くので、自分が何かをはっきり聞いたり見たりしたような気になってしまうことがあるのだ。

［八］たとえば、神はヘブライ人たちに守らせようとした法［＝律法］を、声でモーセに啓示した。この声が本物だったことは『出エジプト記』第二十五章二十二節から

明らかである。そこで神は「そしてわたしは、そこでお前を待ち受けるであろう。そして〔聖櫃の〕蓋の、二つのケルビムの間のあの部分から、[2]お前と語り合うであろう」と言っている。この記述ではたしかに、神が本当に何らかの声を発したことになっている。事実これ以後のモーセは、どこでその気になっても、[3]神が自分と語るために「そこ」で待ち受けているのを見出したのである。

実はこれだけが、つまり律法がモーセに授けられた時のこの声だけが、神の本物の声だったのだ。このことを次に示していこう。

---

1 ユダヤ教を信仰する人々を指すもっとも一般的な名称として用いられているのが「ユダヤ人」、ユダヤ人独自の政治的共同体（たとえば古代ヘブライ国家）との関わりが意識されている時に用いられているのが「ヘブライ人」、神との特殊な関わりが意識されている時に用いられるのが「イスラエル人」という具合に、スピノザがこの三つの言葉を使い分けているとする研究が存在する（Brykman）。ただしこの研究に対しては、それほど厳密な区別とは考えられないという批判的な意見もある（Chamla）。以上は底本の指摘による。

2 モーセの十戒を収めたいわゆる聖櫃は、純金張りの蓋で覆われ、蓋の上には二体のケルビム（智天使）像が飾られたという。

［九］神が預言者サムエルに呼びかけた時の声も、つい本物と思ってしまいそうだ。『サムエル記上』第三章末尾［二十一節］に「そして神はシロで再びサムエルの前に現れた。神はシロでサムエルに神の言葉をもって示されたからである」とある。これは一見、サムエルにとっての神の現れとは神が自らを言葉で示したということであり、つまり、神が語るのをサムエルが耳にしたということである、と言っているようだ。しかしモーセの預言とそれ以外の預言者たちの預言は分けて考えなければならず、よってサムエル[4]が耳にしたというこの声は想像の産物だったと言わざるをえない。それはこの声がエリの声を思わせたという記述からも裏付けられる。サムエルはエリの声を最も頻繁に耳にしていたから、想像するのもそれだけ容易だったのだろう。サムエルは神から三度呼びかけられて、三度ともエリに呼ばれたと思ったという。[5]

［十］アビメレク[6]が聞いたという声も想像の産物だった。『創世記』第二十章六節に「そして神は彼［＝アビメレク］に夢の中で語った」云々とあるから、この人は起きている時ではなく夢の中でしか（実在しないものを想像力で思い浮かべるのに、夢はもともと一番適した時間である）神の思し召しを想像できなかったのである。

［十一］あるユダヤ人たちの考えでは、十戒も言葉で神から授けられたのではないと

いう。イスラエル人たちが耳にしたのはただの轟《とどろ》くような音であり、決して何かを告げるような言葉ではなかった。そしてこの轟きが続くうちに、彼らは十戒の律法を純粋に精神だけで感じ取ったのだという。[7] 実はわたしも、昔はそう考えていた。『出エジプト記』の十戒の言葉と『申命記』のそれには違いがあることに気づいていたからだ。ということは（神は一度きりしか語らなかったのだから）、十戒というのは神の言葉そのものを説くのではなく、ただ神の思し召しを説こうとしているように思われた。

3 時代がやや下った版では、しばしば「どこで ubicunque その気になっても」が「いつ quandocunque その気になっても」に改められているが、初版の形に戻してこう訳す。モーセたちヘブライ人一行が「どこを」さすらっている時でも、神は常に「そこで」つまり聖櫃の上でモーセに顕現した、というのが全文の大意なので、わざわざテクストを書き換える必要はないと思われる。

4 エリは『サムエル記上』の登場人物でサムエルの師。

5 『サムエル記上』第三章三〜九節を参照。

6 アビメレクは『創世記』の登場人物でゲラルの王。預言者アブラハムの妻サラを、人妻と知らずにめとろうとするが、夢で神の啓示を受けて断念する。

しかし聖書を力ずくで曲解したくなければ、イスラエル人たちが本物の声を聞いたことは全面的に認めざるをえないだろう。『申命記』第五章四節に、はっきりと「神はお前たちと顔と顔を合わせて語った」云々と書いてあるからである。これはちょうど二人の人間がよくやるように、お互いの肉体を仲立ちにして考えを伝え合うようなものだろう。したがって、神が何らかの本物の声を造り出し、そしてその声で十戒を啓示したと考えた方が、聖書の記述と符合するように思われる。ちなみに、用語や構文が『出エジプト記』と『申命記』で違う原因については［本書の］第八章を見てほしい。

［十二］当然といえば当然だが、あらゆる難点がこれで取り除かれるわけではない。たとえば神によって造られ、神のおかげで存在しているという点では、声もそれ以外の被造物も事情は変わらないはずだ。そのただの被造物［＝声］が固有の人格をもち、たとえば「わたしはエホヴァ、お前の神だ」[8]などと一人称で語りながら、声そのもので、あるいは声にされた言葉で、神の本質や存在を表したり説き明かしたりできるというのは、かなり理屈に合わないことなのではなかろうか。

たしかにある人が「分かった」と口にしたら、誰だって口が分かったのではなくそれを口にした人の精神が分かったのだと思うだろう。口はもともと、言葉を口にする当人に属しているからだ。また口にされた言葉を受け取る側も、言葉が分かるとは本来そういうこと［＝相手の口ではなく意図が分かること］だと承知した上で、［同じ人間である］自分自身と引き比べることで相手の意図を苦もなく理解するのである。しかしまだ神という名前以外に神について何一つ知らない人たち［＝ヘブライ人］が、神の存在を確信したい一心で神と語り合おうとする場合、事情はまるで違ったはずだ。そういう切実な願いが一体どうして「わたしは神である」などと語る被造物［＝声］

7　底本は、マイモニデス『迷えるものの導き』第二部三十三章が念頭に置かれていると考えている。ただしマイモニデスは、十戒が精神だけで知覚されたとは断言していないようである。

8　『出エジプト記』第二十章二節、『申命記』第五章六節を参照。なお、神の名を示すヘブライ文字 יהוה（ローマ字表記に直すと JHWH。ヘブライ文字は右から左に書かれるので、左右が逆転していることに注意）の読み方については諸説あり、今日では信仰上の特殊事情がない限りヤハウェ Jahaweh もしくはヤーウェ Jahweh と読むのが定説化しつつあるが、ここでは十七世紀当時の慣例的な読み方として原文にも転写されているエホヴァ（イェホヴァ Jehovah）を用いておく。

によって満たされたのか（それは他の被造物と比べて特に神と近い関係にあるものでもなければ、神本来の性質に属するものでもないのだから）、不思議で仕方ない。あえて聞くけれども、もし神がモーセの唇を、いやモーセでなくても何かの動物の唇を動かして「わたしは神である」と言わせたとしたら、どうだろう。彼らはその声から神の存在を理解したことになるのだろうか。

［十三］しかしともかく聖書には、たしかに神自身が語ったと書いてあるようだ（神はこのために天からシナイ山の上に降りて来たのである）。それどころかユダヤ人たちは神が語るのを聞いただけでなく、彼らのうち主だった人たちには神の姿も見えたという（『出エジプト記』第二十四章を参照）。モーセに啓示された律法は何一つ付け加えたり削ったりしてはいけないとされ、そのまま彼らの国の法として立てられたが、この律法のどこにも、神は身体を持たず姿形を持たないと信じるべし、などとは書かれていない。書かれているのはただ、神はいる、神を信じなければならない、神以外のものを敬ってはならない、ということだけである。

神の礼拝から遠ざからないよう、神に何か勝手な想像を付け加えたり、神像を作ったりしてはならないという禁止は確かに出ている。これはつまり、一般の人々は神を見なかったのだから神像などそもそも作れるはずがなく、仮に作ろうとしても必ず神とは似ても似つかない、彼らが見たことのある被造物に似たものになってしまうからだ。そのような像によって神を讃えようとしても、頭には神ではなくその像の元になったものしか浮かばないし、ついには神を敬う心も礼拝もそういうものに向けられてしまうことになる。しかし聖書にはむしろ、神自身は形をもっていて、モーセは神が語るのを聞いた時その姿を目撃したとはっきり書かれているのである。もっとも後ろ姿しか見られなかったそうだが。[10]

以上見て来たように、明らかにここには不可解なことが潜んでいるのだが、これについては後でもっと詳しく語ることにしよう。ここでは聖書の中でも、神が自分の決めたことを人間に啓示するために用いた、さまざまな手段について書かれている箇所を示してみたい。

［十四］主に映像によって啓示が行われた事例は、『歴代誌上』第二十一章から明ら

9 『民数記』第二十二章二十八〜三十節に、ロバが神の言葉を語る場面がある。
10 『出エジプト記』第三十三章二十三節を参照。

かである。そこで神はダビデに怒りを知らせるべく、剣を手にした天使の姿を見せている。バラムに見せたのも同じ映像である[11]。マイモニデスたちは、この物語も、これに類した何らかの天使が出てくる物語も、そういう場面はすべて夢の中で起きたことにしたがっている。たとえばマノアの物語や[12]、息子を犠牲に捧げようとしたアブラハムの物語などもそうだという[13]。ひとが目覚めた状態で本当に天使を見られたわけがない、ということなのだが、それこそ余計な詮索というものだろう。こうした人たちは、アリストテレス流のたわごとと自分たち自身の作りごとを聖書から無理矢理ひねり出してくることしか考えていない。わたしからすれば、これほどおかしな企てはないように思われる。

［十五］とはいえ啓示が実際の映像でなく、預言者たちの想像力のみに由来する映像によって行われることも確かにある。たとえば神がヨセフに、やがて彼が支配者となることを［夢で］啓示した時がそうだ[14]。

［十六］映像と言葉の両方で啓示が行われたのは、たとえば神がヨシュアに、ヘブライ人たちに味方することを啓示した時がそうである。神はヨシュアにまるで軍隊の指揮官のような、剣を持った天使を見せた[15]。このこと［＝神からの支持］は言葉でも啓

示され、ヨシュアはそれをこの天使から聞いたのだった。またイザヤにも(『イザヤ書』第六章で語られるように)、神がひとびとを見放そうとしていることは、形をもった映像と言葉の両方で示された。まずイザヤは高くそびえ立つ玉座に座った「聖なる聖なる聖なる神」と、まるで肥溜めに沈んでいるかのように罪の泥沼に汚れ果てた、要するに神から最も隔たった所にいるイスラエル人たちの姿を見た。こういう映

11　注9でロバの口から神の言葉を聞いた『民数記』の登場人物がバラムである。「映像のみの啓示」の例ではなく、同じ「剣を手にした天使」を見た人物として名前が引かれたのだろう。この映像は『民数記』第二十二章二十三節でまずロバが見て、次いで同章三十一節でようやくバラムにも見えるようになる。

12　マノアは『士師記』の登場人物で英雄サムソンの父。『士師記』第十三章に天使がマノアの妻の前に現れ、彼女が息子を生むと預言する場面がある。

13　アブラハムは『創世記』に登場する預言者。『創世記』第二十二章に息子を犠牲に捧げよという預言を受けて、実際に殺害する寸前で天使に制止される場面がある。

14　『創世記』第三十七章五～十一節参照。ヨセフは前注に出たアブラハムの曽孫で、ヤコブの子。兄たちに疎まれて放浪するが、やがてエジプトで出世して一族を救う。

15　『ヨシュア記』第五章十三～十五節を参照。

像により彼は、ひとびとが陥っている悲惨きわまりない現状を理解したのである。これに対し、これからやって来る災いの方は、神から発せられたかのような言葉で啓示された。こうしたことの例はまだいくつでも聖書から引き出せるが、誰でもよく知っているものばかりだから、ここにわざわざ挙げる必要はないだろう。

［十七］しかし以上のことすべてを、さらに明らかに確かめられる記述が『民数記』第十二章六〜七節にある。こういうものだ。「お前たちの誰かが神の預言者になるなら、わたしはその者に見える形で（つまり図像や謎かけを介して）現れるだろう。というのもモーセに［だけ］は謎かけ抜きで現れると言っているから）現れるだろう。夢の中で（つまり本物の言葉や声によることなく）その者に語るだろう。しかしモーセはこの限りではない。わたしは口から口へ彼に語り、謎かけ抜きで現れるから、彼は神の姿を目にするだろう」[16]。つまり『出エジプト記』第三十三章十一節[17]にもあるように、モーセはまるで仲間同士のように神と会い、おびえることなく神と語り合うというのである。

ということは、疑いようもなく、モーセ以外の預言者たちは本物の声を聞いたのではなかったのだ。このことはさらに『申命記』第三十四章十節からもはっきり確かめられる。そこでは「顔と顔で神と知り合ったモーセのような預言者は、もうイスラエルに存在しなかった（正確に訳すなら「現れなかった」）」と言われているからだ。なお「顔と顔で」とあるが、これは声のことだけを言っていると考えるべきだろう。モーセですら神の顔は見られなかったはずだからである（『出エジプト記』第三十三章）[18]。［十八］自分のことを人間に伝えるため神が使った手段は、これ以外には聖書の中に全く見出せない。聖書にないのだから、あらかじめ約束しておいたように、そういう別の手段を考え出したり引き入れたりしてはいけないのである。

また神は何の手段に頼らなくても、自分のことを人間に直接伝えられるはずだと考える人もいるだろう[19]。これは確かに、明らかにその通りである（身体的な手段に仲立

16　（　）の中はスピノザ自身の補足。なお、論旨に無関係な聖書原文の一部があらかじめ省略されている。

17　初版では第三十三章十七節となっているが、内容的に見て誤植の可能性が高い（アラビア数字の1と7は紛れやすい）ので、ゲプハルトの訂正に従う。

18　『出エジプト記』第三十三章でモーセは神に「お姿を現してください」と願うが（十八節）、神は「わたし［の顔］を見て生きていられる者はいない」として正面から現れることを拒み（二十節）、後ろ姿を見ることだけを許す（二十三節）。

ちされなくても、神の本質はわたしたち人間の精神に伝えられているからだ）。しかしそのためには、わたしたちの知の大元の基盤の中に含まれてもいなければ、そこから導き出してくることもできないような事柄を、精神だけでつかむ必要がある。そんなことのできる人は普通の人よりもはるかに優れた精神、はるかに抜きんでた精神を持っていなければならないはずだ。そういう人並み外れた完成度を備えた人など、キリスト以外には誰もいなかったろうとわたしは思う。キリストには、ひとびとを救済へ導こうとする神の思し召しが言葉も映像も介さず、直接に啓示された。したがって神は、かつて空中からの声を介してモーセにそうしたのと同じように、キリストの精神を通じて自らを使徒たちに示したことになる。だからキリストの声はモーセが耳にしたあの声と同じく、神の声と呼べるだろう。またこの意味では、神の知恵、つまり人間の知恵を超えた知恵がキリストにおいて人間の形をとったとか、キリストは救済の道であったとか言うこともできるだろう。

［十九］とはいえ、ここで断わっておく必要があるが、わたしは別に、いくつかの教会がキリストについて立てている教義を語っているわけではないし、そういう教義を否定しているわけでもない。正直に言ってしまうと、わたしにはそういう教義は理解

できないのだ。先ほどからのわたしの主張は、みな聖書だけから組み立てている推論である。つまり聖書のどこにも、神がキリストの前に現れたとか語ったとかいう記述は見られなかった。これに対し、神はキリストを通して使徒たちに啓示されたとか、キリストは救済の道であるとか、古い律法は神から直接にではなく天使を介して伝えられたとか、そういう記述はあった。ということは、モーセと神がまるで仲間同士がよくやるように顔と顔を突き合わせて（つまり両者の身体を介して）語り合ったのに対し、キリストと神はむしろ心と心でつながり合ったのである。

［二十］だから想像力を用いずに、つまり言葉や映像に頼らずに神の啓示を受け取っ

---

19 「だから」ひとは霊感を研ぎ澄ませば神と直接交感できる、といった俗流神秘主義につながる発想を牽制していると思われる。

20 aereus（空気の、大気の）には「銅（青銅）の、真鍮の」という別語源の意味もある。シナイ山に神が顕現する先ぶれとして「ラッパの音」が轟いたという記述が『出エジプト記』第十九章十六〜十九節にあり、そしてラッパは大抵の場合銅合金製だから、神の声を「銅（青銅）の声」や「真鍮の声」と形容しても不自然ではない、という意見もあるが（底本の指摘）、ここでは諸国語訳の多数派に従っておく。

た人は、キリスト以外に誰もいなかったと断言したい。ということは、神の啓示を受けるために必要なのは、並外れて完全な精神ではなく、むしろ並外れて活発な想像力なのだ。これは次の章に持ち越して、さらに明らかに示そうと思う。

［二十一］さてここからは、聖書でよく言われる、預言者たちに吹き込まれた神の霊とは何なのかということを考察してみたい。言いかえれば、預言者たちが神の霊によって語ったと言われているのは一体どういう意味なのかということである。これを明らかにするために、まず差し当たり、一般に「霊」と訳されるヘブライ語のルアハ רוח とは何を意味しているかを探らなければならない。

［二十二］ルアハという言葉は、よく知られているように、もともとは風を意味している。これ以外にもさまざまなことを示すのにとてもよく用いられるが、それらの意味はすべてここ［＝風という原義］から派生したものである。以下に用例を上げる。

一．息を示すのに用いられる場合。たとえば『詩編』第一三五章十七節に「彼ら［＝異教の偶像］の口にはルアハが通っていない」とある。

二．生命や呼吸を示す場合。たとえば『サムエル記上』第三十章十二節に「そして彼にルアハが戻った」とある。息を吹き返したという意味である。[21] ここから転じて、

三．勇気や強さの意味にも用いられる。たとえば『ヨシュア記』第二章十一節に「それからというもの、どの男のうちからもルアハが消えてしまった〔＝みな気力が萎えてしまった〕」とあり、また『エゼキエル書』第二章二節にも「そしてわたしのうちにルアハが（つまり力が）やって来て、わたしを自分の足で立ち上がらせた」とある。

ここから転じて、

四．能力や適性の意味にも用いられる。たとえば『ヨブ記』第三十二章八節に「たしかに、それ〔＝知恵〕は人間のうちにあるルアハである」[22]とある。つまり、知恵とはそもそも老人だけが持っているものではない。わたし〔＝語り手〕の考えでは、知恵の有無はひとそれぞれの力量や能力にかかっている、という意味だ。[23]『民数記』第二十七章十八節にも「うちにルアハのある男〔＝気骨のある、有能な男〕」とある。[24] さらに、

21　ここは行き倒れに水と食糧をやったら「生き返った」つまり生気を取り戻したというほどの文脈であり、生理的に呼吸が停止していたわけではない。

22　ゲプハルトは初版原文を訂正して「たしかに、ルアハ自体は人間のうちに存在する」としているが、ここでは初版に従って訳しておく。

五．心に感じたことの意味にも用いられる。たとえば『民数記』第十四章二十四節に「その者には別のルアハがあったので」とある。心にあった気持ちや考えがみんなと違っていたということである。『箴言』第一章二十三節にも「お前たちにわたしのルアハ（つまり考えていること）を洗いざらい語ろう」とある。またこの意味では意志、決断、心を動かす衝動や激情を示すのにも用いられる。たとえば『エゼキエル書』第一章十二節に「行こうとするルアハ（つまり意志）が向いた方へ、彼らは行った」とある。『イザヤ書』第三十章一節にも「わたしのルアハによらず融和を進めようとして」とあり、[25]第二十九章十節にも「神は彼らの上に眠りのルアハ（つまり衝動）を注いだから」とある。また『士師記』第八章三節に「すると彼らのルアハは鎮められた」とある。ここは激情の意味である。『箴言』第十六章三十二節にも「国を攻め取るよりも、自らのルアハ（つまり衝動）を治める方がよい」[26]とあり、同書第二十五章二十八節にも「自らのルアハを抑えられない男は」[27]とある。また『イザヤ書』第三十三章十一節にも「お前たちのルアハはお前たち自身を焼き尽くす炎となる」とある。

さらにこのルアハという言葉は、心を意味する場合、心に生じるあらゆる感情やさらには特性を表現するためにも用いられる。たとえば「高いルアハ」は高慢を示す。「低いルアハ」なら謙遜、「悪いルアハ」なら憎しみや憂鬱、「よいルアハ」なら善意のことである。嫉妬のルアハ、淫行のルアハ（つまり衝動）などもある。「知恵のルアハ」「用心のルアハ」「強さのルアハ」などもあるが、それぞれ（ヘブライ語では形容詞よりも名詞をよく用いるので）賢い心、思慮深い心、強い心のこと、言いかえれば賢さ、思慮深さ、強さといった徳目のことである。他にも「親切のルアハ」等々が

23 神の理不尽さに憤るヨブを訳知り顔の男たちがなだめようとする場面で、それまで年長者たちに遠慮して黙っていた若い男が、まず「年長者だから必ず賢いとは限らない」という趣旨の発言をしてから自説を展開し始める。引用文はこの発言の一部である。

24 モーセの後継者に神から指名されたヨシュアのこと。『民数記』のこの箇所で初めて登場し、主に『ヨシュア記』で活躍する。

25 原文はきわめて曖昧な表現だが、全体の文脈（エジプトに対する「へつらい外交」をイザヤが神に代わって弾劾する）を考慮し、このように意訳しておく。

26 原文は第十六章三十三節となっているが、内容に合わせて訂正する。

27 原文は第二十五章二十七節となっているが、内容に合わせて訂正する。全文は「自らのルアハ（衝動）を抑えられない男は、城壁が穴だらけの町のようなものだ」。

ある。

六．精神そのものや、いのちそのものを指すこともある。たとえば『コヘレトの言葉』第三章十九節に「ルアハ（つまりいのち）は誰にでも等しくある」とか、また［第十二章七節に］「そしてルアハは神の元に帰る」とある。

七．最後に地上の方角（その方角から吹いてくる風のため）、また何かあるもののその方角に向いた面を示すこともある。『エゼキエル書』第三十七章九節や第四十二章十六〜十九節などを見てほしい。[28]

［二十三］次に［ルアハつまり霊に限らず、一般に］何かが神に関係づけられて「神の××」であると言われるのには、どういう場合があるか見てみよう。

一．その何かが本来的に神から切り離せない、神の一部のようになっている場合。たとえば「神の力」「神の目」と言われる場合がそうだ。

二．その何かが神の支配下に置かれていて、神の一存で動いている場合。だから聖書では天は「神の天」と呼ばれる。天は神の乗り物であり住まいだからである。アッシリアが「神の鞭」、ネブカドネツァル王が「神の奴隷」と呼ばれたりするのもそうだ。[29]

三．その何かが神に捧げられている場合。たとえば「神の礼拝堂［＝神殿］」「神のナザレ人」「神のパン」などがそうだ。

四．その何かが預言者を通して伝えられた、自然の光では明らかにできないものである場合。だからモーセの律法は「神の法」と呼ばれる。

五．その何かを最上級で表現している場合。たとえば「神の山」とは抜群に高い山、「神の眠り」とは非常に深い眠りのことである。『アモス書』第四章十一節もこの意味に解する必要がある。そこには「わたしはお前たちを滅ぼした。ソドムとゴモラを襲った（滅ぼした）神の破滅のように」とあるが、「神の破滅のように」とはつまり、あの忘れられないほど大規模な破滅のようにという意味である。神自身が話し手なの

28 第三十七章九節には「ルアハ（風）よ、四つのルアハ（方角）より来てこの倒れた人々に吹け。彼らが再びルアハ（生気）を取り戻すように」とある。また第四十二章十六～十九節には、将来建てられるべき神殿の大きさを、東西南北四つのルアハ（側面）から、神がエゼキエルに計測してみせる場面がある。

29 ダビデ－ソロモンの統一王国が北のイスラエル王国と南のユダ王国に分裂した後、まず北王国がアッシリアに滅ぼされ、残る南王国もアッシリアを滅ぼした新バビロニア王国のネブカドネツァル王に滅ぼされる。

だから、他の意味には取れないだろう。
ソロモン王の知恵も、特に超自然の知恵ではないのに「神の知恵」と呼ばれる。神がかった、つまり普通でないほど優れた知恵ということである。また『詩編』［第八十章十一節］に「神の杉」とあるが、これもその杉の異様な大きさを表現するための言い方である。また『サムエル記上』第十一章七節では、極端に強い恐れを表すのに「そして民衆の上に神の恐怖が降りかかった」と言われる。

　またこの意味で、ユダヤ人たちの理解を超えていたこと、その原因が当時分かっていなかったことは、すべて神に関係づけられるのが普通だった。だから嵐は「神の怒号」、雷鳴や稲妻は「神の矢」と呼ばれた。彼らは神がさまざまな風を「神の金蔵」と呼ばれる洞窟の中にすべて蓄えていると考えていたのである。この考え方は異教徒のものとそう変わらないが、ただ違っていたのは、ユダヤ人たちが風の支配者をアイオールス[30]でなく神だと信じていたことである。

　このために、奇跡も神のわざと呼ばれる。驚くべきわざという意味である。実のところ、自然のものごとはすべて神のわざであり、神の力があるからこそ存在したり働いたりできるのだが。したがって『詩編』の作者がエジプトで起きた数々の奇跡を神の力と呼んでいるのも、こういう［驚くべきものという］意味である。そもそもヘブライ人たちはそういうことが起きると期待していなかった。だからこそ彼らは、絶体絶命の危機の中で救済への道がそういう形で示された時、それらの出来事に何よりも驚いたのである。[31]

［二十四］したがって自然の産物でも、並でないものは神のわざと呼ばれる。並外れた大きさの木だったら「神の木」なのだ。だから『創世記』では、とても力強くて身体が大きければ、たとえ道徳心などまったくない強盗やちんぴらでも「神の息子[32]」と呼ばれている。これも特に不思議ではないのである。

このように昔の人たちは、誰かが何らかの点で他の人たちから抜きん出ている場合、その何かを必ず神に関係づけようとした。これはユダヤ人だけでなく、異教徒にも見

30 アイオールスはローマ神話の風神。

31 『詩編』第一一四章付近を指すか。『出エジプト記』にはエジプト脱出前後のさまざまな奇跡が語られているが、上記の箇所では脱出後のごく劇的な例（海の水が引いたとか、山が動いたとか）だけが挙げられている。

32 手当たり次第に美しい娘を犯す「神の息子たち」の話が『創世記』第六章一～四節にある。

られる習慣である。たとえば［エジプトの］ファラオは、夢の解釈をヨセフから聞いた時、お前には神々の精神が宿っていると言ったし、［バビロニアの］ネブカドネツァル王もダニエルに、お前は聖なる神々の精神を持っていると言った。[33] またローマ人たちの間でも、こうした習慣は一向に下火にならなかった。たとえば彼らは、出来栄えの見事な品物のことを、神がかった手で作られたものと呼んだ。ヘブライ学者には言うまでもないことだが、もしヘブライ語に直したければ「神の手で作られたもの」とでも言うべきだろう。

［二十五］以上のことを踏まえておけば、聖書の中で「神の霊［＝ルアハ］」という言い回しが出てくる箇所も、何を言っているのか容易に分かるし説明できるだろう。

つまり神の霊やエホヴァの霊とは、ある箇所ではすさまじい風、乾ききった不吉な風という意味でしかない。たとえば『イザヤ書』第四十章七節に「エホヴァの霊がその上に吹いた」とあるのは、つまり乾ききった不吉な風が吹くことである。『創世記』第一章二節にも「そして神の霊が（つまり強烈な風が）水面を動いていた」とある。

また別の箇所では、強い心を意味する。ギデオンやサムソンの勇ましさは聖書では「神の霊」と呼ばれるが、これは大胆な心、どんなことにも覚悟のすわった心のことである。同じ意味で、あらゆる人並み外れた徳目や力も神のルアハと呼ばれ、神の霊あるいは神の徳と訳される。たとえば『出エジプト記』第三十一章三節に「そしてわたしはその者（つまりベツァルエル）を神の霊で満たすであろう[34]」とあるが、これは（聖書自体に説明があるように）普通の人の及ばないような才能や技巧を与えるという意味である。『イザヤ書』第十一章二節にも「そして神の霊がそのものの上に安らぐ」とある。これも優れた資質のことである。聖書では実によくあることだが、知恵や思慮深さや強さといった徳目を、預言者イザヤ自身が後から一つ一つ説明的に列挙している。

またサウル王の憂鬱も「神の悪霊」と呼ばれるが、これは恐ろしく深い憂鬱のことである。というのも王の憂鬱を神の憂鬱と呼んだ当の家来たちが、誰か音楽に長じた人を呼び、琴を演奏して癒してもらうよう王に進言しているからだ[35]。ということは明

33 それぞれ『創世記』第四十一章三十八節、『ダニエル書』第四章六節にある。

34 ベツァルエルはこの預言によって選ばれ、神所や聖櫃、さまざまな祭具などを製作した人物。聖書による最古の建築家、芸術家、工芸家とされ、エルサレムには彼の名を冠したベツァルエル・アカデミー（イスラエル国立芸術大学）がある。

らかに、彼らが言う「神の憂鬱」とは自然の〔生理的〕憂鬱のことだったのである。

次に「神の霊」とは人間の精神そのものを示す場合もある。たとえば『ヨブ記』第二十七章三節に「そして神の霊がわたしの鼻のうちにある〔その間は〕」〔＝わたしが生きている限り〕と言われているのがそうだ。これは、神が生命の息吹を人間の鼻から吹き込んだという『創世記』〔第二章七節〕の記述をふまえている。『エゼキエル書』第三十七章十四節でも死者たちに預言する場面で「そしてわたしの霊をお前たちに与えると、お前たちは生きる〔＝生き返る〕であろう」と言われる。わたし〔神〕がお前たちに再び生命を与えるという意味である。この意味で『ヨブ記』第三十四章十四節にも「（神は）もしそう望むなら、自らの（つまり神がわたしたちに与えた）霊（精神）といのちを自分の下に取り返すだろう〔＝わたしたちから取り上げるだろう〕」とある。また『創世記』第六章三節に「わたしの霊はもう人間のうちでは考えをめぐらさない（あるいは分別が付けられない）だろう。ひとはもう肉の塊に過ぎないのだから」[36]とあるのも同じ意味に解するべきである。つまり人間はこれ以後、善悪を見分けるためにわたし〔神〕が与えた精神ではなく、肉体の決めたことに従って動くだろうということだ。また『詩編』第五十一章十二〜十三節[37]にも「神よ、わたしに清らかな心を作ってください。そしてふさわしく飾られた霊（つまり適度な衝動）をわたしのうちに起こしてください。あなたの視野からわたしを放り出さないでください。あなたの聖なる精神をわたしからもぎ取らないでください」[38]とある。ひとは罪というのは肉体だけから生じるもので、これに対して精神はよいことしか求めないと信じていた。だからこの人も、肉体の衝動に抵抗するためには神からの助けを求めているが、一方で聖なる神から与えられた精神については、ただそのままにしておいてもらえる

35 『サムエル記上』第十六章十四～二十三節にある。この時召し出された「琴の名手」が、次の王となるダビデである。

36 既に述べた（注32）、手当たり次第に美しい娘を犯す「神の息子たち」の所業に対して神が発した言葉。

37 『詩編』は章句の数え方に異同があるが、ここでは新共同訳のそれに従っておく。

38 この『詩編』第五十一章は「ダビデ王の懺悔の歌」として名高い箇所である。美しい人妻バト・シェバに横恋慕したダビデは、彼女の夫をわざと危険な戦地に追いやって戦死させ、未亡人となった彼女をめとる。預言者ナタンに責められたダビデが、神に向かって自らの罪を悔やんだ言葉がこの歌になったという。ちなみに、このバト・シェバが後に生んだダビデの子がソロモンである。

ように祈っているのである。

さて、ふつう聖書は、そうしないと民衆の理解が覚束《おぼつか》ないので、神を人間のように描く。そして神が精神、心、心に生まれるさまざまな感情、さらには身体や吐息すら持つとしている。だから神の霊という言葉も、聖書の中ではたびたび、神の精神や心、感情、力、口から吐く息などをあらわすのに用いられる。たとえば『イザヤ書』第四十章十三節にも「神の霊（精神）を一体誰が自由にできたのか？」と言われている。神自身でもないのに神の精神を操り、何かを求めるよう決意させるなど、誰にもできたはずがないではないかという意味である。同書第六十三章十節にも「そして彼らは聖なる神の霊に苦々しさと悲しみを感じさせた」とある。ここから転じて、神の霊という言葉はモーセの律法を示すのにもしばしば用いられることになる。律法は、いわば神の精神を説き明かすものだからだ。たとえば、やはり『イザヤ書』の第六十三章十一節で、イザヤ自身が「どこにおられるのか、それ［＝ヘブライ人たち］の中に聖なる神の霊を置いたあの方は」と言っている。この「聖なる神の霊」がモーセの律法のことなのは、この言葉が語られる文脈全体から明らかである。また『ネヘミヤ記』第九章二十節にも「そしてあなたはあなたのよい霊（つまり精神[39]）を彼らに与え、彼らを賢くなさった」とある。これは律法の時代のことを語っていて、『申命記』第四章六節でモーセが言う「これ（つまり律法）こそお前たちの知恵であり賢明さである」云々をふまえているのである。また『詩編』第一四三章十節にも「あなたのよい霊がわたしを太平の地に導くだろう」とある。わたしたちに啓示されたあなたの精神［＝律法］が、わたしを正しい道に導くだろうということである。

また神の霊という言葉は神の吐息を意味することもある。既に述べたように、聖書では不適切にも、神は精神、心、身体と同様に吐息すら持つとされるからである。たとえば『詩編』第三十三章六節がそうだ。さらに、神の能力、威力、あるいは優れた力を示すこともある。たとえば『ヨブ記』第三十三章四節に「神の霊がわたしをつくった」とある。神のありがたい力または能力によって、あるいはそう呼びたければ神の取り決めによって、わたしはつくられたということだ。事実『詩編』の作者も詩的な語り口を用いて、天は神の命令でつくられた、そして天のすべての軍勢は神の霊

39　原文では紛れてしまっているが、明らかにスピノザの注釈的挿入なので（　）でくくっておく。

つまり口から出た息で（言い換えれば、まるで一息に発せられたような神の取り決めによって）つくられたと言っている。[40] 同様に『詩編』第一三九章七節にも「わたしはどこに行けばあなたの霊の外にいられるだろうか、どこに逃げればあなたの視野の外にいられるだろうか」とある。これはつまり（作者自身が具体的に言いかえようとしている［直後の］箇所からも明らかなように）一体どこへ行けばあなたの力やあなたのいる所から遠ざかれるだろうか、という意味である。

最後になるが、神の霊という言葉は、聖書では神の心に生じるさまざまな感情を表現するためにも用いられる。神が示す善意や憐れみなどがそうだ。たとえば『ミカ書』第二章七節に「神の霊（つまり神の憐れみの心）は狭くなったのだろうか。これら（のひどい出来事）は神のなされたことだろうか」とある。同様に『ゼカリヤ書』第四章六節にも「軍隊でも力でもなく、ただわたしの霊によってのみ」とある。わたしの憐れみによってのみ［わたしは語る］、という意味である。同書第七章十二節の「そして彼らはその心を岩のように固くして、[41] 神がその霊から最初の預言者たちを通して遣わした法や指図に従わなかった」もこういう意味（その霊から＝憐れみから）に解するべきだとわたしは思う。またハガイが『ハガイ書』第二章五節で「そしてわたしの霊はお前たちの間に長くとどまっている。恐れなくてよい」と言うのもこの意味（わたしの霊＝好意）である。

これに対し『イザヤ書』第四十八章十六節では「しかし今や、主なる神はその霊によってわたし「イザヤ」を遣わした」と言われている。この「神の霊」はなかなか厄介で、神の気持ちつまり憐れみのこととも取れるし、律法に示された神の精神のこととも取れる。詳しく見てみると、イザヤはまず「最初から（つまりわたし「イザヤ」が最初にお前たちの元にやって来て、お前たちに神の怒りと、お前たちに下された神の審判を伝えた時から）わたしは秘密めいた語り方はしなかった。それが生じた（神から下された）時から、わたしはずっとそこに居合わせていた（第七章でイザヤ自身

40　段落冒頭の「神の吐息」の例でも言及されている『詩編』第三十三章六節を指す。すると結局このルアハは「吐息」の例なのか「力、取り決め」の例なのか、またそもそも両者は別々の用例として分けられているのか曖昧になってくるが、ここでは深入りしない。

41　初版を含むどの版でも「その心を用心深くして constituerunt *cautum*」となっているが、聖書原文との整合性を考えて、「その心を岩にして constituerunt *cautem*」とする底本の修正案に従う。

が証言したように）」と述べた上で、しかし今のわたしは［以前と違って］お前たちの復興を歌うよう「その［＝神の］霊によって」[42]遣わされたのだから、むしろ喜ばしい使者であると言っている。既に述べたように、この「神の霊」は律法に示された神の精神のことと取れるだろう。つまりイザヤは、たとえば『レビ記』第十九章十七節のような律法の命ずるところに従って、[43]彼らを戒めるために以前から来ていたからだ。だとすると、モーセと同じような条件の下に置かれていたイザヤは、モーセがそうしていたのと同じようなやり方で行為していることになる。つまりまずひとびとに戒めを与えてから、モーセもそうしたように、最後の最後にようやく［啓示された神の精神＝律法の一環として］彼らの復興を告げるのである。とはいうものの、わたしからすると、やはりここは最初の「憐れみ」説を取った方がしっくりするように思われる。

［二十六］さて、そろそろ当初の主題に立ち返ることにしよう。これまでの考察を全てふまえれば、「預言者には神の霊があった」「神はひとびとに自らの霊を注ぎ込んだ」「ひとびとは神の霊と聖霊に満たされた」等々といった、これら聖書に付き物の言い回しが見通せるようになるだろう。

つまりそれらの言い回しが示しているのは、預言者たちが類のない、並外れた徳の持ち主だったということ（原注三）、そして非常に固い信念で道徳心を重んじていたということに他ならない。さらに言えば、彼らが神の精神または思し召しを察していたということに他ならない。というのも既に示したように、ヘブライ語で霊［＝ルアハ］とは精神を意味することもあれば、精神が決めた何かを意味することもあったし、またここから転じて、律法が神の精神を説き明かしているということで、律法そのものを神の霊または精神と呼ぶこともあったからである。したがって、たとえ預言者たちの想像の産物にすぎなくても、もし神の取り決めがそこに示されていたなら、それはやはり神の精神と呼んで構わなかったし、またそういう預言者たちが神の精神を持っていたと言って構わなかったのである。

42　原文には「神の憐れみによって」とはっきり書かれているが、ここはまさしくこの語句を「憐れみ」以外の（つまり「律法に示された神の精神」という）意味に取る可能性が問題になっているのだから、憐れみという言葉を先回り的に使うと文意が伝わりにくくなってしまう。したがって原文から外れるが、あえて「霊」という曖昧な言葉に差し替えておく。

43　「あなたの隣人を正しく戒めなさい。彼らのせいであなた自身が罪を負うことのないように」とある。

確かに［預言者でない］わたしたちの精神にも、神の精神やその永久に変わらない決定事項が書き込まれている。この意味では、わたしたちも（聖書に準じた語り口を使うなら）神の精神を知っているのである。しかし既に述べたように、そういう自然の知は誰にでも共通しているから、ひとには［今でも］それほどありがたがられないし、特に［聖書が書かれた当時の］ヘブライ人には重んじられなかった。彼らは自分たちが誰よりも上だと思い込んでいたから、みんなを軽んじる傾向があり、したがってみんなに共通の知識も軽んじがちだったのである。

さらにまた、預言者たちが神の霊をもつと言われたのは、ひとびとには預言による知がどうして生じたか分からなかったからでもある。原因の分からないものに驚いたからこそ、彼らはそれを他の不可解な事柄と同じように神に関係づけ、神の知と呼ぶことにしていたのである。

［二十七］したがって、もう迷わずこう言ってしまっていいだろう。預言者たちは神からの啓示を、ただ想像力だけに導かれて、つまり言葉［＝声］と映像だけを介して受け取っていたのだ。それは本物の声や映像だった場合もあれば、想像の産物に過ぎなかった場合もあった。ともかく、聖書にはこれ以外のどんな伝達手段も見つからな

いのだから、既に示したように、わたしたちの空想で別の手段があったことにしてしまってはいけないのである。

これに対し、ではどのような自然の法則によってそういうこと［＝啓示］が起きたのかというと、正直に言えばわたしには分からない。他の人たちにならって、神の力で起きたのだと言ってしまうこともできるのだが、そんなことを言っても何の説明にもならないだろう。それは個別的なものごとのありようを説明するために、超越的な術語[44]を持ちだすのと変わらないからだ。なにしろ万物は神の力でつくられたのだから。

44　超越的な術語（スコラ哲学の翻訳語としては「超絶的名辞」がよく用いられる）とは、「ものである」「一つのものである」「何かである」「存在者である」などに代表されるように、何にでも当てはまるからこそ個別的現象の説明に使っても意味がない術語のこと。たとえば、誰かがビルから落ちた（個別的現象）原因を問われて「重力が働いたからだ」と答えたら、それは超越的な術語（この場合重力）を用いた「使えない」あるいは「ずれた」説明である。重力が働いていなければその人は落ちなかったはずだから、この説明は厳密には間違いではない。しかし重力はこの墜落事件だけでなく、ものが落ちるすべての場面で働いているのだから、この一回限りの事件を解明する切り札にはなりえない。したがって実際には何も説明していないのに等しいのである。

つまり、自然の力とは他でもない神の力そのものなのである。だからこそ、わたしたちは自然の原因を知らないうちは、神の力を理解できていないことになる。これは間違いなくそうだ。ものごとの自然の原因が分からない時には、神の力そのもの「がどう働いてそういう結果になったのか」も分からない。だからそんな時に、そういうものごとをまた神の力のせいにするのは愚策でしかないだろう。

しかしわたしたちは、べつに預言による知の原因を探ろうとしていたわけではない。既に示した通り、ここで企てているのは、ただ聖書が教えようとしていることを探り当てることなのだ。それはちょうど物理的なデータから何かを引き出すように、聖書が教えようとしていること45からわたしたち自身の教訓を引き出すためである。これに対し、そうした教えがどのようにして生まれたのかは、そもそも当方の関知するところではないのである。

［二十八］預言者たちが想像力を駆使して神の啓示を受け取っていたとすると、彼らは間違いなく、知性の限界を超えたことをいくらでも受け取れたはずだ。というのも、そもそも自然の知をしっかり確立するためには、全体の土台となる原理や基本構想が欠かせない。ところが、ひとはそういう原理や構想だけに基づくよりも、むしろ言葉

や映像［による想像］に頼った方がはるかに多くの発想を組み立てられるのである。［二十九］さらに言えば、なぜ預言者たちが受け取ってみんなに教えたことは大抵どれもこれも寓意や謎かけだらけなのか、またなぜ彼らは目に見えないはずの事柄をことごとく即物的に表現したのか、この理由もはっきりする。つまりどちらも、その方が想像力本来の働き方との相性がよかったからである。だからまた、たとえば『民数記』第十一章十七節[46]や『列王記上』第二十二章二節[47]などで神の霊つまり精神について

45　「聖書が教えようとしていること」と訳したScripturae documentaという言い回しには、明らかに「聖書という文書（記録）」の意味もかけられており、各国語訳でもさまざまな訳し方が試みられている。聖書を「ただの書物」として読むという態度そのものが神への冒瀆と見なされかねなかった時代だからこそ、スピノザはこうした曖昧な言い方に頼らざるをえなかったのかもしれない。

46　「わたし［神］はそこに降りて行ってお前と語るであろう」とある。

47　初版ではこうなっているが、内容的に明らかに合わない。元の原稿には第22章2x節とあったのが、下一けたの数字xが何かの都合で脱落したと考えた方がよいように思われる。実際第二十二章の二十節以下を見ると、神とその取り巻きの霊たちが一人の（偽物の）預言者を「だます」ための謀議を重ねるという、神を露骨に人間くさく描いた場面がある。

語る聖書の、というか預言者たちの語り口は終始不適切であやふやだが、これももう驚く必要はないだろう。また、ミカヤの見た神は［玉座に］座っていたし、[48] ダニエルの神は白い衣をまとった老人だったし、[49] エゼキエルの神は炎のようなものだったし、[50] キリストの傍にいた人たちに見えた聖霊は鳩のように舞い降りてくるものだったし、[51] 使徒たちに現れた聖霊は炎でできた舌のようなものだったし、[52] パウロがその昔回心した時に見たのは大きな光だったわけだが、[53] これもまた驚くにはあたらない。どれもこれも、神や霊にまつわるありがちな想像とぴったり一致するからである。

［三十］さらにまた、想像力の働きは曖昧で一定しないものだから、預言［の能力］は預言者たちの下にそう長くはとどまらなかった。またそうたびたび預言を授かるわけでもなく、それはむしろごく稀なことであった。つまりごく少数の人しか授からず、しかもその人たちですら、きわめて稀にしか授からないのが預言というものなのだ。

［三十一］しかしそれなら、預言者たちのあの確信は一体どこから生じたのだろうか。精神のもつ確実な原理に頼ることなく、ただ想像力だけを通じて受け取ったものごとに対して、なぜ彼らはあれほどの確信を持てたのだろうか。これを次に調べてみる必

要がある。ただし、これについて何を述べるにせよ、その主張はみな聖書から取り出して来なければならない。なぜなら、こういう事柄については（既に述べたとおり）何が真実なのか分からないからである。分からないというのはつまり、直接の原因を挙げて説明できないということだ。これに対し、預言者たちの抱いていた確信につい

48 『列王記上』第二十二章十九節にある。
49 『ダニエル書』第七章九節にある。
50 『エゼキエル書』第一章四節などにある。なお、正確には「炎のようなものに取り巻かれた何か」である。
51 洗礼を終えたイエスに下ってきた「鳩のような」聖霊の記述は四つの福音書すべてに見られる。たとえば『マタイによる福音書』第三章十六節を参照。
52 『使徒言行録』第二章二〜三節にある、いわゆる聖霊降臨の奇跡。炎でできた舌のようなものが使徒たち一人一人の頭上に宿ると、聖霊に満たされた彼らはさまざまな国の言葉で話し始めたという。カトリック圏には今でもこの逸話に基づく「聖霊降臨祭」の祝日を設けている地域が多い。
53 パウロ（サウロ）の回心の様子は『使徒言行録』第九章三節と第二十二章六節にある。内容はほぼ同じだが前者は三人称、後者はパウロ自身の一人称で語られている。

て聖書はどう教えているか、ということなら分かる。次章では預言者のことを取り上げようと思うので、これは次章で示すことにしよう。

第二章

預言者について

［一］既に指摘しておいたが、前章から分かるように、預言者たちはべつに並外れて優れた精神の持ち主ではなかった。彼らが持っていたのはむしろ、並外れて活発な想像力だったのである。

これは聖書の記述からも十分に分かる。たとえばソロモン王は明らかに抜群の知恵の持ち主だったが、だからといって、とくに優れた預言の才能を持っていたわけではない。また思慮深さでは他の追随を許さなかったヘマン、ダルダ、カルコルのような人も[1]、預言者ではなかった。その一方で、田舎育ちで全く教育のない人たちに、それどころか時にはアブラハムの侍女ハガル[2]のようなか弱い女性にすら、預言の才能が与えられることもあった。

またこれは、わたしたちの経験とも一致するから理にかなっている。そもそも、想像力に秀でた人はものごとを純粋に知的に理解するのが苦手なものだ。これと反対に知的な理解力に秀でた人、知性がうまく育っている人は、想像力の方はむしろ控え目というか、いつも引き締めを怠らない。まるで手綱でも付けているかのようだ。これは知識に想像が混じってしまったら台無しだからである。

したがって、もし預言者たちの書物［＝聖書］から知恵をつけようとするなら、つまり見えるものも見えないものも含めたあらゆる事柄についての知識を聖書から得ようとするなら、その人は完全に道を誤っているのである。わたしは思い切って、このことをここで詳細に示しておくことにする。そうすべき時が来たと思うし、哲学のためにも事柄それ自体のためにも、それが必要だと思うからだ。迷信に取りつかれてあれこれわめき立てる人が出るかもしれないが、気にしないことにする。本物の知識と本物の生き方を尊重しようとすれば、迷信から目の敵にされるに決まっているからだ。

それにしても、何ということだろう。自分たちは神がどういうものか分かっておりません、たださまざまな被造物（それらの生じた経緯は分かりませんが）を介して神の存在を確信しているだけでございます、と自らはっきり認めている人たちが、一方では哲学者たちに無神論の罪をなすりつけて涼しい顔をしているとは。事態はそこまで深刻なのだ。

［二］言いたいことを順序よく展開するため、まず預言というものがひとによってまちまちであったことを指摘しておきたい。これは預言者一人一人の想像力や気質に応じて違うだけではなく、その人が慣れ親しんだ考え方によっても違ってくる。ということは、べつに預言を授かったからといって、預言者がそれ以前より賢くなったわけではないのである。これはこの後もっと詳しく説明するつもりだが、その前に、預言者たちが［預言の］何をどう確信していたのか論じておく必要がある。この問題はこ

1　いずれも『列王記上』第五章に賢者（ただし、ソロモンには及ばないとされる）として名前が現れる。

2　ハガルは『創世記』の登場人物で、元々はアブラハムの正妻サラの侍女。アブラハムの手が付いてサラより先に息子を産むが、サラの嫉妬を恐れたアブラハムに息子ともども放逐される。苦境にある時数回にわたって天使と語り合ったという（『創世記』第十六章、第二十一章）。

の章の議論と深く関わっているし、またこの問題をはっきりさせておけば、これから行う証明にも大いに役立つからである。

［三］ ただの想像には、明晰判明な考えと違って、本来何の確実性も認められない。想像に何かが加えられないと、わたしたちは頭に思い浮かんだ内容に間違いがないかどうか確信できないのである。その「何か」とは、はっきり言えば、合理的な判断のことだ。ということは、預言というものはそれ自体としては何の確実性も含まないことになる。既に示したように、預言はもっぱら想像力に基づいていたからである。したがって預言者たちも、神からの啓示をただ啓示そのものから確信したわけではなかった。むしろ何かの「しるし」があったからこそ、間違いなく神からの啓示だと思ったのである。これはたとえば、アブラハムが神の「この土地をお前にやるという」約束を聞いた時、しるしをくれるよう求めていることから明らかだ（『創世記』第十五章八節を参照）。アブラハムはもちろん神の存在を信じていたわけだから、べつに神を信頼するためにしるしを求めたわけではない。彼はむしろ、自分に約束を与えた相手が本当に神なのかどうか知りたかったのである。同じことをいっそう明らかに示しているのは、たとえばギデオンの逸話である。この人物は「わたしに語っている者があ

なた［＝神］であること（を知るため）のしるしを見せてください」と言っているからだ。これは『士師記』第六章十七節を参照してほしい。モーセも神から「そしてこれはお前にとって、お前を遣わすのがこのわたし［＝神］であることのしるし（である）」と言われている。[3] またヒゼキヤも、イザヤが預言者だととうに知っていたのに、自分の病気が治ると告げたイザヤに対して、その預言のしるしを示すよう求めた。[4]

以上から明らかなように、預言者たちはいつも何らかの「しるし」を握っていた。しるしがあったからこそ、彼らは自分たちが預言として思い浮かべたものごとについて確信をもてたのである。だからモーセも、預言者を名乗る人にはしるしを出させるよう注意している（『申命記』第十八章最終節［＝二十二節］を参照）。この場合のしるしとは、預言された何かが本当に生じることである。

だからこの点では、預言は自然の知には及ばない。自然の知はこういう意味のしる

3 『出エジプト記』第三章十二節にある。

4 ほぼ同一の内容が『列王記下』第二十章八節および『イザヤ書』第三十八章七節にある。なお、正確には「寿命を十五年延ばしてやる」という預言である。

しなど必要とせず、知の性質それ自体に確実性が認められるからである。実際このような預言の確実性は数学的［＝方法論的］確実性ではなく、単に気持ちの上での確実性に過ぎない。これは聖書自体からも明らかである。たとえば『申命記』第十三章[5]でモーセは、もし預言者の誰かが新しい神々を布教し始めたら、いくらその教えをしるしや奇跡で固めていようと死罪にせよと警告する。なぜなら、モーセ自身続けて述べているように、そのようなしるしや奇跡は神が民衆を試そうとして起こしたに過ぎないからである。これと同じ警告は、『マタイによる福音書』第二十四章二十四節から明らかなように、キリストも使徒たちに行っている。また『エゼキエル書』第十四章九節[6]でも明らかに、神はひとびとを偽物の啓示で欺くことがあると教えている。エゼキエルが言うには「そして預言者（の偽物）が惑わされて［神の］言葉を語ったなら、その者を惑わしたのは神であるこのわたしである」からだ。ミカヤもアハブお抱えの［偽］預言者たちについて同じような証言を残している（『列王記上』第二十二章二十一節を参照[7]）。

［四］こうなると、預言も啓示もきわめて疑わしいもののように見えてくる。しかし既に述べたように、それには大いに確実性が認められていたのである。道徳心に満ち

た人や神自身が選んだ人を、神は決して欺かないからだ。むしろ古いことわざ［「悪は悪人から出る」］にある通り（『サムエル記上』第二十四章十四節を参照）[8]、またアビガイルの物語とその言葉にもあるように[9]、道徳心あふれる人は神の道徳心の道具として用いられ、道徳心のない人は神の怒りを示すための手先や手段として用いられるのである。これはまた、つい先ほど引用したミカヤの場合を見ても明らかに分かる。あの場合、神は預言者たちにアハブを欺かせようと決めたわけだが、そのために利用したのは偽預言者たちだけであった。道徳心ある預言者［ミカヤ］の方には事の次第を啓

5　初版には第十四章とあるが、内容から判断して底本の修正案に従う。
6　これも初版には第十四章八節とあるが、内容から修正する。
7　第一章でも言及された、神と手下の霊たちがアハブをだますための謀議を重ねる場面。なお内容的には『列王記上』第二十二章十九～二十三節とした方が分かりやすいだろう。
8　初版には第二十四章十三節とあるが、内容から修正する。
9　『サムエル記上』第二十五章にある物語。アビガイルはダビデ王に従わなかった土地の有力者ナバルの妻。手下を引き連れて襲撃しようとしたダビデに対し、独断で貢物を届けて懐柔を試みる。ナバルが神罰に当たって死んだ後、ダビデの妻の一人に迎えられる。

示したし、真相を［アハブに］教えてやることも禁じなかったのである。

とはいえ、これも既に述べたが、預言者たちの確信はあくまでも気持ちの上での確信に過ぎなかった。聖書自体が教えているように、また事柄それ自体からも明らかなように、神に向かって自分が正しいと断言したり、自分こそ神の道徳心のお使いであるなどと力説したりできるものは誰もいないからだ。ダビデ王の徳の高さは聖書にも山ほど記されているのに、そのダビデですら神の怒りを買って惑わされ、［勝手に］人口統計を取ってしまったのである[10]。

［五］そういうわけで、あらゆる預言の確実性は次の三つの要素に基づいていた。

一．啓示されたというものごとが、きわめて生き生きと感じられていること。ちょうどわたしたちが目覚めている間に何かに刺激された時のように。

二．しるしによる裏付けがあること。

三．最後に、これが一番大事なことだが、預言を受けたと自称する当人が、もっぱら正しい心がけ、よい心がけの持ち主であること。

いつも聖書でそれが話題に上っているわけではないが、預言者たちはいつも［何らかの］しるしを手にしていたと考えるべきだろう。聖書はいつも周囲の条件や事情を洗いざらい語っているとは限らず（既にお気づきの人も多いだろうが）、むしろそうした事柄を既に広く知られているものとして前提しがちだからである。これに加えて、モーセの律法にないような新しいことが含まれていない限り、律法そのものが預言の十分な裏付けになるから、そういう預言者たちは特別なしるしを必要としなかったという事情もあるだろう。たとえばエルサレム陥落を預言したエレミヤの場合、他の預言者たちの預言や律法の権威に支えられていたから、しるしはいらなかった。これに対してハナンヤの場合、自分以外のすべての預言者に逆らってこの国の急速な復興を預言したわけだから、どうしても［何らかの］しるしが必要だった。しるしがなければ彼は自分自身に下された預言を疑い続け、自分の言ったことが本当に起きるまで預言の確証を得られなかったはずである。これについては『エレミヤ書』第二十八章九

10　『サムエル記下』第二十四章および『歴代誌上』第二十一章にある。神が命じてもいないのに勝手に人口調査をすることは不敬とされた。『サムエル記』では神自身が（たとえ誘惑が目的であったにせよ）ダビデに調査を命じたことになっているからこの点が分かりにくいのだが、『歴代誌』の記述ではもっと単純に、ダビデは悪魔にそそのかされたことになっている。

節[11]を参照してほしい。

［六］したがって、預言者がしるしを得て抱いた確信は、数学的確信（つまり、とらえたり見たりしたものごとの性質から必然的に生じてくる確信）ではなく、単に気持ちの上での確信に過ぎなかった。そしてしるしは、預言者たちを納得させるためだけに［神から］与えられるものだった。だとすると当然、しるしは預言者一人一人の考え方や理解力に応じて与えられただろう。したがって、ある預言者が何かのしるしを得て、自分に下った預言の内容を確信するに至ったとしても、そのしるしは違う考え方の持ち主である別の預言者にはほとんど効果がなかっただろう。だからこそしるしは個々の預言者によってまちまちだったのである。

［七］これと同様に、啓示そのものも人によってまちまちだった。既に述べたように、個々の預言者の身体的気質や想像力の働き方、またその当人が以前から持っていた考え方に応じて違っていたのである。

気質のせいで違っていたというのは、たとえばその預言者が陽気な人だったら、そういう人には勝利とか平和といった、ひとびとに喜びをもたらすようなことが啓示された。そういう気質の人は何よりもそういう類のことを想像しがちだからだ。これに対し、陰気な預言者には戦争とか天罰といった、あらゆる種類の災いが啓示された。このように、当人が憐れみ深いか、穏やかか、怒りっぽいか、厳しいか等々に応じて、その人に適している啓示もさまざまだったのである。

これに対して想像力の働き方でも違っていたというのは、たとえばその預言者が洗練された人だったら、やはり洗練された仕方で神の精神をとらえたし、頭の働きの雑な人だったら雑な仕方でとらえたということである。これは映像に浮かんでくる啓示の場合も変わらない。たとえば当人が農民なら牡牛や牝牛などが思い浮かんだり、軍人なら司令官や軍隊が思い浮かんだり、宮仕えをしていたなら玉座などが思い浮かんだりしたのである。

最後に、預言者たちの考え方の相違によって違っていたというのは、たとえば怪しげな占星術に凝っていた魔術師［＝いわゆる東方の三博士］たちには、キリストの誕生

11 初版では第二十八章八節とあるが内容（第二十八章九節「平和を預言する預言者は、その言葉が成就して初めて、本当に神からつかわされたと知れる」）に従って訂正する。ちなみにハナンヤの預言は結局エレミヤの預言によって偽物とされ、ハナンヤは神罰が下って死ぬ。

が東に出た星の姿で啓示された（『マタイによる福音書』二章を参照）。ネブカドネツァル王のお抱え占い師たちには、エルサレムの陥落が生贄の臓物の中に啓示されたし、また王自身はそのことを託宣と、空高く放った矢の進む方向で知った（『エゼキエル書』第二十一章二十六節参照）。さらにまた、ある種の預言者たちは、人間が自分自身の力でものごとを自由に選んで生きていると信じていた。だから彼らには、まるで神がこれから人間たちの行う活動をどうにもできないし、そもそも何を行うのか知らないかのように啓示された。

以上のことをこれから一つ一つ、すべて聖書自体に基づいて明らかにしていこう。

［八］最初のこと［＝当人の気質による違い］は、あのエリシャの例から明らかである（『列王記下』第三章十五節を参照）。エリシャはヨラム王に預言するため、まず音楽を求めた。楽器の音色で楽しい気分になってからでないと神の精神を受け取れなかったのである。そしてついにヨラムとその仲間に預言を語ったのだが、これは喜ばしい預言であった。それまでは王に腹を立てていたから、喜ばしい預言など無理だったのである。そもそも誰かに対して腹を立てていたら、その誰かにとって都合の悪いことは想像できてもよいことは想像しにくいものだ。

神は怒ったり悲しんだりしている人には啓示を与えない、などと言いたがる人もいるけれども、それはただの夢想である。[12] たとえばモーセは、ファラオに腹を立てていた時に、楽器でなだめられていなくても神からあの痛ましい長子殺戮を啓示された(『出エジプト記』第十一章八節を参照)。[13] 激怒している最中のカインにすら神は現れた[『創世記』第四章三〜六節を参照]。怒りで気短になったエゼキエルにも、ユダヤ人たちを襲う災いと彼らの強情ぶりが啓示されたし(『エゼキエル書』第三章十四節を参照)、嘆きぶりでは随一のエレミヤ、生の営みへの激しい嫌悪にとらわれていたエレミヤも、ユダヤ人たちに降りかかる災いばかり預言した。だからこそヨシヤ王はエレミヤの言葉を聞くのが嫌で、同じ時期に活動していた女性の預言者に助言を求めたのである。こちらは女性だから、気質的にむしろ神の憐れみを啓示するのに向いていたのだ(『歴代誌下』第三十四章を参照)。[14] またミカヤも、アハブ王にはその生涯にわたって凶

12 マイモニデスのことらしい(『迷えるものの導き』第二部三十六章)。

13 『出エジプト記』第十一章四〜八節の、イスラエル人以外はファラオから奴隷や家畜に至るまで、そのすべての長子を神が呪い殺すという預言を指す。この預言を与えたモーセは「激しく怒ってファラオの下を辞した」とある。

事しか示さず、よいことは一つたりとも啓示しなかったわけだが（『列王記上』第二十二章八節、[15]さらに明らかな典拠としては『歴代誌下』第十八章七節を参照）、他にもいた本物の預言者たちはよいことも啓示した（『列王記上』第二十章から明らかなように）。このように、預言者たちはそれぞれの身体的気質の違いに応じて、向いている啓示の内容も違っていたのである。

［九］次に、預言の様式も個々の預言者たちの語り口に応じて違っていた。エゼキエルやアモスの預言はイザヤやナホムのものと違って洗練されておらず、もっと無骨な様式で書かれている。もしこのことを、ヘブライ語を熟知した人がさらに念入りに調べてみたければ、違う預言者たちが同じ話題を扱っている箇所同士を引き比べてみるがいい。様式の隔たりが大きいのは一目瞭然だろう。たとえば宮仕えをしていたイザヤの［『イザヤ書』］第一章十一～二十節を、農夫だったアモスの［『アモス書』］第五章二十一～二十四節と比べてみてはどうだろうか。さらに、『エレミヤ書』第四十九章［七～二十二節］に書かれたエドム[16]についての預言の順序や理屈を、『オバデヤ書』のそれと比べてみては。さらにまた『イザヤ書』第四十章十九～二十節や第四十四章八節以下を『ホセア書』第八章六節や第十三章二節と比べてみては。他の箇所でも事情

は同じである。こうした箇所をみな正しく検証すれば、神独自の語り口など存在しないことは簡単に分かるだろう。神の預言は、もっぱら預言者たちの学識や理解力次第で、洗練されていたり、簡潔だったり、ものものしかったり、無骨だったり、冗長だったり、曖昧だったりするのである。

［十］預言の見え方や象徴は、たとえ同じことを意味している場合でも内容は様々だった。たとえば神の栄光が神殿を捨てて去っていくという光景でも、イザヤとエゼキエルでは見え方が違っていた。[17] これに対し、ラビ［＝ユダヤ人の律法学者、聖書学

14　ヨシヤはエレミヤが預言を始めた頃のユダ王国の王だが、両者に接点があったかどうかは聖書の記述からは定かではない。ヨシヤ王がフルダという名の女預言者に助言を求めたことについては、『列王記下』第二十二章にもほぼ同じ記述がある。

15　原文には第二十二章七節とあるが内容から修正する。

16　エドムとは、ヘブライ人と祖先を同じくする（とヘブライ人側が信じていた）近隣部族の名であり、この部族が住む地域の名でもある。『エレミヤ書』『オバデヤ書』いずれにもエドムの滅びが預言されている。

17　それぞれ『イザヤ書』第六章一～三節と『エゼキエル書』第一章一～二十八節にある。

者」たちはどちらも全く同じものだと思いたがっている。ただ素朴な農夫のエゼキエルはその光景にあまりにも驚いたから、どうでもいいことまで全て事細かに語っている［から一見違って見える］だけだという。[18] しかしこれは全くの虚構だろう。彼らがそういう確かな伝承でも持っていれば話は別だが、そんなことは到底信じられない。そもそも、イザヤは六枚羽のセラフィムを見たのに、エゼキエルは四枚羽の獣を見たのである。またイザヤの見た神は着飾って玉座に座っていたのに、エゼキエルの見た神は炎のような姿をしていたという。二人とも神を見たのは間違いないだろう。ただし、神は二人がそれぞれ普段想像していた通りの姿で見えたのである。

［十二］さらにそういう光景は、見え方だけでなく分かりやすさもまちまちだった。たとえばゼカリヤが見た光景は、あまりにも曖昧すぎて、説明なしでは到底理解できないようなものだった。これはゼカリヤ自身がそれについて言ったことから明らかである。[19]

ダニエルに至っては、［天使に］説明されても預言の内容を理解できなかった。[20] これは啓示されるべき事柄自体が難解だったからではない（それは人事についての預言に過ぎなかったのだから。ひとにまつわる事柄は、それが未来の出来事だという点を除けば、ひとの理解力の限界を踏み越えるようなことはないのである）。そうではなくて、これはただ単に、預言を受けるために必要な想像力が、ダニエルが目覚めている時には眠っている時ほどうまく働かなかったせいである。このことはちょうど啓示が始まった時、彼が驚きのあまり自分自身の力をほとんど信じられなくなったということから明らかだ。想像力その他の力が不足していたからこそ、現れた啓示も曖昧きわまりなく、彼は説明を受けた後でもそれを理解できなかったのである。またここで注意しておきたいのは、ダニエルが聞いた［説明の］言葉というのも（すでに示したように）想像の産物に過ぎなかったということである。当時混乱のきわみにあった彼が想像した言葉は、ことごとく雑然とした曖昧なものだった。だから後に彼自身、そ

18　底本によると、これはバビロニア・タルムード『ハギガー編』十三bにある記述だという。
19　『ゼカリヤ書』第四章を参照。ゼカリヤは二度にわたって（五節、十三節）自分の見た光景が何を意味するのか「分からない」と告白し、神に説明を求めている。
20　『ダニエル書』第七章以下に記された、ダニエルが数回にわたって見た夢の話を指す。夢の中に説明役の天使（?）が登場するが、夢から覚めたダニエルは理解できなかったと繰り返し語っている。

こから何一つ意味のあることを読み取れなかったというのも、べつに不思議ではない。それはむしろ、神がダニエルに真意をはっきり示そうとなさらなかったからだと言う人もあるかもしれないが、あの天使の言葉を読んでいたらそういう反論はできないだろう。つまり［説明役の］天使ははっきりと、自分が彼の下に来たのは、将来彼の民に何が起こるか分からせるためだと言っている（『ダニエル書』第十章十四節を参照）。むしろその時十分な想像力を持つものが誰もいなかったからこそ、それらの預言はそれ以上明らかに示されることなく、曖昧なままに終わったのである。

　さらにまた、神がエリヤを奪い去るであろうという啓示を受けた預言者たちは、エリシャに対して、エリヤはどこか別の場所に移されただけだと言い聞かせようとした。そのどこかでエリヤは見つかるはずだというのである。[21] これは明白に、彼らが神の啓示を正しく理解していなかったことを示している。

［十二］こうしたことは、これ以上くどくど説明しなくてもよいだろう。神がある預言者に別の預言者よりもはるかに大きな預言の才能を恵んだということは、聖書から分かるさまざまなことの中でも一番はっきりしているからである。

　しかし実は、預言や預言に現れる光景は、預言者たちそれぞれの抱いていた考え方によっても違っていた。また預言者たちはさまざまな、時にはお互いに矛盾する考え方すら持っており、先入見もひとによってさまざまだった（わたしが言っているのは単に思弁的な事柄にまつわる考え方や先入見のことだ。礼儀や良識にまつわる事柄については、全く別に考えなければならない）。これについてはもう少し念入りな説明を続けてみたいし、実際こちらの問題の方が重要だと思う。というのも、わたしはここから結局次のような結論を出すつもりだからだ。つまり、預言で預言者がそれ以前より賢くなったためしはなく、彼らがあらかじめ抱いていた考え方はそのままだった。したがってわたしたちは、単に思弁的な事柄については、彼らの考え方を鵜呑みにする義務は少しもないのである。

［十三］ひとはみな驚くほど性急に、預言者は人知の及ぶ限りのあらゆることを知っていたと思い込んできた。聖書には、預言者たちにも知らないことがあったと明白に

21　『列王記下』第二章十五〜十八節を参照。エリヤとエリシャは『列王記』に登場する預言者の師弟。エリヤはエリシャの見守る中、颪に巻かれて天に昇った。預言者仲間たちはエリヤが竜巻でどこかに吹き飛ばされたと考え、エリシャの反対を押し切り三日三晩あちこちを探し回ったが、ついに見つからなかったという。

教えてくれる箇所がある。しかしひとは預言者たちが何かを知らなかったと認めるよりも、むしろ自分の方が聖書のその箇所をよく分かっていないのだと思いたがったり、あるいは聖書の言葉をねじ曲げて、本当は全く言われていないことを言わせようとしたりするのである。だがそもそも、この二つのうちどちらか一つでも許されれば、聖書全体が駄目になってしまう。もし一目瞭然の箇所を意味の突き止めにくい曖昧な箇所だと言い張ったり、このような箇所を恣意的に解釈したりできるとなれば、聖書から何かを立証しようとする試み自体が成立しなくなるからである。

たとえばヨシュアも、そして恐らく『ヨシュア記』の作者も、太陽が地球の周囲を回っていて地球は静止しており、その太陽も時には動かなくなったことがあると思っていたが、これは聖書にはっきりと出ていることだ。[22]しかし多くの人は、天に「不規則な」変化が起こりうることを認めたがらないから、[23]この箇所をそのようなことなど言われていないかのように説明している。これに対し、より正しく哲学することを学んだ別の人たち[24]は、地球の方が動いていて太陽は静止していること、つまり太陽は地球の周囲を回ってはいないことを知っているので、聖書自体はこのことを明らかに否定しているのに、これをどうにか聖書から絞り出そうと全力を尽くしている。わたしに言わせると、どちらにしても不思議でならない。あえて聞くけれども、軍人のヨシュアが天文学を熟知していたなどと信じる義務があるだろうか。ヨシュアがその原因を知らなければ、彼に奇跡が示されたり、太陽光が普段よりも長く地上に止まったりすることはなかったなどと、信じる義務があるだろうか。どちらにしても本当におかしなことだと思う。

22 『ヨシュア記』第十章十二〜十三節に、ヨシュアの祈りに応えて日月が動きを止める場面がある。

23 地上の運動は不均一で散発的だが天体のそれは斉一な永久運動である、というのがアリストテレス以来の運動論の基本的な発想であった。地上と天体を別々の運動法則で説明するこの考え方は、地動説が普及して天体運動の中心が地球から太陽に移されてからも、しばらく続く。この発想に終止符を打ったのは、天上地上を問わずすべての運動を万有引力の法則で説明することに成功したニュートンだが、万有引力の法則の発表（一六八七）はスピノザの死後のことである。

24 地動説の信奉者たちを指す。前注でも述べたように、地動説自体は天体の運動をより単純明快に説明するための天文学上の試論として、ニュートンによる物理学の革新とは半ば独立に、知識人の間では既にかなりの程度普及していた。

わたしはむしろ、はっきりこう言ってしまいたい。ヨシュアは日が長くなった本当の原因を知らなかったのである。彼もその場に居合わせた群衆も、みな太陽は一日かけて地球の周囲を回っているのだが、その日には一定の間動きを止めたと思っていた。そしてそのことが原因で、日がいつもより長くなったと信じていた。当時その辺りでは空気中に大量の氷結が生じていたから（『ヨシュア記』第十章十一節を参照）[25]、いつもより大きな光の屈折が起こりえたはずだが、彼らはそういうことには注意を払わなかったのである。これと似たような別の説明もできるだろうが、いちいち取り上げるのは止めておこう。

同じように、たとえばイザヤには影が後戻りするという「しるし」が示されたが、これもイザヤ自身の理解力に応じた形で、つまり太陽が後戻りしたと受け取られた[26]。彼もまた、太陽が動いていて地球が静止していると思っていたからだ。恐らく彼は、幻日[27]などという現象があるとは夢にも思っていなかっただろう。こうしたことを主張するのに、ためらう必要はない。預言者［イザヤ］自身がその本当の原因を知らなかったにもかかわらず、このしるしは実際に起こりえたし、イザヤはそのことを［ヒゼキヤ］王に予告できたのだから。

ソロモン王の神殿造営にも、もし本当に神から啓示された事業だったとすると、同じことが言えるだろう。つまり建造物の寸法は、すべてソロモンの理解力と考え方に応じた形で啓示されたのである。ソロモンが数学者だったと信じる義務はないのだから、彼は円の円周と直径の［正確な］比を知らず、現場の労働者たちと同様、それを三対一だと思っていたと断定して構わない。これに対し、もし『列王記上』第七章二十三節のあの記述は［賢人ソロモンが円周率さえ知らなかったことになるから］訳が分からないなどと言い始めたら、そもそも聖書から一体何を理解できるというのか、それ

25　神が天から大石を降らせて多くの敵を打ち殺したという記述があり、これは雹のことと解されている。
26　『イザヤ書』第三十八章七〜八節にある。既に言及された、イザヤがヒゼキヤの快癒を預言した時に現れた「しるし」がこれである。
27　幻日 parhelium とは太陽光が雲の中の氷の結晶を通して屈折した結果、太陽の横にもう一つ（あるいは左右両側に一つずつ）小さな太陽があるように見える天文現象。上述の奇跡をこれで説明しようとする試みは、成功不成功は別にして、中世フランスのユダヤ人哲学者で数学・天文学に通じていたゲルソニデス（レヴィ・ベン・ゲルソン：一二八八〜一三四四）に由来するという指摘がある（Gebhardt）。

こそ訳が分からなくなるだろう。この箇所では神殿造営の様子がごく簡単に、純歴史的に語られているのだ。実際、聖書は本当は別のことを言いたかったのに何かわたしどもには考えの及ばない理由でそう書かれたのだ、などという空想が解禁されたら、それは聖書全体の徹底的な破壊にしかつながらない。そうなれば誰でも等しい権利をもって、聖書のどの箇所からでもいつも同じことを主張できてしまうからである。したがって、たとえ悪意から思いついただけのどんなに道理にかなわない、ろくでもない考えでも、聖書の権威を損なうことなく弁じられ、組み立てられることになるだろう。

　これに対し、当方の主張には不道徳なことは何一つ含まれていない。ソロモン、イザヤ、ヨシュア等の人たちは、たとえ預言者であってもやはり人間であり、いかなる人間的なことも彼らと無縁ではなかったと[28]考えるべきだからだ。神が人類を根絶するという啓示がノアに与えられたのも、当人の理解力に応じてのことだった。ノアはパレスチナの外の世界には誰も住んでいないと思っていたのである。

　しかもこれだけではない。もっと重大な他のこと［＝神のこと］に関しても、預言者たちは道徳心を損なうことなく無知でありえたし、実際無知であった。彼らは神が持つとされる属性について細かいことを何一つ説いておらず、神についてはひどく平凡な考え方を持っていただけであり、彼らが受けた啓示もそのような考え方に合ったものだった。これからそのことを、聖書からの典拠をふんだんに用いて示してみよう。そうすれば皆さんも、彼らが賞賛され高い評価を受けているのは知能が高く優れていたからではなく、道徳的で節操が固かったからだと簡単に分かるだろう。

［十四］神が啓示を与えた最初の人間アダムは、神がどこにでも遍在しすべてを知っていることを知らなかった。その証拠に彼は神から身を隠したり、また神に見つかっても、まるでただの人間と向き合っているかのように、自分の罪を言い逃れようとしたりしている。だから神は彼にもその理解力に合った形で、つまりどこにでも遍在することなく、アダムの居場所も犯した罪も知らないような存在として現れた。アダムは神が庭［＝いわゆるエデンの園］を歩き回り、彼の名を呼びながら居場所を探しているのを聞いたという。それから恥じらっている彼に対し、禁断の木の実を食べたかと問いかけるのを聞いたという。むしろ聞いたように思った、というべきだろう。こ

28 テレンティウス（紀元前一九五／前一八五～前一五九）の戯曲『自虐の人』にある名文句「わたしは人間だ。いかなる人間的なこともわたしと無縁ではないと思う」をもじったもの。

のように、アダムは神の属性について、神が万物の造り主であるということ以外は何も知らなかったのだ。[29]

神はカインにもその理解力に合った形で、つまり人間のすることを知らないものとして現れた。カインは自分の犯した罪を悔やんだが、べつに神についての認識が深まったから悔やんだわけではない。[30]

神はラバンにはアブラハムの神として姿を現した。ラバンは各民族がそれぞれ固有の神を持っていると信じていたからである。『創世記』第三十一章二十九節を参照してほしい。[31]

そのアブラハムも、神がどこにでも遍在し全てを予知していることを知らなかった。ソドムの人々に対する神の審判を聞いた時、アブラハムは神に向かって、ソドムの民すべてがそのような処罰に値するかどうか知れるまでは執行に踏み切らないでほしいと願っているからだ。「恐らくあの町にも正しい人が五十人はいるでしょう」と言うのである（『創世記』第十八章二十四節を参照）。そして神もまた、そういう「全知でない」ものとしてしか現れなかった。神はアブラハムの想像の中で「わたしはこれから下って、彼ら「ソドムとゴモラの住民」の行いがわたしに届いた叫びの通りかどうか見てみよう。その通りでないとしたら（それを）わたしは知ることになろう」と語っているからだ。神がアブラハムを評した言葉（これについては『創世記』第十八章十九節を見てほしい）にも、彼はただ［神の指図に］従順であり、家人に公正なこと、よいことを勧めていると言われるだけで、神について深い思索をめぐらせているとは言われていない。

神が全てを知っていて、ひとびとの行い全てをもっぱら自らの取り決めで仕切っていることは、モーセですら十分に察していなかった。イスラエル人たちは彼に従うであろうと神が言ったのに（『出エジプト記』第三章十八節を参照）、そのことを疑った

29 『創世記』第三章八～十二節にある。ちなみにアダムはエバの、エバは蛇のせいにして「言い逃れ」ようとしている。

30 『創世記』第四章を参照。弟アベルを殺したカインが、アベルの居場所を問う神に「知らない。自分は弟の番人ではない」ととぼける場面がある。

31 ラバンは『創世記』第二十七章以下のヤコブ（アブラハムの孫）の物語に登場する人物で、ヤコブの母方の伯父に当たる。ラバンの娘に求婚したヤコブは、ラバンのもとで長い下働きの年月を送る。

モーセは「もし彼らがわたしのことを信じず、わたしに従わなかったらどうしますか」と答えているからだ（『出エジプト記』第四章一節を参照）。ということは、神はモーセにも、人間の将来の行動を定めてもいないし知ってもいない存在として現れたのである。実際モーセの神は彼に二つの「しるし」を授けた上で、「もし彼らが最初のしるしを信用しなくても、後のしるしは信用するだろう。もしこれも信用しなかったら、（その時には）川の水を少し取って云々」と言っている（『出エジプト記』第四章八節[32]）。

たしかに、モーセの一連の言動を偏見抜きで検証すれば、彼が神をこう考えていたことが判明するだろう。モーセにとって神とは存在するものであった。神はいつも存在していたし、今も存在していて、これからも常に存在し続ける。まさにこのために、モーセは神をエホヴァという名で呼ぶのである。これはヘブライ語で、存在のこの三つの時を表しているからだ。[33]しかし神に備わった性質については、いわゆるモーセ五書[34]にある多くの典拠から明らかなように、神は憐れみ深いとか、恵み深いとか、またはこの上なく嫉妬深いとか、そういうことしかモーセは説かなかったのである。

さらにいえば、モーセはこの［神という］存在者は他のあらゆる存在者とあまりにも異なっているので、目に見えるどのようなものの姿によっても表現できないし、視覚化されることもないと信じていたし、またそう説いた。それはそのようなこと自体がありえないからというよりは、むしろ人間の力が足りないからだという。これに加えて、神はその力において唯一にして無比であるとも説いた。もっとも、モーセは（もちろん神の秩序と指図に基づいて）神の代役を務める存在者がいることは認めていた。そうした存在者たちは諸民族を導いたり世話したり守ったりするために、神から権威、権利、力を授けられたのだという。しかしヘブライ人

32 「最初のしるし」とは蛇に変化する杖、「後のしるし」とは懐から出し入れするたびに病んだり癒えたりする腕のこと。なお「川の水を少し取って云々」とは、川の水を地面にまいて血に変える奇跡を指す。前二つでも駄目だった場合の、いわば奥の手である。

33 「わたし［＝神］は、存在するものである」という『出エジプト記』第三章十四節の有名な（しかし謎めいた）一句などを手がかりに、ヤハウェ（エホヴァ）の語源を「ある・存在する」に求める見解は古来知られている。

34 旧約聖書巻頭の『創世記』『出エジプト記』『レビ記』『民数記』『申命記』は伝統的にモーセの著作とされてきた関係上、今でも一まとめに「モーセ五書」ないし「五書」と呼ばれることがある。

たちが祭るべきあの存在者は、モーセの教えによれば至高にして至上の神、あるいは（ヘブライ人の言い方を用いると）神の中の神であり、だからこそ『出エジプト記』の歌（第十五章十一節）にも「神々の中で誰があなたに匹敵するだろうか、エホヴァよ」と歌われている。またエトロ（第十八章十一節）も「わたしは今こそ知りました。エホヴァはどの神々よりも偉大です」と言っている。つまりエホヴァがどの神々よりも偉大であり、無類の力の持ち主であることを、自分［＝エトロ］はとうとうモーセに同意しなければならなくなったというのである。[35]

ただ、こうした神の代役を務める存在者たちが神によって造られたのかという点になると、本当にモーセがそう信じていたかどうか明確には決められない。わたしたちが知るかぎり、彼はそうした存在者たちの創造や起源について何一つ述べていないからである。

さらにモーセの教えでは、この存在者［＝神］は目に見えるこの世界を混沌から整った状態へと作り変え（『創世記』第一章二節を参照）[36]、自然界に各種の生物をもたらしたとされる。したがって、この存在者は万物に対して至高の権利や力を有しており、そしてこの至高の権利や力によって、自分だけのためにヘブライ民族と（『申命記』第十章十四〜十五節を参照）この世界の中の特定の土地を（『申命記』第四章十九節、第三十二章八〜九節を参照）選び出したという。これに対し、他の民族や地域はこの存在者の代役として立てられた神々の配慮に一任されたという。だからこそ、この存在者はイスラエルの神とかエルサレムの神（『歴代誌下』第三十二章十九節を参照）と呼ばれ[37]、一方で他の神々は他の民族の神々と呼ばれたのである。

この［モーセの］教えによってユダヤ人たちは、神が神自身のために選び出したあの土地で神を祭るには、他の地域で行われているのと全く違う特別な礼拝が必要であり、それどころか、他の地域固有の他の神々の礼拝をあの土地で行ってはならないと信じるようになった。実際、アッシリア王に率いられてユダヤ人の地にやって来た民がライオンに引き裂かれたのは、この地の神々の祭り方を知らなかったからだというのである（『列王記下』第十七章二十五〜二十六節等を参照）。またイブン・エズラの見

35 エトロはモーセの妻の父で、元はミディアン人という別の集団の神官。
36 『創世記』冒頭の天地創造の記述は、必ずしもキリスト教諸派で教義とされている「無からの創造」を裏付けるようには書かれていない。これについては神学的・文献学的観点から現在でもさまざまな見解が戦わされているが、ここでは省略する。

解に従えば、[38]ヤコブが父祖の地へ戻ろうと決めた時、息子たちに新しい礼拝の準備を行い、異なる神々を捨てるよう命じたのもこのためであった(『創世記』第三十五章二～三節を参照)。これはつまり、今まで暮らしていた土地の神々の礼拝を放棄せよという意味である。ダビデもサウルに、わたしは神の遺産［＝神の残してくれたこの土地］から追い払われて別の神々を敬うために送り出されると言っている(『サムエル記上』第二十六章十九節を参照)。あなたの迫害のせいで祖国を離れて暮らす破目になったというのである。

モーセはまた、この存在者つまり神は天に住まいがあると信じていた(『申命記』第三十三章二十七節を参照)。これは異教徒の間に大変広く流布していた考えである。

［十五］さて、今度はモーセが受けたという啓示に注目してみよう。するとそうした啓示は、これまで見てきたような［モーセ自身の］考え方に対応していたことが分かるだろう。たとえば、モーセは先ほど述べた憐れみや恵み等の感情が神に本性上備わっていると信じていたから、神も彼のこの考えに応じ、そうした属性をまとって現れた(『出エジプト記』第三十四章六～七節を参照。ここは神がどのようにモーセの前に出現したか語られている箇所である。また十戒の四と五も参照)。[39]

さらに〔『出エジプト記』〕第三十三章十八節では、モーセが神に姿を見せてほしいと頼んだと語られている。しかし彼は、先ほど述べた通り、脳裏に神の姿をまったく思い描いていなかった。神は（既に示した通り）預言者一人一人の想像力の働き方に応じた姿でしか現れない。だから神はモーセに想像の姿で現れることはなかったので

37 この「エルサレムの神」は直前の箇所（第三十二章十七節）にある「ヒゼキヤの神」という表現を受けたもので、「ヒゼキヤの神」とはエルサレムを包囲したアッシリア王センナケリブの言葉だから、スピノザが「敵の言葉で」ユダヤ人の思想を説明しているのはユダヤ民族に対する侮辱だという主張がある（Hermann Cohen）。しかし「ヒゼキヤの神」とは異なり、「エルサレムの神」は聖書記述者自身が地の文で用いている言葉であり、よほど皮肉な意図でも想定しない限りは、単なる敵の言葉の反復とは見なしにくいように思われる。

38 底本の指摘によると、右の主張はイブン・エズラの『申命記注解』第三十一章十六節に見られるという。イブン・エズラは十一世紀末のスペインに生まれ、地中海世界各地で活動したラビ。多岐にわたる著作を残しているが、特に聖書注解で後世に知られている。

39 有名なモーセの十戒は『出エジプト記』第二十章一～十七節にある。「四と五」とは四番目と五番目の戒（「安息日を守れ」と「父母を敬え」）ではなく、内容的に第二十章四節と五節を指すものと思われる。

ある。このようなことが起きたのは、はっきり言えば、それがモーセの想像力に合わないことだったからだ。実際イザヤ、エゼキエル、ダニエルといった他の預言者たちは神を見たと証言している。だからこそ神もモーセに応えて「お前はわたしの顔を見ることができないだろう」と言ったのである。

ただしモーセは神そのものは目に見えると信じていた。つまり神の本性からすれば、そのこと［＝神が目に見える存在であること］自体は何の矛盾も含まないと考えていた。そうでなければそもそも姿を見せてほしいなどと頼まなかったはずである。だから神は「わたしを見て生きているものはいないから」と言い足した。モーセの考えに合った理由を付け加えてくれたのである。つまり目に見える存在であること自体が神の本性に矛盾する（実際はそうなのだが）とは言わないで、神を見られないのは人間［モーセ］の力不足のせいだというのである。

さらに［『出エジプト記』］第三十三章二〜三節では、イスラエル人たちが子牛[40]［の像］を拝み出した結果、もはや他の諸民族と変わらなくなってしまったことがモーセに啓示される。この箇所で神は、自分はこれから天使を遣わし、最高の存在者［である自分］に代わってイスラエル人たちの世話をさせることにしよう、自分自身はもう彼らの間に留《とど》まりたくないと言っている。これは同書第三十三章十六節から明らかなように、イスラエル人たちが他の諸民族よりも神に愛されているという、それまでのモーセの確信が崩れてしまったことがこのような形で表れたのだ。神は他の諸民族を、天使という自分以外の存在者の世話に委ねていた［とモーセは考えていた］からである。

最後に、神が天に住んでいると信じていたモーセには、だからこそ神はまるで天から山の上に下りて来るように啓示された。そして彼自身も神に語りかけるために山に登った。もしモーセが、どこでも簡単に神のことを思い浮かべられる人であったら、山に登る必要は少しもなかったはずである。

神は［モーセを通じて］イスラエル人たちに啓示を与えたけれども、彼ら自身は神についてほとんど何も知らなかった。これは次のことから十分すぎるくらいよく分か

40 この子牛とは生き物ではなく、『出エジプト記』第三十二章にある子牛の偶像のことである。モーセがなかなか山を下りて来ないので民は不安に駆られ、黄金で子牛の像を作って拝み出す。

る。彼らは［モーセがシナイ山に登ってから］何日も経たないうちに、尊敬と礼拝の対象を子牛［の像］に移してしまい、これこそ自分たちをエジプトから連れ出してくれた神[41]だと思い込んでしまったのである。エジプト人たちの迷信に慣れ、教育もなく、気の毒と言うほかない奴隷生活に打ちのめされていた人間たちが、神について何かまともなことを知っていたとは到底信じられないし、モーセが彼らに生活態度以外の何かを教えていたとも思えない。

その生活態度にしても、モーセはもちろん哲学者としてではなく、立法者として教えたのだ。つまり自由な心で考えてからよく生きようとするのではなく、法［＝律法］の指図に従って生きようとするように彼らを強制したのである。したがって、よい生き方つまり本当の生き方とか、神を礼拝するとか愛するとか言っても、それは彼らにとっては隷属の延長であり、本当の自由でもなければ、神の恩恵でも賜物でもなかった。実際モーセが彼らに下したのは、かつて神から受けた（エジプトへの隷属から解放してもらった等の）恩に報いるため、神を愛し神の法に服せという命令である。これに加えて、モーセはそうした［律法の］指図を侵すものがいたら脅しをかけて強くおびえさせ、反対に指図を守るものにはよいことをたくさん約束した。つまりモーセの教え方は、親が少しも分別のない子供たちをしつけるやり方と変わらなかったのである。したがって、イスラエル人たちが徳のすばらしさや本当の幸福を知らなかったことは確実である。

ヨナは神の視野から逃れようと思ったが、恐らくは彼もまた、神がユダヤの地以外の地域の世話を自分以外の勢力に任せていると信じていたのだろう。[42] もちろん、そうした勢力を代役に立てたのは神自身だと思っていただろうが。

〔十六〕旧約聖書の中で神について理性的に語った人物といえば、ソロモンには誰もかなわない。この人は自然の光〔＝人間本来の認識能力、つまり理性〕において、彼の時代のあらゆる人を上回っていた。だからこそ、彼は律法より自分の方が上だと考え

---

41 原文ははっきり「神々」と書かれている。多神教的世界観が背景にある場合、たとえその場にある偶像が一体でも「神々」と複数形で表記するのは、元々はヘブライ語原文を踏襲した聖書翻訳上の習慣であると思われる。

42 『ヨナ書』第一章を参照。異郷で神の言葉を語れという啓示を受けたヨナは、これを嫌がって別の土地に逃げようとするが、海路で大嵐にあい、生贄として海に放り込まれた所を大魚に丸飲みされ、また陸地に吐き出される。

ていたし（律法というものは実際、もっぱら理性や自然の知の教えに頼れない人たちのために伝えられたものだった）、王を見張るための主に三ヶ条から成る律法（『申命記』第十七章十六〜十七節を参照してほしい[43]）をみな軽んじ、堂々と破ることさえあった（もちろん彼はこの点では過ちを犯し、哲学者にもとることを行った。つまり情欲におぼれたのである）。死すべき定めの人間にはどんな幸運も空しいと説き（『コヘレトの言葉』を参照[44]）、ひとが持てるものの中で知性ほど貴重なものはなく、愚かであること以上の罰はないとも説いた（『箴言』第十六章二十二節を参照[45]）。

〔十七〕しかしこの辺で話を預言者たちのことに戻そう。彼らの見解の違いを観察することも、わたしたちの企てに盛り込んでおいたはずだ。たとえばエゼキエルの考えがモーセのそれと矛盾することは、わたしたちに（現存している限りの）預言者たちの書物を「旧約聖書にまとめて」残してくれたラビたちも、既に気づいていた（「バビロニア・タルムードの」『シャバット編』第一章十三の二〔＝一章十三b〕で述べられているように）。だからこそ『エゼキエル書』は危うく正典に加えられず、隠されてしまう所だったのだ。そうならなかったのは、ハナニヤ[46]という人物がこの書の解説を引き受けたからだという。この人は並々ならぬ努力と熱意をもってこの仕事をやり遂げたと言われている（上掲書でそう述べられている）。ただ、それをどのように行ったかとなると詳細は明らかではない。つまり散逸したと思われる何らかの注解を書いたのか、それともエゼキエルの言葉や文章を（大胆にも）書き変えたり自分の裁量で加筆したりしたのか、よく分からない。[47] どちらにせよ、少なくとも『エゼキエル書』

43　逐語的には「馬を［私財として］増やさない」「馬を得るためにエジプトに民を派遣しない」「妻を何人も持たない」「金銀を［私財として］蓄え過ぎない」の四つだが、馬にまつわる最初の二つをまとめて「主に三ヶ条から成る」と言ったのだろう。

44　第一章（底本）や第二章（Gawlick）といった具体的な箇所を挙げた注釈もあるが、むしろ『コヘレトの言葉』全体を流れる思想が要約されていると考えた方がよいように思われる。

45　原文では第十六章二十三節だが訂正案に従う。

46　ハナニヤはラビ・ガマリエル（ガマリエル一世。一世紀半ばごろ没）の弟子とされており、これが本当なら旧約聖書編纂事業に関わるには時代が新しすぎるので、この論争はスピノザがそう理解したように『エゼキエル書』を正典に含めるかどうかではなく、これを公の祭儀で用いるかどうかを巡るものだったという説がある（Gebhardt）。しかし旧約聖書の正典が最終的に確立された時期には諸説あり、近現代のラビにもスピノザと同意見の人が見られるという（底本）。

第十八章の内容は『出エジプト記』第三十四章七節や『エレミヤ書』第三十二章十八節などと両立しないように思われる。[48]

［十八］サムエルの信じる神は、一旦何かを決めたらそのことを決して思い直さないはずだった（『サムエル記上』第十五章二十九節を参照）。サムエルはサウルが自分の罪を悔やんで、神に祈りながら許しを乞うたのに、神の彼に対する処断は変わらないだろうと言っているからだ。ところがエレミヤには、これと反対のことが啓示された（『エレミヤ書』第十八章八節および十節を参照）。つまり神は、ある民族に一旦何かを与えようと決めた時でも、その人たちがその後よい方向や悪い方向に変われば、恵みであれ災いであれ本当に与えるかどうか考え直すという。ヨエルの場合はもっと端的に、神は災いを下すのを思い止まることがあると教えている（『ヨエル書』第二章十三節を参照）。

最後に、『創世記』第四章七節では明らかに、ひとは罪の誘惑を抑えてよい行いをすることができるとされている。神がカインにそう語っているからだ。もっともカインは、聖書自体からもヨセフス[49]［の著作］からも明らかなように、誘惑を抑えられなかったわけだが。同じことは先ほど挙げた『エレミヤ書』の一節からもはっきり結論される。神は一度告知した決定を、それが人間に対する災いであれ恵みであれ、その人たちが性格や生き方を変えようとするのに応じて考え直すと言われていたからだ。ところがパウロは反対に、これ以上ないくらいはっきりと、人間は神から特別な「お

---

47 タルムードには、ハナニヤが注解を著したとはっきり書かれているので、スピノザは少なくとも本書執筆時点ではこの箇所のタルムード原文を詳しく検討していなかったという推測がある（Gebhardt）。

48 『エゼキエル書』のこの箇所では、親が悪人だからといって子供に（その子自身が正しい人なら）神罰が及ぶことはないとされる。これに対し『出エジプト記』も『エレミヤ書』も、神は父祖の罪を子々孫々にわたって罰するとしている。

49 このヨセフスは帝政ローマ初期に『ユダヤ戦記』『ユダヤ古代誌』などを著したユダヤ人の歴史家フラウィウス・ヨセフス（三七～一〇〇）を指す。『ユダヤ古代誌』第一巻二章二節（邦訳第一巻四一ページ）には「彼［カイン］に下された罰は戒めとして役立たず、その悪辣さはむしろ増すばかりだった。彼はあらゆる肉体的快楽を追い求め、そのためには隣人を害することもいとわなかった」とある。弟殺しの罰として「エデンの東」を追放された後のカインの悪行（？）について『創世記』は全く語っておらず、わずかにその移住先と子孫の系譜を記述しているに過ぎないが、ユダヤ人たちの伝承ではこのように言い伝えられていたと思われる。

召し」[50]や恩寵を賜らない限り、肉の誘惑には全く無力であると教えている。『ローマ人への手紙』第九章十節以下などを参照してほしい。もっとも同書第三章五節や第六章十九節では、彼は神に正義を帰するため自説を修正し、自分は普通の人の言葉遣いに合わせて、肉の弱さを強調するためにそう語っているだけだ［＝人間の自由意志を本当に否定しているのではない］と言っている。[51]

［十九］以上見てきたことにより、わたしたちが示そうと企てたことは十分すぎるくらい明らかになっただろう。神の啓示は預言者たち一人一人の理解力や考え方に応じた形で与えられた。預言者たちは思弁だけに関わる事柄、［隣人］愛や生活態度に関わらない事柄については無知でありえたし、事実無知であった。そしてお互いに異なる考え方を持っていた。したがってそのような彼らから、見えるものも見えないものも含めたあらゆる事柄についての知識を得ようとするなど、全くありえないことなのだ。わたしたちの結論はむしろこうである。預言者たちの言うことを信じなければならないのは、それが啓示の目的や核心に関わっている場合に限られる。それ以外の事柄は、それぞれが好きなように信じて構わない。たとえば、カインの啓示からわたしたちが教えられるのは、神がカインをまともに生きるよう戒めたということだけである。

それがこの啓示の意図であり核心であって、人間に自由意志があるとか、その手の哲学的な事柄を教えようとしているわけではないのだ。だからたとえあの［神の］戒めの言葉や理由の中で自由意志の存在がはっきり前提されていても、わたしたちはそれと反対の考えをもって構わない。そうした言葉や理由はカインの理解力に応じたものに過ぎないからである。

ミカヤの啓示が教えようとするのも、神はミカヤ［だけ］にアハブとアラムの戦闘の結末について真実を予言したというだけのことであって、したがって信じる必要があるのもこのことだけである。[52]この啓示に含まれているそれ以外のこと、つまり神の霊には本物と偽物があるとか、神の両側には天の軍勢が立っているとか、その他この

50 「お召し」と訳したvocatioについては次章を参照。

51 もし人間に悪を避ける自由がないなら、悪に対する責任も問えない。したがって神が悪を罰するのは筋違いか、そうでなければ神の自作自演（神罰を与えて自らの威光を示すため、人間にわざわざ悪を行わせている）ということになる。パウロは神の正しさを揺るがすこのような結論を回避するため、自由意志を持ちながら悪に流されやすい（そしてそれゆえに一層罪深い）存在という人間観を展開する。

啓示をめぐる細かな情景にまつわることは、全てわたしたちと何の関係もない。だからそういうことについては、それぞれが自分の理性によりふさわしいと思うように信じてよいのである。

神は色々な理由をつけて、自らの力が万物に及ぶことをヨブに対して立証した。[53] これについても、もし本当にそれらの理由がヨブに示されたとすると、つまり『ヨブ記』の作者が自分の思想を脚色したのではなく（そう信じている人たちもいるわけだが[54]）実際の出来事を語ろうとしたとすると、やはり同じことが言えるだろう。つまりそうした理由はヨブの理解力に合わせて、またヨブ本人を納得させるためだけに提示されたのであって、万人を納得させるための普遍的な理由ではないということである。

キリストもある時にはパリサイ人たちに[55]［彼らの］頑固さと無知を悟らせるため、またある時には弟子たちにまともな生活を送るよう促すため、色々な理由をつけている。こうした理由についても事情は変わらない。つまり彼はそうした理由を、聞き手一人一人の考え方や当然視していることに応じて付けていったのである。たとえば『マタイによる福音書』第十二章二十六節を参照してほしいのだが、パリサイ人たちには「そしてもしサタンがサタンを追い払うなら、彼は自分自身に反して分かたれることになる。そうなればどうして彼の国が存続するだろうか」と述べている。彼はこの時、ただパリサイ人たち自身の言い分を逆手にとって彼らを説得しようとしただけ[56]

52　既に何度も言及された『列王記上』第二十二章の物語を指す。神は偽預言者たちに偽の啓示（アハブの勝利）を与えるが、ミカヤだけにアハブ王の本当の末路（戦死）を啓示する。偽の預言を信じ、ミカヤを投獄して戦場に出たアハブはあえなく戦死する。

53　『ヨブ記』第三十八章以下を参照。

54　マイモニデスは『迷えるものの導き』三部二十二章冒頭で、生きた時代が特定できないことなどを理由に、ヨブを架空の人物と断定しているという（底本の指摘）。

55　この後も本文に頻出するパリサイ人とは、紀元前二世紀から後一世紀にかけて存在していた、ユダヤ教信者集団内の特定の立場（パリサイ派）の人たちを指す言葉である。いわゆる旧約聖書に明記された律法だけでなく、モーセから綿々と受け継がれてきた（という触れ込みの）口伝律法を重視し、その厳格な遵守を求める点に特徴がある。この特徴はユダヤ民族の離散後も、律法学者（ラビ）を中心とするユダヤ教に大枠で継承されたので、スピノザは後世のラビたちも広義のパリサイ人と考えていたようである。なお、こうした口伝律法を後に集成・文書化したものが「タルムード」である。

56　直前の箇所（第十二章二十四節）で、イエスは病人から悪魔を追い払うために悪魔の国の王ベルゼブルに祈っている、と非難されたことに対する反論の言葉。

であり、悪魔や悪魔の国のようなものが本当に存在すると主張したかったわけではないのである。また同書第十八章十節で弟子たちに「この小さい者たちの一人でも軽んじないよう気をつけなさい。あなたがたに言っておくが、彼らの使いたちは天にあって云々」と言ったのも、[57]何か他意があったわけではなく、弟子たちがおごり高ぶって誰かを軽蔑しないよう戒めただけである。理由の中には確かに別の事柄［＝子供一人一人に守護天使が付いているとか、天の神に「顔」があるとか］も含まれているが、これは弟子たちをよりよく説得するために挙げただけであり、これ自体を説こうとしているわけではない。

最後に、使徒たちが挙げる理由や「しるし」についても全く同じことが言えるけれども、これについてくどくど語る必要はないだろう。聖書には、相手あるいは相手の理解力に合わせて書かれただけの箇所、つまり神の教えとして無理に押し通せば哲学が大いに損なわれてしまうような箇所は無数にあるからだ。そういう箇所を全て挙げていたら、簡潔を期するという当初の方針から大きくかけ離れてしまうので、ここは少数の一般的な事柄に触れただけでご勘弁願いたい。そしてこれ以上のことは、読み手の皆さんがそれぞれの好奇心に応じ、ご自分で調べていただきたい。

［二十］これまでは預言者と預言について扱ってきた。実はわたしの本来目指している目標、つまり哲学を神学から切り離すという目標からすれば、議論の本筋としてはこれだけで十分なのである。しかしここまではこの問題に一般的に触れただけだったので、さらに一歩進んでこう問いかけてみたい。はたして預言とは、ヘブライ人たちだけに独自に与えられた贈り物だったのか。それともむしろどの民族にも共通するものなのか。またその場合、ヘブライ人たちの「お召し」についてはどう考えたらよいだろうか。

こうしたことについては、次章を見てほしい。

57 「誰が一番偉いか」で口論する弟子たちを戒め、おごりを捨てて無垢な子供の心にならうよう勧める有名な場面。同時に無垢な子供を悪の道に誘うことの罪深さを説く。省略された箇所は「彼らの使いたちは天にあって、天におられるわたしの父の顔をいつも見ているのである」と続く。

第三章

ヘブライ人たちの「お召し」について。[1] また預言とは、ヘブライ人たちだけに独自に与えられた贈り物だったかについて

---

1 「お召し」と訳したvocatio（原義は「呼びかけ」「呼び出し」など）は、ユダヤ・キリスト教関連の専門用語としては「召命」という訳語が定着している。何らかの意味で特別な人生を生きるべく、神に選ばれて「召し出される」ことである。ここではユダヤ人の「お召し」（＝救済を受けるべく、またそのため神に親しく仕えるべく、他の諸民族を差し置いて選民として「召し出された」）が話題になっているが、語としての用例はさらに広い。啓示を受けて預言者になったり、聖職者になったりするのはもちろん、いわゆる「天職」に出会ったりするのも、神のお導きと考えれば一種の「お召し」と言えなくもない。現にドイツ語では「お召し」も「職業」も同じBerufという言葉で表現される。

［一］誰にとっても、本当の幸福とは、よいことを楽しむこと自体に秘められている。他人を寄せつけないで一人で楽しむのはぜいたくなことかもしれないが、そこに幸福はない。実際、他人はそうでもないのに自分だけ調子がいいとか、他人よりも恵まれているとか運がいいとか、他人と比べないと自分が幸せだと思えない人は本当の幸福を知らないのである。そこから感じる喜びは、ごく他愛ないものならまだいいが、そうでなければ妬みや悪意の産物でしかない。

たとえば人間にとって本当の幸福とは、知恵それ自体に秘められている。つまり真実を知ることそれ自体が幸福なのだ。他人よりも知恵があるとか、他人は真実を知らない［のに自分だけが知っている］とか、幸福とは決してそういうものではない。いくら他人と比べてみても、当人の知恵つまり幸福は少しも増えないからだ。他人と比べて喜んでいる人は、他人の不幸を喜んでいるわけだから、妬みや悪意にとらわれているに過ぎない。本当の幸福も、安らぎに満ちた本当の生き方も、その人は知らないのだ。

こういうわけだから、神は他の民族を差し置いてヘブライ人たちを神自身のために選び取った（『申命記』第十章十五節を参照）とか、神は彼らの近くにいるが他民族の近くにはいない（『申命記』第四章四〜七節）とか、彼らだけに正しい律法を授けてくれた（同書第四章八節）とか、また他の民族を差し置いて彼らだけに自分の存在を知らせてくれた（同書第四章三十二節など参照）とか聖書で言われているのも、すべてはヘブライ人たちを律法に服従させるため、ただ彼らの理解力に合わせてそう語っているだけなのだ。前章［十五節］で示した通り、またモーセもはっきり証言している通り（『申命記』第九章六〜七節を参照）、ヘブライ人たちは本当の幸福を知らなかったからである。実際、もし神が［ヘブライ人だけでなく］万民を等しく救済に召し出したとしても、彼らの幸福がその分だけ減るようなことはないだろう。たとえ神が他民族にも等しく身近な存在だったとしても、彼らに対する神の好意がその分だけ薄れるようなことはないだろう。たとえ律法が万民に授けられたとしても、その分だけ律法の正しさが薄れたり、ヘブライ人たちが愚かしくなったりすることはないだろう。他民族のためにも奇跡が行われたからといって、その分だけ神の力が見えにくくなることはないだろう。最後に、神が以上のことすべてを万民に等しく大盤振る舞いしたとしても、ヘブライ人たちの神を敬う義務がその分だけ軽くなることはないだろう。

これに対し、神がソロモンに、彼に等しい知恵の持ち主は以後現れないだろうと言ったのは(『列王記上』第三章十二節を参照)、[ソロモンの理解力に合わせた発言ではなく]ソロモンの知恵のすばらしさを表現するためにこういう言い方をしただけのようだ。少なくとも、神がソロモンの幸福を増すために、後世の誰にも彼に匹敵するような知恵を恵まないと約束したなどとは到底信じられない。そんな約束をしてもソロモンの知恵は増さないし、また賢王ソロモンほどの人であれば、たとえ神が同じような知恵をみんなに与えようと言ったとしても、そのような贈り物を与えてくれる神に深く感謝するだろうからである。

[一二]しかし、誤解しないでほしい。先ほどモーセ五書から引用した箇所で、モーセはヘブライ人たちの理解力に合わせて語っていた、と言ったのは確かだ。しかしだからといって、わたしたちは神が彼らだけにあのモーセ五書の律法を授けたこと、彼らだけに語りかけたこと、また彼らだけに他の民族とは比べものにならないほど大量の奇跡を見せたことなどを否定するつもりはない。わたしたちはただ、モーセがああいう仕方で、そして特にああいう理由を付けてヘブライ人たちを戒めたのは、彼らが神をさらに熱心に礼拝するよう、彼ら自身の未熟な理解力に訴えかけるためだったのだ、と言いたかったに過ぎない。

さらに示しておきたかったのは、ヘブライ人たちは知識や道徳性の点で他民族にまさっていたのではなく、全く別のことでまさっていたということである。言いかえれば（つまり聖書にならって、彼らの理解力に合わせた言い方をするならば）、彼らが他民族を差し置いて神に選ばれたのは、本当の生き方や深い思弁を身につけることを見込まれたからではなく（そういうものを身につけるようしばしば戒められてはいるが）、全く別のことのためであった。

ではその「別のこと」とは一体何だったのか。それをこれから順番に示そうと思う。

［三］しかしそれに取りかかる前にしておきたいことがある。神の導きとか、神の外なる助けまたは内なる助けとか、神の選びとか、運命といった言葉があるけれども、これらを今後わたしがどう理解して使うか手短に説明しておきたいのである。

まず神の導きとは、あの一定で変えられない自然の秩序のこと、言いかえれば、自然のものごと相互の結びつきのことと理解する。先に述べたように[2]、そしてこれから

2　本書第一章二節から四節あたりを指すか。底本は同章「二十五」節を指示しているが、これは恐らく「二〜五節」の誤植である。

も別の所で示すように、[3] 万物の成り立ちや規定をつかさどる自然の一般法則は、永遠の真理と必然性を常に含む神の永遠の取り決めに他ならないからだ。だから万物は自然の諸法則に従って生起すると言っても、神の取り決めと導きによって整えられていると言っても、わたしたちが言おうとしているのは同じことなのだ。

さらに、自然のあらゆるものごとが発揮する力は、神の力そのものに他ならない。万物はもっぱら神の力によって生じたり決められたりするのである。そして人間も自然の一部なのだから、人間自身が自らの存在を保つための助けとして何かを試みる場合でも、またその人自身は何もしていないのに自然がそうした助けを提供してくれる場合でも、それらはみな他でもない神の力によって提供されたわけである。ただ神の力がその人本来の性質を通じて働いているか、それともその人本来の性質の外部から働きかけているかが違うだけなのだ。そういうわけで、その人本来の性質が自力だけで自らの存在を保つのに十分な働きをしている場合、その働きは神の内なる助けと呼んでよいし、そしてこれ以外に何か外的な原因によってその人に有利な結果が生まれている場合、それは神の外なる助けと呼んでよいだろう。

またこのことから考えれば、神の選びという言葉をどう理解するべきかということも簡単に分かる。つまり自然の秩序によって予定されている以外の働き、言いかえれば神の永遠の導きおよび取り決めによって予定されている以外の働きは誰にもできないのだから、その帰結として、神の特別な「お召し」によらない限り、何らかの生き

3　確認できた各国語訳はすべて「既に別の所で示したように」と訳した上で、この「別の所」をスピノザの別の著作のどこかと見なし、具体的にどの著作のどこを指すかで意見が分かれている。主要なものとしては当時既に刊行されていた『形而上学的思想』第二部九章とする説（Gebhardt, Appuhn）と、草稿が既に書かれていた『エチカ』第一部とする説（Saisset）が知られるが、底本でも指摘されているように、どちらを採るにしても『神学・政治論』の匿名性の縛りが著者自身によって破られていることになる。底本自体はスピノザ自身の原注六に『デカルトの哲学原理』への参照指示があることを根拠に、留保付きながら前者に軍配を上げているようだが、原注というのは原則的に知人しか読まないことを前提に書き込まれたものだから、ここを根拠にスピノザが匿名性の縛りを自ら破っていた（あるいは、後世の読者が想像するほど厳密に考えていなかった）と結論することはできないように思われる。訳者（吉田）はきわめて単純に、「既に jam 別の所で示した ostendimus」ではなく「これから jam 別の所で示す ostendimus」なのではないかと考える。事実、自然法則は神の法に他ならないという発想は『神学・政治論』の基本思想の一つであり、この後も随所で繰り返し示されている。

方を選んだり何かを行ったりすることは誰にもできないということになる。他でもないこのものを、他でもないこの行いへ、あるいは他でもないこの生き方へと選んだのは、神なのである。

最後に、運命とは神の導きに他ならないと理解する。考えようによっては、神は［人間の］予見できないさまざまな外部の原因によって人事を導くものだからである。

［四］以上のことが片付いたので、本題に戻ろう。ヘブライ民族が他民族を差し置いて神に選ばれたと言われるのはなぜだろうか。その理由を次のような手続きで示してみよう。

［五］わたしたちが真剣に望むことは、何であれ、基本的に次の三つのどれかに当てはまる。ものごとをその大元の原因から知ること、感情をうまく制御して徳ある生き方を身につけること、安全に健康な身体で生きること。この三つである。このうち最初の二つ［の実現］に直接役立つような手段、その［実現の］ための一番手近で効果的な要素と考えられる手段は、人間本来の性質それ自体に含まれている。だからこの最初の二つをものにするにはわたしたちの力だけで十分であり、人間に本来的に備わった法則以外のものを特に必要としてはいないのである。またそれだからこそ、それら

はどこかの民族だけに特別に贈られたものではなく、間違いなく人類すべてに常に共通しているものと考えざるをえない。自然はかつて別の人類を生み出したことがあるのだ、などと夢想するなら話は違ってくるが。

これに対し、安全な生活や身体の維持に役立つ手段となると、どうしても外部のものごとが決め手になる。したがってそういうものは運命の賜物と呼ばれる。当たり前だが、それを得られるかどうかは、大抵の場合、わたしたちの知らない外部のさまざまな原因の導きに左右されるからだ。だからこうした事柄については、幸運や不運に見舞われる確率は愚か者でも賢者でもほとんど違いがないのである。

もちろん、ひとが指図や気配りを怠らなければ、他の人間や動物からの危害を逃れて安全な生活を送るための大きな助けになるだろう。そのための一番確実な手段は何かといえば、理詰めで考えても経験に頼っても、出てくる答えは変わらない。それは他でもない、何らかの法によって社会を作り上げ、この世の一定の地域を占有し、万人の力をまるで一つのもののように、つまり社会の力として結集させることである。しかし社会を作り上げて維持するためには、並外れた資質や気配りが求められる。だからこそ、賢く注意深い人たちによって設立され導かれれば、その社会はその分安全で、長続きしやすく、運命に左右されにくくなる。反対に、粗野な気性の人たちから成り立っている社会は運任せの部分が大きくて長続きしにくい。たとえ長続きしたとしても、それは他の要素に導かれたからであって、その社会そのものの手柄にはならないだろう。

ところが長続きするどころではなく、もしそういう［欠点だらけの］社会が数々の大きな苦難を乗り越えていったとしたら、そして周囲の状況がその社会の存続に有利に推移し続けたとしたらどうだろうか。その時ひとは神の導き（この場合の神とはつまり、人間本来の性質や人間の精神を通じて働く神ではなく、秘められた外部のさまざまな原因を通じて働く神ということだが）に驚くほかなく、これを讃えないわけにはいかないだろう。その社会に起きたのは、全く予期できない想定外のこととしか言いようがなく、実際奇跡と呼ばれてもおかしくないことだからである。

［六］そういうわけで、さまざまな民族がお互いに区別されるのもまさにこの一点に、つまり違う社会で違う法の下に生き、導かれているという一点に尽きるのである。したがってヘブライ民族が他民族を差し置いて神から選ばれたというのも、べつに［特別な］知性や安らかな心のせいでそう言われるのではなく、彼らの社会と運命のせい

でそう言われるのだ。彼らはまさしく奇妙な縁で国家を獲得し、またその国は奇妙な縁で長い間続くことになったのだから、これはもう運命とでも言うほかない。

このことも聖書自体から、これ以上ありえないくらいはっきり分かる。たとえ聖書に軽く目を通しただけでも、ヘブライ人たちが以下の点だけは他民族に抜きん出ていたことがはっきり見てとれるだろう。彼らは生命の安全にかかわる事柄を幸運にもうまく乗り切り、数々の大きな苦難を乗り越えた。しかも大抵の場合は、ひとえに外部からの神の助けのおかげでそうなったのである。

その他の点については彼らも他民族と変わりがなく、神の好意も万民に等しく向けられていた。たとえば知性について言うと、彼らは明らかに（前章で示したように）神や自然についてごく月並みな認識しか持っていなかった。ということは、彼らが他民族を差し置いて神から選ばれたというのは、彼らの知性のことではなかったのである。しかしまた、徳や本当の生き方のことでもなかった。というのもこの点については、彼らも他民族と変わりなく、選ばれていた［＝徳を身につけていた］のはごく少数の人たちに過ぎなかったからである。

だから彼らの「選び」や「お召し」とは、実質的には、その国が時に応じて受けた恵みや特典のことであった。神が［ヘブライ人の］族長やその後継者たちにこれ以外のことを約束したという記述は見当たらない（原注四）。律法において約束されていたのは、［律法への］服従と引き換えに国に絶えず繁栄が訪れ、その他この世の生活にまつわる特典が色々舞い込むということと、また逆に服従を拒んで契約を破れば国は没落し、最大級の凶事が色々降りかかるということに限られていた。

これはべつに驚くにはあたらないだろう。そもそも社会や国家とは、一般に（先ほど述べたことからも明らかだし、この先でもさらに詳しく示すつもりだが）ひとびとが安全で快適に暮らすことを目的に存在しているからだ。ところで国というものは、みんなが同じ法に縛られていなければ成り立たない。もし一つの社会に暮らす全構成員がその法と縁を切りたがったら、彼らは社会を解消し国を解体することになるだろう。ヘブライ人たちの社会にとっても事情は同じなのだ。律法をしっかり守るのと引き換えに約束されるものといえば、安全で快適な生活以外にありえなかった（原注五）。また反対に、律法に背いた場合に下される罰といえば、国の没落とそこから一般に生じるさまざまな災い以上に確実なものは考えられなかった。この他にも、崩壊した国の特徴に応じてヘブライ人たちに独自に生じる災いが色々とあっただろうが、これについてはここで長々と扱わなくてもよいだろう。一つだけ付け加えておくと、旧約聖書の律法も「一般の国法と同様、その法の下に暮らす国民である」ユダヤ人たちにだけ示され定められたのである。神が彼らを「選んだ」のは、もっぱら彼らに独自の社会および国家を作らせるためだったのだから、彼らが持つ法も当然彼ら独自の法でなければならなかったのだ。

［七］しかしそれなら、神は他の民族にも彼ら独自の法を定めたのだろうか。彼らの律法者たちに自らを預言的な仕方で、つまりそうした民族が想像で神にまとわせがちな諸属性をまとった形で、啓示したのだろうか。これはわたしにはよく分からない。ただし聖書自体によれば、少なくとも、他の民族も外部からの神の導きによって国や独自の法律を獲得したことがあったようである。

このことを示すために、聖書から二箇所だけ引いておこう。まず『創世記』第十四章十八〜二十節では、エルサレムの王であり神の最高の司祭であったメルキゼデクなる者が[4]、祭司の権利（『民数記』第六章二十三節を参照）を行使してアブラハムを祝福し、神の愛を受けたアブラハムが戦利品の十分の一をこの神の祭司に与えたと言われている。以上のことから十分に分かるように、神はイスラエル民族を創設する以前からエルサレムに王や祭司を置き、彼らに儀礼や法を定めていたのである。もちろん既に述べたように、それが預言という形で示されたのかどうかはよく分からない。ただ少なくとも、アブラハムはその地に暮らす間、宗教的にはそれらの「モーセの律法以前の」法に従っていたのは確かだろう。というのも、アブラハムは具体的な儀礼のやり方など少しも神から指示を受けていなかったのに、『創世記』第二十六章五節では、彼が神の定めた礼拝「の仕方」や指示や習わしや法を守っていたと言われている。そうすると明らかに、これはメルキゼデク王統治下の礼拝や指示や習わしや法のことを言っていると解さなければならないだろう。

また『マラキ書』第一章十〜十一節では、ユダヤ人たちを非難する次のような言い方が出てくる。「わたしの祭壇に火が点しにくくならないように[5]、お前たちのうち誰か一人でも（神殿の）扉を閉める者がいるだろうか。わたしはお前たちの下にいることを喜ばない（以下略）。日の出から日の入りまで、わたしの名は諸国に大きく響き、わたしにはどこでも香《こう》と清らかな供物がささげられる。わたしの名が諸国に大きく響くからである。そう万軍の神はおっしゃる」。強引に曲解しようとしない限り、これらの言葉は現在形として解釈するしかないから、これが書かれた当時、明らかにユダヤ人たちは他民族よりも神に喜ばれてはいなかったのである。それどころか、その頃ユダヤ人たちは奇跡の助けなしに国土の一部を回復していたこともあり、[6]奇跡を行う神のことは当時の彼らよりもむしろ他の諸民族に知られていた。そしてそれらの民族は、神に気に入られるやり方の礼拝や儀式をきちんと持っていたのである。

しかしこうしたことについては省略しよう。本題の方を進めるのに必要なことは、もう十分に示したからだ。つまりユダヤ人たちの「選び」とは、実質的には、彼らに時に応じて恵まれた物理的な幸運と自由に他ならなかった。もう少し具体的に言いか

4 メルキゼデク王が支配する町の名は『創世記』本文ではサレムとなっているが、ユダヤ人の伝承では十七世紀当時も現在も、このサレムとはエルサレムの古称と考えられているという。

5 「わたしの祭壇に誤って火がかからないように」とも訳せるが、各国語訳の多数派に従う。

6 『マラキ書』本文中には執筆年代を特定できるような記述はないが、スピノザ自身は漠然と、新バビロニア王国の滅亡（前五三九）を契機にいわゆるバビロン捕囚が終わり、新宗主国ペルシャ（アケメネス朝）の支配下でユダヤ人たちがエルサレム周辺への帰還を許された時代あたりを想定しているようである。

えれば、それは［ユダヤ人独自の］国家であり、国家を得るための方法や手段であり、独自の国家を安定させるのに欠かせない色々な法律であり、そしてそれらの法律を告示する方法［＝預言］であった。これに対し、その他のことについては、そして人間の本当の幸福に不可欠なことについては、彼らも他の民族と変わりがなかったのである。

したがって、ユダヤ人たちとその神ほど近いつながりを自分たちの神々に対して持っている民族は他にいない、と聖書に述べられたのも（『申命記』第四章七節を参照）、ただ［ユダヤ人の］国だけに関して、しかも彼らに大量の奇跡が生じていた時代に限ってそう言われているものと解するべきである。[7] なぜなら知性や徳に関しては、つまり［本当の意味の］幸福に関しては、既に述べたし理にかなう証明もしておいたように、神の好意は万人に等しく向けられているからだ。

このことは聖書それ自体からも十分明らかである。たとえば『詩編』第一四五章十八節で、作者は「神を呼ぶすべての人のそばに、神を正しく呼ぶすべての人のそばに、神はおられます」と言っている。同じ第一四五章の九節でも「神はすべてのものに恵み深く、神の憐れみはそのお作りになったすべてのものに向けられて（います）」とある。『詩編』第三十三章十五節には「［神は］彼らの心臓を同じ仕方で作られた」とあるが、これは明らかに、神は万人に同じ知性を与えたという意味だろう。心臓こそ心と知性のよりどころだとヘブライ人たちは信じていたからだ。これは誰でもよくご存じだろうと思う。

さらに『ヨブ記』第二十八章二十八節からも、神は人類全体に同じ法を定めていたと判明する。その法とは、神を敬い悪事を慎め、つまりよいことを行え、というものだ。だからこそ、道徳心と宗教心において誰よりも優れていたヨブは、異邦人であるにもかかわらず、神にとって誰よりも好ましい人物だったのである。

最後に『ヨナ書』第四章二節からも、これ以上ないくらい明らかに、神はユダヤ人

7 原文は初版以来ここに「等々 etc.」とあって文章が不可解な途切れ方をしており、諸国語訳も注釈なしで省くか、やはり注釈なしで直訳するに止めている。スピノザの手稿が現存しない以上立証は不可能だが、もしかすると、手稿では「である。est.」と書かれていたのが誤植で「etc.」となったのかもしれない。ここではそういう仮定の下に、「等々」に替えて「である」を補ってこう訳す。もっとも「等々」を省いた場合でも、欠けている主動詞（この場合明らかに est）を補う必要があるので、結果的にできる訳文はあまり変わらない。

たちばかりでなく誰に対しても恵み深く、憐れみ深く、辛抱強く、寛大で、一旦下そうとした天罰も思い直してくれることが分かる。というのも、ヨナは「これだから、わたしは最初タルシシュに逃げようとしたのだ。あなたが恵み深い、憐れみ深い（中略）神だということを、わたしはとうに（つまり『出エジプト記』第三十四章六節にあるモーセの言葉から）知っていたのだから」と言っている。つまり、だからニネベの人たちの罪も［自分が嫌々出かけていって警告しなくても］どうせ許すだろうと思っていたと言いたいのだ。[8]

［八］したがって（神は万人に等しく好意的であり、ヘブライ人たちが神から選ばれたというのは彼らの社会と国家に関してしか当たっていないのだから）結論はこうなる。一人一人のユダヤ人は、その社会や国家から切り離して単独でとらえられた限りでは、他民族の人たちにまさる神からの特別な贈り物など何一つ受けていないし、ユダヤ人と異邦人の間には［単独の個人として見る限り］何の違いもないのである。だから神が誰に対しても同じように恵み深く、憐れみ深い等々というのも本当のことだ。また預言者に課せられた義務というのも、［本来は］ひとびとに祖国独自の法を教えるというよりもむしろ本当の徳を教えることであり、彼らをこの徳に向けて促すこと

なのだ。

だとすると、どの民族にも預言者がいておかしくなかったはずだ。また預言とは、ユダヤ人たちだけに独自に与えられた贈り物ではなかったはずである。事実このことは歴史的にも裏付けられている。聖書の歴史物語に頼ろうと頼るまいと、この点については変わらない。もちろん旧約聖書の物語からは、他の民族がヘブライ人たちほど多くの預言者に恵まれていたかどうか分からないし、それどころか異邦人の預言者のうち、神から異民族のもとへ遣わされたとはっきり分かる者は一人もいない。しかしこれは何の証拠にもならないだろう。ヘブライ人たちが書こうとしたのは自分たちにまつわる事柄だけであり、よその国のことを書くつもりはそもそもなかったからである。それでも旧約聖書によれば、ノア、エノク、アビメレク、バラムといった人たち

8　本書第二章十五節の注でも説明したように、預言を語るのを嫌がって逃げ出したヨナは神意の前に結局逃げ切れず、ニネベの町に赴いて神の怒りと災いを預言する。ところがそれを聞いたニネベの人たちは生活を改めたので、神は神罰を下すことを撤回してしまう。冗談ではない、自分の今までの苦労は一体何だったのだ、とヨナが憤りをぶちまけているのが上記の引用箇所である。

は、割礼[9]を受けていない異邦人なのに預言を行っている。またヘブライ人の預言者たちは自民族だけでなく、他の多くの民族にも神から遣わされている。そういうことが聖書から分かるだけでも十分だと思うのだ。

たとえばエゼキエルは、その当時知られていたすべての民族に対して神託を述べた。オバデヤなどは、分かっている限りではエドムの人たちにしか預言しなかったし、ヨナが預言者だったのも、もっぱらニネベの人たちに対してであった。イザヤはユダヤ人たちにふりかかる災いを嘆きたっぷりに預言し、彼らの復興を歌いあげるけれども、実は他の民族のことも述べている。たとえば『イザヤ書』第十六章九節では「だからわたしはヤゼルのために嘆くであろう」と言っているし、同書第十九章ではまずエジプト人たちにふりかかる災いを、そしてその後で彼らの復興を預言する。つまりエジプト人たちは神が遣わした救世主によって解放され、神を知ることになり、犠牲や供物を捧げて神を祭るようになるという。そしてついに、イザヤはこの民族を「祝福されたる神の民エジプト人」とさえ呼ぶのである（『イザヤ書』第十九章十九〜二十一節、二十五節を参照）。以上のことはみな、大いに注目されてしかるべきだろう。

エレミヤはヘブライ民族だけの預言者ではなく、端的に「諸民族の預言者」と呼ばれている(『エレミヤ書』第一章五節を参照)けれども、この人物もまた、さまざまな民族にふりかかる災いを預言しては嘆き、それから彼らの復興を預言する。たとえば『エレミヤ書』第四十八章三十一節では、モアブ人たちについて「それゆえに、わたしはモアブのために嘆くであろう、そしてモアブ全体のために叫ぼう」云々と言われているし、同章三十六節では「それゆえに、わたしの心臓はモアブのために、まるで太鼓のように鳴り響く」と言われる。それからついに彼らの復興を預言するわけだが、復興をほのめかして締めくくる点ではエジプト人、アンモン人、エラム人の場合と同じである。[10] こういうわけで、明らかに他の民族もユダヤ人たちと同様に自分たちの預言者を持っていて、こうした預言者が自民族やユダヤ人に対して預言を行っていたの

9 男子の陰茎先端部の包皮を切除する「割礼」は、ユダヤ人と神との契約の象徴として『創世記』第十七章九~十四節でアブラハムに啓示され、以後ユダヤ人(正確にはユダヤ教信徒集団)の習わしとして継承される。なお誤解されやすいが、割礼自体はユダヤ人が始めたわけでもなければ、ユダヤ人だけが行っているわけでもない。古来北東アフリカや中近東の遊牧民の間で行われていた風習で、ユダヤ人以外にもイスラム教徒などに現代まで継承されている。

である。

［九］たしかに聖書では、ユダヤ人およびその他の民族の将来について啓示を受けた［異邦人の］預言者は、バラム一人しか挙げられていない。しかしバラムがあの一件[11]についてしか預言しなかったと考えてはいけないだろう。あの物語そのものからはっきり分かるように、彼はその遥か以前から、預言その他の天賦の才能で名が通っていたはずだからである。実際バラク王は、彼を自分の下に呼び寄せるよう命じた時「お前がよく言うものは祝福され、悪く言うものは呪われることをわたしは知っているのだから」と［使者を介して］言っている（『民数記』第二十二章六節）。ということは、彼はアブラハムに神が贈った（『創世記』第十二章三節を参照）のと同じ、あの優れた［預言の］能力を［既にそれ以前から］持っていたのである。さらにバラムは、神意がこの身に啓示されるまで待っていてほしいと使者たちに答えているが、預言をもらい慣れていないとこういう言い方はしないはずだ。そして預言を行う時、つまり神の真意を通訳する時に、彼は自分について「神の語られたことを聞くもの、高き所におわす方の知恵（つまり考えや予見）を知るもの、気を失っても目を覆われることなく、全能なるお方の幻を見るもの、これはそのようなものの語ることである[12]」と言ってい

るが、これもいつもの言い回しだったのだろう。さらにまた、神に命じられてヘブライ人たちに祝福を与えた後で、バラムは他の民族に対しても預言をさずかり、彼らの将来のことを予告し始めた（これも明らかに、いつものやり方だったのだろう）[13]。こ

10　エジプト人は『エレミヤ書』第四十六章、アンモン人は第四十九章冒頭（一～六節）、エラム人は同章末尾（三十四～三十九節）でそれぞれの没落と復興が預言される。

11　「あの一件」とは、本書第一章十二節以下でも言及された『民数記』第二十二～二十四章の出来事を指す。イスラエルに敵対するモアブ王バラクは、バラムという人物に頼んで彼らを呪ってもらおうとするが、啓示を受けたバラムは逆にイスラエルを祝福する、という筋書きである。ここの論旨は多少分かりにくいが、ユダヤ人だけが特権的に預言の能力を授かったと思いたがる人たちの中には、この異邦人バラムに与えられた啓示をその場限りの単独事例として意図的に軽視しようとする傾向が当時あったらしい（底本の指摘）。つまりバラムは神の声など聞いたことのない偽預言者だったが、ここの場面でだけ本当の啓示を授かったというのである。スピノザはこのような反論を封じるため、バラムが（少なくともユダヤ人の預言者と大差ない程度に）まともな預言者として恒常的に活動していたと思われる根拠を示そうとしているようである。

12　『民数記』第二十四章十六節を参照。これに先立つ第二十四章四節にもほぼ同様の言い回しがある。

れらすべてが十分すぎるほど明らかに示しているように、バラムは絶えず預言者であり続けたか、あるいはごく頻繁に預言を行っていたのだ。

そして彼の心は（これも忘れてはならないことだが）正しいこと、よいことに向けられていた。何よりもまずそうした心がなければ、預言が本物かどうかは預言者当人にも確信できなかったはずだからである。実際彼はバラク王が思っていたのと違い、自分が祝福したい者を祝福することも、呪いたい者を呪うこともなく、ただ神がそう望む者だけを祝福したり呪ったりした。だからこそ、バラムは王に対しても「たとえバラクが彼自身の宮殿を埋め尽くせるほどの金銀をくれたとしても、神から発せられた言葉を踏み越えて、わたしの勝手で幸不幸を作りだすような力はわたしにはありません。わたしは神の語ることを語るだけなのです」と答えている。[14]

たしかに神は「バラク王の下に向かって」旅に出たバラムに怒りを発したが、[15]同じような怒りは神に命じられてエジプトへ赴いたモーセにも向けられたことがある（『出エジプト記』第四章二十四節を参照）。また彼は預言と引き換えに金銭を受け取っているが、[16]同じことはサムエルもやっている（『サムエル記上』第九章七〜八節を参照）。[17]また彼が何らかの罪を犯していたとしても（これについては『ペトロの手紙二』第二章十

13 『民数記』第二十四章二十〜二十四節付近を指すか。なお（ ）内の句は底本の区切り方では「ヘブライ人たちに祝福を与えた」ことに接続されていて、訳文もこれにならっている。しかしたとえバラムが職業的預言者であったにせよ、それまでヘブライ人たちにこれほどあからさまな祝福を与えたことはなかったはず（そうでないとそもそもバラク王が彼を召し出そうとする訳がない）だから、内容的に疑問が残る。ここはむしろ初版の区切り方を尊重して、国や民族を次々に列挙してその盛衰を予告していくという形式そのものを「いつものやり方」と言っていると解釈し、右のように訳出する。

14 『民数記』第二十四章十三節を参照。なお第二十二章十八節など、これに先立つ数箇所にも同趣旨の発言がある。

15 本書第一章十二節以下で既に取り上げられた『民数記』第二十二章二十一節以下の場面を指す。なお、バラムは直前の第二十二章二十節で受けた神の指図（「この人たちと行きなさい云々」）に従って同行しただけなので、この箇所で神が怒るのは厳密には筋が通らない。これは実は、この文の後半で言及されている『出エジプト記』第四章二十四節以下にも言えることで、ここでも神はモーセに対して文脈的に不可解な殺意を向けている。スピノザはそういう（時折神から不条理な怒りや殺意を向けられる）点まで含めて、バラムが「いかにも預言者らしい」逸話に事欠かない人物であることを示そうとしているようである。

16 正確にはバラクは金銭ではなく「牛と羊を屠って」バラムたちに与えている（『民数記』第二十二章四十節）。

五〜十六節および『ユダの手紙』十一節を参照)[18]、「いつも品行方正で決して罪を犯さないような、そういう義人は存在しない」のである(『コヘレトの言葉』第七章二十節を参照)。そして明らかに、彼の言うことは常に神に対してかなり有効で、その呪いもかなり強力だったに違いない。そうでなければ、次のような論理は成り立たないだろう。聖書にはしばしば、神はバラムに耳を貸そうとせず、その呪いをわざわざ祝福に転じさせてやったほど、イスラエル人たちに対する大きな憐れみを持っていたのだと いう主張が見受けられる(『申命記』第二十三章六節、『ヨシュア記』第二十四章十節および『ネヘミヤ記』第十三章二節を参照[19])。ということは、明らかにバラムは神にとても気に入られていたはずである。そもそも、神は不道徳な人たちの言うことや呪いには少しも動かされない[=つまり、そういう元から論外の人物の呪いを神が聞き届けなかったとしても、イスラエル人たちが特に神から目をかけてもらっていることの証明にはなりえない]からだ。

このように、バラムは本物の預言者だった。ヨシュアは彼を「ナビ=預言者ではなく」コセムつまり託宣人ないし占い師と呼んでいるが(『ヨシュア記』第十三章二十二節[20])、この名称はよい意味に取ることもできるはずである。つまり異邦人たちが占い

師や託宣人と呼びならわしていた人たちは［基本的には］本物の預言者であり、これ

17 初版には第九章二節、八節とあるが、底本に従う。預言の報酬として「四分の一シェケルの銀」をサムエルに贈ることを相談する箇所だが、サムエルが実際に報酬を受け取ったかどうかは定かではない。

18 『民数記』以外の聖書各巻では、バラムは金と引き替えにいかがわしいまじないを行っていた呪術師のような扱いを受けることが多いが、少なくとも『民数記』本文にこれをはっきり裏付けるような記述は存在しない。たしかに『民数記』のその後の展開では、イスラエルがミディアン人たちを攻撃した際、バラムも一緒に殺害されている（第三十一章八節）。バラムはイスラエルに異教（バアル神崇拝）を広めさせた陰謀の首謀者だったというのだが（同章十六節）、モーセのこの言葉には前後関係による裏付けがまったくなく、真相はよく分からない。いずれにせよ『民数記』第二十二～二十四章でいわば神の視点から描かれた「まともな預言者」としてのバラム像と、第三十一章でモーセの視点から描かれた「イスラエルの敵」としてのバラム像の間には、明らかに安易に架橋することを許されない断絶がある。そしてそれにもかかわらず後者のみが（恐らくはモーセの権威を借りて）後代に継承され、前者はその反動から「悪党が神威におびえて嫌々行った形ばかりの善行」として曲解されてきたようである。

19 繰り返すが、バラムがイスラエルを呪おうとしたという記述は、前注に挙げたモーセの不可解な断言を除けばどこにもない。

に対し聖書でしばしば断罪されている人たちは、実は［託宣人は託宣人でも］偽の託宣人だったのである。偽預言者がユダヤ人たちを欺いたのと同じように、彼らは異邦人たちを欺いたのだ。このことは聖書の別の箇所からも十分明らかに見てとれる。したがって、結論はこうなるだろう。預言とはユダヤ人たちだけに独自に与えられた贈り物ではなく、あらゆる民族に共通の贈り物だったのである。

［十］しかしパリサイ派の人たちはこれと反対に、この神からの贈り物はユダヤ民族に独自のものだという頑固な主張をやめようとしない。他民族も将来のことを予言しているのは、よく分からないが何らかの悪魔的能力に頼ったのだろうと言うのである（迷信に駆られた人は何でもでっち上げるものだ）。この考えを旧約聖書の権威で裏付けようとして彼らが持ち出してくる重要な箇所は、『出エジプト記』第三十三章十六節である。ここでモーセは神にこう言っている。「わたし［＝モーセ］とあなたの民［＝イスラエル］があなたの目の中に好意を見出したと、一体何によって分かるでしょうか。それはもちろん、あなたがわたしたちと共に行って下さることによってです。その時わたしとあなたの民は、地表に生きるすべての民から区別されることになるのですから」。彼らはここを根拠にして、モーセが神に対し、ユダヤ人たちに寄り添っ

てくれるよう、そして彼らに預言という形で神意を示してくれるよう、さらにはこのような好意を他のどの民族にも授けないよう頼んだのだと結論したがる。しかしモーセのような人物が、神が［他の］諸国民に寄り添うのを妬んだとか、いま述べたようなことを神に願おうとしたというのは、いかにも馬鹿馬鹿しい話である。

真相はむしろこうだろう。自民族の強情な気質や考え方を知ったモーセは、はっきりとこう気づいたのだ。一旦始めた［独自の国家を作るという］計画を自分たちが完遂するためには、きわめて大がかりな奇跡や、神による特別な外からの助けが欠かせな

20 バビロニア・タルムード『サンヘドリン編』一〇六aには、バラムの呼称は聖書では当初「預言者」だったのが、後に「占い師」に変わっているという指摘があるという（底本）。この指摘は二つの点で興味深い。一つは、ユダヤ思想の伝統の中にも異邦人の預言者の存在を認める立場があったことを示している点であり（Joël）、そしてもう一つは、当初（つまりモーセの視点から切り離された文脈では）まともな預言者として描かれていたバラムが、モーセ（とその後継者たち）の視点が介入した途端に悪辣な反イスラエル工作の首謀者と決めつけられるという、先の注でも指摘しておいた不可解な断絶が、呼称の面でも裏付けられる可能性がある点である。しかしこれについては深入りしないことにする。

い。いや、そればかりか、そういう助けがなければ自分たちは間違いなく滅びてしまうだろう。だからこそモーセは、神が彼ら民族の存続を願ってくれているとはっきり分かるように、神によるこの特別な外からの助けを求めるのである。たとえば『出エジプト記』第三十四章九節で、モーセは「もしわたしがあなたの目の中に好意を見出したなら、主よ、主がわたしたちの間にいらして下さるようわたしは祈ります。この民は強情なのですから」云々と言っている。つまりモーセが神による特別な外からの助けを求める理由は、民が強情だったからなのだ。またモーセは、神によるこの特別な外からの助けだけをひたすら求めていたのだが、それは神の応答の言葉からいっそうはっきり分かる。神は直ちに（同章十節で）こう答えているからだ。「見よ、わたしは契約を結ぶ。わたしはお前の民すべての目の前でいくつもの奇跡を起こすであろう。それらはかつて地上のどこでも、どの国民にも起こったことのないほどのものである」云々。このように、モーセがここで念頭に置いているのは、先ほど説明しておいたような意味で[21]ヘブライ人たちが「選ばれること」だけであり、彼はこれ以外の何も神に求めなかったのである。

しかしここ以上に興味を引かれる別の文章が、パウロの『ローマの信徒への手紙』

第三章一〜二節[22]に見つかる。ここでパウロは、わたしたちが先ほど述べたのと異なることを教えているようにも見える。彼は「してみると、ユダヤ人の優れた点は何でしょう。あるいは、割礼の利点は何でしょう。それはあらゆる仕方でいくらでも見出せますが、第一には、彼らに神の言葉が託されたということなのです」と述べているからだ。しかしパウロが説こうとしている教えの主旨に注意を向けるなら、わたしたちの先ほどの主張と対立するようなことは何一つ見つからないし、むしろ反対に、彼は先ほどのわたしたちと同じことを説いていると分かるだろう。たとえば第三章二十九節では、神はユダヤ人と他民族どちらの神でもあると言われている。また第二章二十五〜二十六節でも、「もし割礼を受けた人が律法に反するなら、受けた割礼は包皮［＝無割礼］となるでしょう。反対に、もし包皮を残した［＝無割礼の］人が律法の指図を守るなら、その人の包皮は割礼と見なされるでしょう[23]」という。さらにパウロは、ひとは誰でも、つまりユダヤ人と他民族を問わず同じように罪を負っている（第三章

21　本章五〜六節付近を指すと思われる。
22　初版には第三章十二節とあるが内容から諸家の訂正に従う。

九節）が、しかし罪とはそもそも［それに反することが罪とされるような］指図や法なしにはありえない（第四章十五節）[24]と言っている。ここからきわめて明らかに分かるように、（既に『ヨブ記』第二十八章二十八節を引いて示したように[25]）万民に分け隔てなく示された法というものがあって、ひとはみなそうした法の下で生きてきたのである。その法とは、何か特殊な国の関係や体制のために設定され、一民族の気質に合わせて作られた法のことではなく、本当の徳だけを念頭に置いた法を意味している。

パウロは最後にこう結論する。神はあらゆる民族の神であり、どの民にも同じように好意的であり、誰もが法と罪を逃れられないという点では同じなのだから、神はあらゆる民族に彼ら自身のキリストを遣わされたはずである。キリストはあらゆる人たちを同じように律法への隷属から解き放った。それは彼らに、律法の言いなりではなく、むしろしっかりした自分自身の決意に従って、よく生きてもらうためであった[26]。パウロはこのように、わたしたちが言いたかったことをきわめて的確に説いている。だから彼が「ユダヤ人だけに神の言葉が託された」と言う時も、次のどちらかに解するべきだろう。一つは、ユダヤ人だけには律法が書かれた形で託されたが、他国民には啓示や概念だけを介して託されたという意味に解することである。もう一つは、

（パウロはユダヤ人しか立てないような反論に対処しようとしているのだから）彼は当時のユダヤ人たちの理解力に合わせて、彼らに受け入れられていた考え方にそって応答しているのかもしれない。自分が見たり聞いたりしたことを隈なく伝えるために、パウロはギリシャ人とともにいる時にはギリシャ人になり、ユダヤ人とともにいる時にはユダヤ人になったからである。[27]

［十二］これでわたしたちに残された課題は、とある人たち[28]の反論に答えることだけ

23　該当箇所のギリシャ語原文よりかなり直接的というか即物的な表現になっている。これはスピノザが、十六世紀のユダヤ系プロテスタント神学者トレメリウス（Immanuel Tremellius：一五一〇〜八〇）による、アラム語版からのラテン語訳を用いている結果だという（底本の指摘）。

24　初版にはこの箇所全体の出典が第四章九節とあるが、内容から見て恐らく脱落がある。先人の補完（van Vloten／Land）に従う。

25　本章七節を参照。

26　『ローマの信徒への手紙』第三章二十一節以下の結論部分を指すようである（底本ほか多数の指摘）。

27　『コリントの信徒への手紙一』第九章二十〜二十二節を示唆していると思われる。

になった。その人たちは次のように反論することで、ヘブライ人の「選び」が一時的なものでも彼らの国に限定されたものでもなく、永遠にわたるものだと思い込もうとしている。自分たちの見る限り、ユダヤ人は国を失った後も長い年月にわたり、世界中のあちこちに散らばって、どの他民族とも同化することなくあり続けたが、これは他のどの民族にも例のなかったことだと彼らは言う。さらに聖書は、その随所で、神はユダヤ人を永遠にわたって神ご自身のために選ばれたと説いているように見受けられる。ということは、たとえユダヤ人の国が滅びたとしても、そのこととは関わりなく、ユダヤ人は神に選ばれたままのはずだと言うのである。

この人たちによると、このような「永遠の選び」という教えは、次の二箇所でこれ以上ありえないくらい明らかに説かれているという。

一．『エレミヤ書』第三十一章三十六節。ここで預言者［エレミヤ］は、イスラエルの民を天体や自然のゆるぎない秩序になぞらえながら、彼らが永遠に神の民であり続けるだろうという証言を残している。

二．『エゼキエル書』第二十章三十二節以下。ここでエゼキエルは、こう言おうとしているようだ。いくらユダヤ人たちが神の礼拝をやめたがっていることを色々な行動で示しても、[29] 神は彼らが散らばっているあらゆる地域から彼らを再び寄せ集め、ちょうど彼らの祖先をエジプトの荒野へ導いたのと同じように、誰も住んでいない荒野へと導くだろう。そして逆らう人や背く人を取り除いてから、ついには彼らをそこから神の聖なる山へと連れて行き、そこでイスラエルの全氏族は神を祭るだろうという。

ひとによってはこの他にもよく色々な典拠を持ちだすし、特にパリサイ派の人たちにはそういう傾向がある。しかし以上の二つにうまく答えられたなら、どんな反論に

28 「とある人たち」が具体的に誰を指すのか（そもそも具体的な誰かを念頭に置いてこう書かれているのか）についてはよく分からない。古くは破門以前にスピノザが私淑したとされるアムステルダムのユダヤ人共同体の重鎮メナセ・ベン・イスラエル（Menasseh ben Israel：一六〇四〜五七）が挙げられたり（Gebhardt）、近年では同じくスピノザの教育者の一人であり、破門決議にも関わったサウル・レビ・モルテイラ（Saul Levi Morteira：一五九六〜一六六〇）の著作に同様の見解が見られるという指摘がなされている（底本）。いずれにせよ、ユダヤ人の神からの「永遠の選び」という発想は、当時のユダヤ知識人には広く知られていたようである。

29 各国語訳に大きくばらつきのある難読箇所だが、とりあえずこう訳す。

も十分対応したことになるだろうと思う。

この回答は軽く済ませるつもりだが、まずその前に、聖書そのものから考えても神はヘブライ人たちを永遠にわたって選んだわけではなく、むしろその「選び」には、それ以前にカナン人たちを選んだ時と同じような条件が付いていたことを示しておかなければならない。先ほど示したように、カナン人たちにも司祭がいて、神を手厚く祭っていた。それでも神は、彼らが遊んでばかりでだらしなく、ろくでもない［異教の］儀礼に耽っているという理由で彼らを見限ったのだ。[30]事実モーセは『レビ記』第十八章二十七〜二十八節で、イスラエル人に対し、カナン人のように汚れた行いに耽らないよう戒めている。そうしないと、かつてあそこ［カナン］で暮らしていた彼らを地が吐き出したのと同じように、イスラエル人も吐き出されてしまうだろうというのである。また『申命記』第八章十九〜二十節でも、モーセはかなり露骨な表現を使って、全面的な滅亡もありうると警告している。彼はこう言うのである。「今日、わたしはお前たちに確約する。［もし異教の神を崇めるなら］お前たちは間違いなく消え去るであろう。神がお前たちの前から消し去ったあの諸国民と同じように、そのようにお前たちは消え去るであろう」。これと同じような警告は、この他にも［モーセの］律法の中に見つけられる。神がヘブライ民族を無条件に選んだわけでも永遠にわたって選んだわけでもないことは、そうした箇所ではっきりと示されているのである。

こういうわけだから、仮に預言者たちが神の知や愛や好意についての新たな永遠の契約なるものを彼らに語ったとしても、それが道徳心の厚い人たちだけに約束されたものであることは簡単に認められるだろう。実際『エゼキエル書』の先ほど引用した章でも、神は逆らう人や背く人を彼らの中から取り除く、とはっきり言われている［第二十章三十八節］。また『ゼファニヤ書』第三章十二～十三節[31]でも、神は高慢な人たちを［彼らの］中から取り除き、貧しい［＝清貧に甘んじる］人たちを生き残らせる

30　カナン（カナーン）人とは、ここでは特定の民族や部族ではなく、カナン（死海と地中海に挟まれた地域の古称）で暮らしていたさまざまな人たちの総称として用いられている。神がカナン人たちを「見限った」というのは、カナンにあった背徳の町として悪名高いソドムとゴモラが神罰によって滅ぼされるという、『創世記』第十八、十九章のエピソードが念頭に置かれているものと思われる。

31　底本も訳注で指摘するように、内容的にはむしろ第三章十一～十二節とされるべきである。

だろう、と言われる。ここでは本当の徳を備えているかどうかが「選び」の基準になっているのだから、選びを約束されたのは徳の高いユダヤ人だけで、他民族の人たちは徳が高くても選ばれなかったとは思えない。むしろはっきりこう考えるべきだろう。どの民族にも本物の預言者がいたことは先に示したが、そうした異邦人の預言者たちも、自民族の中の信仰の厚い人たちに「選び」を約束したし、それによって彼らを慰めたはずなのである。

神の知や愛にまつわるこうした永遠の契約とは、したがって「ユダヤ人だけを相手にした特殊な契約ではなく、むしろ民族を問わず有徳の人だけを相手にした」普遍的なものである。これは『ゼファニヤ書』第三章十〜十一節からもはっきり分かる。そしてこのことについては、ユダヤ人と異邦人の間に設けられるべき区別は何一つ存在しない。また既に示した意味の「選び」と違った、ユダヤ人独自の「選び」などというものも存在しない。ただし預言者たちはこの本当の徳だけに関わる「選び」について語る時でも、[32]「ユダヤ人独自の」犠牲その他の儀式のことや、「エルサレムの」神殿や町の再建のことなどを数多く織り込みがちである。これはどうしてかというと、預言とは慣習的にも本来的にもそういうものなのだが、目に見えない事柄をそうした目に見えるものに引きつけて説明しようとしているからだ。その結果、彼らは預言相手のユダヤ人たちに対して、その国と神殿の再興のことも抱き合わせて述べることになった。キュロス[33]の時代にはそういう期待も可能だったからである。

［十二］だから今日のユダヤ人は、自分たちが他のあらゆる民族以上にそれに恵まれていると言えるようなものを何一つ持っていない。それなのに彼らが長い年月にわたり、国を持つことなく散らばった状態でも存続してこられたのは、奇跡でもなんでもない。彼らは既に、万人の憎しみを引きよせてしまうほどに、他のあらゆる民族と隔たってしまっていたのである。それは他民族のものと全く合わない外的な儀礼のせいだけでなく、きわめて熱心に守られている割礼のしるしのせいでもある。それにしても、さまざまな民族から憎まれることは、かえってユダヤ人の存続を大

32 初版では主動詞が欠けているので、「［彼らは］語る loquuntur」を補って読む案に従う（Gfroerer）。動詞を補っても読解にかなり苦労する一文（原文では「ただし…」以下段落の終わりまでが一続きの文章）だが、とりあえずこう訳す。

33 キュロスとはアケメネス朝ペルシャの建国者キュロス二世（?～前五二九）のこと。新バビロニアを滅ぼして「バビロン捕囚」に終止符を打った。

いに助けている。これは彼らの経験したことから見ても十分明らかだろう。かつてスペイン王が国教を受け入れるか国外に逃れるか迫った時[34]、かなり多くのユダヤ人が教皇の宗教［＝カトリック］を受け入れた。ところが改宗した彼らには元からのスペイン人の持つ特権がみな認められ、どのような名誉ある職にも就く資格があるとされたものだから、彼らは直ちにスペイン人たちと混じり合い、いくらも経たないうちにユダヤ人としての痕跡も記憶も失われてしまった。これに対し、ポルトガル王に国教への改宗を迫られたユダヤ人たちには、これと正反対のことが起きた[35]。彼らは改宗したにもかかわらず誰とも交わらずに暮らし続けたが、これは明らかに、王が彼らに名誉ある職に就く資格を全く認めなかったからである。

この点では、割礼のしるしの効力も大きいと思われる。これ一つだけでもこの民族を永遠にわたって存続させられるだろうと確信できるほどである。それどころか、彼らの心が普遍宗教的な諸原理によって和らげられるならともかく、そうでない限り、わたしはこう信じて疑わない。変わりやすい人の世の出来事の中で、いつかその機会が与えられるなら、彼らは自分たちの国を再び打ち立てるし、神は彼らを改めて「選ぶ」だろう[36]。

これについても、そのはっきりした先例が中国人の間に見つけられる。彼らも頭に

34　底本の注では、これはいわゆるレコンキスタ（国土回復運動）の末にイベリア半島からイスラム勢力を一掃したスペインが、国内ユダヤ人の改宗・同化政策に乗り出してきた時代のことを指すと解されている。しかし一四九二年に始まるこのユダヤ人迫害の動きは、とてもスピノザが言うような生ぬるいものではなく、しかも次注でふれるように、わずか数年後（一四九六）には隣国ポルトガルにも飛び火している。ここはむしろ、改宗ユダヤ人たちが往々にして高い社会的地位を得ることもできた中世のスペインを漠然と指していると考えた方がよいように思われる。

35　一四九六年にポルトガル王マヌエル一世が発した強制改宗・追放政策を指すと思われる。ただしこの政策は前注に記したようにスペインに発するものであり、マヌエル一世はスペインから妻を迎えた関係でこれを踏襲せざるをえなくなったに過ぎない。ポルトガルからの亡命ユダヤ人の末裔であるスピノザは、かの地での迫害の実態を故老などから直接聞ける境遇で育ったはずだから、もしかすると迫害の始まった歴史的経緯については、当のユダヤ人たちの間でも既に詳細が伝わっていなかったのかもしれない。

36　いわゆるシオニズム運動（十九世紀末から本格的に始まりイスラエル建国で一応の成功を見た、ユダヤ人の国家建設運動）の代表者のうち、少なからぬ人たちが、この一節に「文脈を無視した共感」を抱いていたという指摘がある（Yovel 他）。

ある目印を付ける慣習をとても熱心に守っていて、それによって自分たちを他のあらゆる民族から隔てている。それほど隔たった状態で、彼らは何千年もの間自分たちを存続させてきたものだから、その古さにおいて他のすべての民族をしのぐほどである。彼らはいつも国を保ってきたわけではないが、国を失っても取り戻してきた。またこれからも、［中国を現在支配している］タタール人たちの心が豊かさゆえの遊び癖や怠け癖に取りつかれて弱まり始めたら、間違いなく国を取り戻すだろう。[37]

［十三］最後に、もしそれでもさまざまな理由を挙げて、ユダヤ人たちが神から永遠にわたって選ばれたことを擁護しようとする方がおられるならば、わたしはもう反論しない。ただし以下のことだけは認めてほしい。そのような「選び」とは一時的であれ永遠であれ、それがユダヤ人だけに独自のものとされる限りは、彼らの国のことと身の安全のことにしか関わらないはずである（一つの民族を他民族から区別する基準は、国の違いしかありえないのだから）。これに対し、知性と本当の徳についてはどのような民族も他民族と変わりはない。したがってこうしたことについては、ある民族が他民族を差し置いて神から選ばれることもありえないのである。

37 スピノザはどうやら辮髪のことを言っているらしいのだが、これは清朝を建設した満州族（本文では「タタール人」と呼ばれている）が自分たちの髪型を漢民族などに強制した結果中国全土に広まったものであり、この奇習が中国人（ここでは漠然と漢民族を指すのだろう）の民族的一体感の維持に貢献したというのは明らかな誤解である。

第四章

神の法について

［一］それぞれ別の個体でも、どこかに一つの同じ仕方、特定の決まった仕方で働いている点がある。すべての個体に共通の点もあるし、同種のいくつかの個体だけに共通の点もある。法lexという言葉は、端的に解するなら、そういう点でそれらの個体がみな従っているはずの何かを意味している。

このような法は、自然の必然性によるか、ひとびとの合意によるかのどちらかである。自然の必然性による法とは、ものごとの本来の性質または定義から必然的に帰結する法［＝法則］のことである。これに対し、ひとびとの合意による法とは、むしろ法権利jusとでも呼ばれるべきなのだが、ひとびとがより安全で快適に暮らすために、あるいは他の理由から、自分と他人に課する法のことである。

たとえば、あらゆる物体はそれより小さな別の物体と当たると、これに伝わったのと同じだけの運動量を失う。これは自然の必然性から帰結する、あらゆる物体に共通の法である。また、何かを思い浮かべると直ちにそれに似た別の何かや、以前それと同時に体験したことのある別の何かが思い浮かぶけれども、これも人間本来の性質［＝本性］から必然的に帰結する法である。これに対し、ひとびとが自然に持っている権利の一部を放棄したり、放棄するよう強いられたりして、自分を特定の生活様式に縛りつけている場合、その基礎となっているのはひとびとの間の合意である。

たしかに端的には、万物は［人間も含めて］自然の一般的法則にしたがい、特定の決まった形で存在し作用するように決められているのだが、それでもこうした［後者の意味の］法はひとびとの合意に支えられていると言える。理由は二つある。

一．人間も自然の一部である限り、自然の力の一部を形づくっているからである。人間の本性上の必然性から帰結することは、自然が人間の本性を通して規定されていると考えれば、つまりは自然それ自体から帰結していることになる。ということは、そうしたことは必然的にではあるものの、それでもやはり人間の力によって生じているのである。だからこの種の法を立てることが、ひとびとの合意に基づくと言っても何の問題もない。このような法が立てられるかどうかは、もっぱら人間精神の働き次第だからだ。だからこそ、ものごとを［人間の取り決めと無関係に］真偽の観点から見分けようとする場合には、人間精神はこの種の［取り決めに基づく］法がなくても明らかに成り立つ。これに対し、先ほど定義したような［自然の］必然的な法に服さない人間精神というのは考えられないのである。

二．こうした法がひとびとの合意に支えられていると言ったのは、ものごとの定義や説明は一番近い原因を介して行うべきだからである。運命や因果のつながりについては一般的に考察することもできる。しかしわたしたちが具体的なものごとについて考えたり、考えをまとめたりしようとしている場合には、そのような一般的考察は少しも役に立たないのである。これに加えて、わたしたちはそうしたものごとの並びやつながりそれ自体を知りようがない。つまりものごとが実際にどのように並べられ、つながり合わされたのか全く分からないのだ。したがってうまく生きていくためには、そうしたものごとを可能的な［＝必然的でない］ものとして考えることが有益、というよりもむしろ欠かせないのである。

端的に解された法についてはこのくらいの説明でいいだろう。

［二］ところが実際には、法という言葉は転化した意味でこの世のものごとに対して用いられているようだ。世間一般で法というと、ひとが果たすことも無視することもできるような命令のこととしか解されていない。本来それを超えた範囲にも及んでいる人間の力を、一定の制限の下に仕切ろうとするのが法であって、人間の力を超えた何かを命令するわけではない［と考えられている］からである。したがって法とは、もっと具体的に定義するなら、ひとが自分や他人に対して何らかの目的のために課す生活規則ということになるようだ。しかし法の本当の目的は往々にしてわずかな人にしか知られず、大多数の人はこれを察知できないし、かといって［実定法に頼らず］理性に従って生活することもできない。こうした実情を賢く察知した立法者たちは、すべての人を等しく法の支配下にとどめておくために、法本来の性質から必然的に生じてくるような目的とは遥かにかけ離れた、別の目的を提示した。つまり、法をまもる人たちには世間で何よりも望まれているものを与えて報い、法をおかす人たちには反対に、世間で何よりも恐れられているものを与えて脅したのだ。このようにして、まるで馬を手綱で御するように、彼らは民衆を可能な限り監督するよう努めたので

ある。

そこから結果として、法といえば何よりもまず、他人から命令として課せられる生活規則のことと考えられるようになった。そして当然ながら、そうした諸規則に従う人たちこそが法の下に暮らしていると言われたり、法に服していると見なされたりするようになった。

しかし実のところ、ひとそれぞれにその人のものが属するのを認める［＝他人のものに手を出さない］にしても、刑に問われたくないからこれを認めるという人は正義の人とは呼ばれない。その人は他からの命令で、［刑罰という］災いへの恐れからそうするよう強いられているだけだからである。これに対し、法の本当の存在理由やその必要性を知っているからこそ、ひとそれぞれにその人のものが属するのを認めるという人もいる。そういう人はゆるぎない心で、しかも他人の決定でなく自分自身の決定でそうしているわけだから、正義の人と呼ばれるに値する。法［＝律法］に服して生きてきたからといって法によって義とされることはない、とパウロは言ったが[1]、彼が

1　『ローマの信徒への手紙』第三章二十節を参照。

教えたかったのも恐らくこのことだろう。一般に定義される所では、正義とは、ひとそれぞれにその人の権利を認めようとするゆるぎない不断の意志だからである。[2] ソロモンも『箴言』第二十一章十五節で、[3] 正しい人は裁きが行われるのを喜ぶが不正な人はこれを恐れると言っている。

［三］先ほどのように、ひとびとが自分や他人に対して何らかの目的のために課す生活規則こそが法に他ならない、とされた場合、そうした法は人間の法と神の法に分けられるように思われる。人間の法とは国や生活の安定に役立つだけの生活規則のことであり、これに対し神の法とはもっぱら最高善に、つまり神を本当に知ることや愛することに関わるもののことである。なぜ後者を神の法と呼ぶのかというと、それは最高善というものの本来の性質による。それをここで簡潔に、しかしできる限り明晰に、これから示してみたい。

［四］わたしたち人間を構成するもののうち、他よりも優れている部分が知性である。だからもし自分にとって本当に有益なものを求めようとするならば、わたしたちは何よりもまず、知性をできる限り完全なものにするよう努めなければならない。知性を完成させることこそわたしたちにとって最もよいこと［＝最高善］に他ならないはず

だから、これは確かなことだろう。

さて、わたしたちが何を知るにせよ、また何を本当に一切の疑いをもたずに確信するにせよ、そうした知や確信の支えとなるのは、神を知ること以外の何ものでもない。それは神なしにはどんなものもありえないし知りえないからでもあるし、また神について明晰判明な観念を持たない限り、わたしたちは何でも疑ってしまえるからでもある。この帰結の一環として、わたしたちの最高善は、つまりわたしたちの最高の完成は、ただ神を知ることにかかっていることになる。

さらに言えば、神なしにはどんなものもありえないし知りえないのだから、自然の内にある万物はその本質に応じて、また完成の度合いに応じて、みなそれぞれ神の観念を内に含み、かつ外に表している。またわたしたちは、自然のものごとを知れば知るほど、それだけ神についての知を広げたり完成させたりすることになる。言いかえ

2　東ローマ皇帝ユスティニアヌス一世（四八三〜五六五）の命で編纂された『ローマ法大全』本文冒頭（第一章一節）に、ほぼ同じ正義の定義が置かれている。

3　初版は第二十一章十二節となっているが、内容と明らかに合わないので底本の修正に従う。

ると、(原因から結果を知るということは、その原因固有の何らかの特性を知ること に他ならないのだから) 自然のものごとを知れば知るほど、それだけ完全に神の本質 (これこそ万物の原因因なのだから) を知ることになる。したがってわたしたちの知の 営み、つまりわたしたちの最高善が、全体として神を知ることにかかっている、とい うだけでは話は終わらない。むしろ神を知ること自体が最高善の内実なのである。

ひとは何をとりわけ愛するかに応じて、つまり愛する対象の性質と完成度に応じて、 自分自身完成に近づいたり、逆に不完全になったりするものだが、このことからも同 様の結論が出るだろう。言うまでもなく、神こそ最も完全な存在である。そうすると 必然的に、最も完成された人間、至高の幸福に最も多くあずかっている人間とは、神 を知的に理解することを他の何よりも愛し、またそのような神の知を何にもまして喜 ぶ人ということになる。そういうわけで、わたしたちにとっての最高の善は、そして わたしたちの至福は、結局ここに、つまり神を知ることと愛することに帰着するので ある。

以上の通り、わたしたちの内にも神の観念が存在するし、そしてその限りでは、神 自身がわたしたち人間のあらゆる営みの目的なのである。だとすると、そのような目的のために取られるさまざまな手段は、神の命令と呼べるだろう。わたしたちにそれらの手段を取るよう命じるのは、こう言ってよければ、わたしたちの精神の内に存在する限りの神自身だからである。したがって、この目的を見すえて立てられた生活規則も神の法と呼ぶのが最善であろう。ではこうした手段とは、また以上の目的から求められる生活規則とは一体どういうものだろうか。またここから一体どのようにして、最善の国家の基礎や、ひとびとの間の生活規則が導かれるのだろうか。問うべきことは多いけれども、しかしこれらは倫理学に、しかも普遍的に立論された倫理学に属する問題である。ここでは神の法一般に関わる限りでしか扱わないことにしよう。

［五］このように、神を愛することこそ人間の望みうる最高の幸福にして至福、そして人間のあらゆる営みの最終目的にして目標である。したがって、そうしないと罰せられるという恐れからでもなく、快楽や名声といった他のもの目当てでもなく、ただ神を知るからこそ、つまり神を知り愛することが最高の善であると知るからこそ神の愛を求める、という人だけが神の法に従っている。ということは、最高の神の法、つまり神の法が何にもまして命じることは、神を最高善として愛することなのだ。しか

も今述べたように、何らかの制裁や罰を恐れる一心で神を愛したり、別の何かを楽しむことを目当てに愛したりしては台無しである。神がわたしたちにとって最高善であること、つまり神を知り愛することこそわたしたちのあらゆる営みの向かうべき最終目的であること、こうしたことをわたしたちに教えてくれるのは［罰でもごほうびでもなく］神の観念なのだから。

もちろん「肉の人」[4]にはこうしたことが分からない。神についてあまりにも貧弱な観念しか持たず、また肉による喜びしかうまく感じられない彼らには、そこに触ったり味わったりできるもの、あるいは肉を刺激するものが何一つ見つからないと、これまで論じてきた最高善も空しいものにしか見えないのである。最高善はもっぱら思索活動や清らかな精神に存するのだから、無理もない。しかし、ひとは知性や健全な精神以上に優れたものなど持ちえない。それが分かっている人なら、以上の考察がきわめて確かであることを必ず認めてくれるだろう。

以上により、神の法なるものの実質は主にどういう点にあるのか、またこれに対して人間の法とはどういうものなのか説明したことになる。つまり今述べてきたこと［＝神を知り、愛すること］以外の目標を念頭に置いた法は、みな人間の法である。ただし、啓示によって制定された法［＝律法］はこの限りではない。（既に示したように）啓示においても、ものごとは神に関係づけて考えられているからである。そしてこの意味では、モーセの律法も神の法もしくは神による法と呼んで構わないことになる。確かにそれは普遍的に通用するものではなく、ある人間集団［＝ヘブライ人］の気質に合わせた法であり、この集団をまとめ続けるのに特化した法に過ぎないのだが、しかしそれでも、わたしたちの信じるところでは、その法は［神から下された］預言の光によって制定されたからである。

［六］今まで説明してきたのは、自然的な神の法とでも言うべきものだったわけだが、今度はこうした法のもつ本来の性質に着目してみよう。するとこういうことが分かるだろう。

一．自然的な神の法は普遍的に妥当するものである。言いかえれば、それはあらゆ

4　肉の人 homo carnalis というスピノザらしからぬ言葉づかいは、パウロを意識したものらしい（底本の指摘）。実際、本章第十節でも言及される『コリントの信徒への手紙一』第三章一～三節には「肉の人たち sarkikoi［anthrōpoi］」という表現が見られる。ここでは一種の引用語として「　」でくくって訳出した。

る人間に共通する。それは誰にでもあてはまる人間の本性から導き出されたものだからだ。

二、自然的な神の法によって、特定の歴史物語を信じるよう求められることはない。どういう歴史物語が念頭に置かれようと、このことは動かない。というのも、この自然的な神の法とは人間の本性だけに着目して理解された法なのだから、それは人祖アダムの内にも他のどのような人間の内にも、また寄り集まって暮らす人間の内にも孤独な生活を営む人間の内にも、等しく認められるはずである。

いくら歴史物語を信じても、そしてその信頼がどれだけ揺るぎないものであっても、そこから神についての知を授かることはありえない。これは神への愛についても同様である。神への愛は神を知ることから生じるが、神の知の方は、それ自体で確実に知られる共通概念から汲み出す必要があるからだ。だから、わたしたちが最高善をきわめるには［たとえば聖書という］歴史物語を信じることが必ず求められる、などという意見こそ的外れのきわみなのである。

いくら歴史物語を信じても、そこから神の知や愛を授かることはありえない。とはいうものの、歴史物語を読むのが市民生活の上で大いに有益なことまで否定するつもりはない。ひとびとが従っている習わしや制約は、［歴史物語に描かれているような］ひとびとの行いから学ぶのが一番だからである。そうした習わしや制約をよく観察し、よく知れば、その分だけ他人との交わりに気を付けて生活できるようになるし、またわたしたち自身の行いや生活を、理性が大目に見てくれる限り、他人の気質にうまく合わせられるようになるのである。

三、この自然的な神の法によって、特定の儀礼を行うよう求められることはない、ということも分かる。儀礼とは、それ自体としてはよくも悪くもないが、もっぱら制度上よいことと見なされているような行いか、または救済のために必要な何らかのよいことを思わせるような行いか、または（こういう言い回しがお好みなら）その理由が人間の理解力を超えているような行いのことである。

自然の光はそれ自身に関わりのないことは何も求めない。自然の光によって求められるのは、よいことだと、つまりわたしたちの幸福の手がかりになるものだと、きわめて明白に理解できることに限られている。これに対し、ただ取り決めや制度の上でよいとされているだけのこと、つまり何らかのよいことを思わせるものだからというだけの理由でよいとされていることは、わたしたちの知性を完成させる助けにはなりえない。それは単なる影以外の何ものでもなく、また行いは行いでも、いわば知性や健全な精神から生まれてくる行いには、つまりそうした知性や精神の成果であるような行いには、数え入れることができないものである。これについては、ここでこれ以上くどくど示す必要はないだろう。

四．最後に、神の法の最高の報いはこの法そのものであることが分かる。つまり神を知り、これを本当に自由に、ひたむきで揺るぎない心によって愛すること自体が報酬なのだ。これに対し［神の法を顧みないことへの］罰とは、こうした知や愛を持てないこと、肉への隷属、あるいは揺らいでばかりで定まらない心それ自体が罰なのである。

［七］こうしたことをしっかり確認した上で、これからは次のようなことを調べていく必要がある。

一．神は人間に法を課す立法者あるいは支配者であると言われるけれども、これは果たして自然の光で理解できることなのか。

二．このような自然の光や自然の法について、聖書は何を教えているのか。

三．昔からの儀礼は何のために作り上げられたのか。

四．聖書の歴史物語を知ったり信じたりすることで何がもたらされるのか。

最初の二つについてはこの章で、後の二つについては次の章で扱うことにしよう。

［八］第一の点について言うべきことは、そもそも神の意志とは本来どのようなものか考えてみれば簡単に導き出せる。神の意志と神の知性は、わたしたちが頭の中で区別しているだけであり、本来は区別されない。つまり両者は、本来それ自体としては一つの同じものなのだ。わたしたちは神の知性というものについて何らかの考えを形成するわけだが、そうしたわたしたちの考えでしか両者は区別されないのである。たとえば、三角形の本性は永遠の真理として、神の本性の中に永遠に含まれている。このことだけに着目する時、わたしたちは神が三角形の観念を持っているとか、三角形の本性を知っていると言ったりする。しかし話はそこで終わらない。三角形の本性がそういう姿で神の本性の中に含まれているのは、ひとえに神の本性の必然性のためであって、三角形の本質や本性の必然性のためではないからだ。いやそれどころか、三角形の本性やさまざまな固有性質の必然性は、それらが永遠の真理としても考えられる限りは、ひとえに神の本性や知性のもつ必然性に支えられているわけであり、三角形の本性に支えられているのではない。こういう点に着目する時、これまで神の知性と呼んできたものそれ自体を、わたしたちは神の意志ないし取り決めと呼ぶだろう。

したがって、神は三角形の三つの角［の角度の合計］が二直角に等しくなることを永遠この方取り決め意志したのだと言おうが、神はこのことを知っているのだと言おうが、わたしたちは神の観点からすれば一つの同じことを肯定しているのである。そしてそこから、神についての肯定や否定は常に永遠の必然性あるいは真理を含んでいることが帰結する。

［九］だからたとえば、もし神がアダムに善悪の知恵の木の実を食べないよう命じたのに、アダムがその木の実を食べることができたら矛盾が生まれてしまう。そのような場合、アダムがそれを食べることは不可能なはずだ。神のそうした取り決めは永遠の必然性や真理を含んでいなければならないからである。ところが聖書の語るところでは、神がアダムに食べないよう命じたにもかかわらず、アダムは木の実を食べている。ということは、神はアダムに、その木の実を食べたら必ずふりかかるはずの災いは啓示したけれども、災いがふりかかること自体の必然性は啓示しなかったのだ。その結果、アダムの方はその啓示を必然的な永遠の真理ではなく法として、つまり賞罰を伴う決まりとして受け取ることになった。賞罰とは、行われたことそのものの必然性や本性からふりかかってくるものではなく、もっぱら支配者の好みや勝手な命令に

基づいて与えられるものである。こういうわけで、その啓示はアダムから見た限りで、もっぱら彼の認識不足のために法となったのだ。そして神はそのようなアダムにとって、いわば立法者あるいは支配者だったのである。

十戒がヘブライ人たちにとって法［＝律法］であったのも、このこと、つまり認識不足のためなのだ。彼らは神が存在することを永遠の真理だと分かっていなかった。だからこそ、神が存在することや神だけを敬うべきことを十戒の中で啓示された時、彼らはそうしたことを法として受け取るしかなかったのである。もし神が物理的な仲立ちを用いずに直接彼らに語りかけていたら、彼らはこうしたことを法ではなく永遠の真理として受け取っていただろう。

いまイスラエル人やアダムを例に語ったことは、神の名において法を記したすべての預言者にもあてはまる。つまりそうした預言者たちも、神の取り決めを永遠の真理として十全に把握していなかったのだ。たとえばモーセですらそうだったと言える。彼はイスラエルの民をこの世の一定の地域でできる限りうまくまとめて、統合的な社会を作ろうと、つまり国家を建設しようとしたのだが、その方法を見つけるために啓示や啓示から得た原則に頼っていた。さらに、イスラエル人にうまく服従を強いる方法を見つけるのにも、同様の啓示が必要だった。ところがモーセは、そうした方法が最善であることや、またその地で民全体がうまく服従してくれれば、彼らが念頭に置いていた目標［＝イスラエル国家の建設］に到達するのは必然であることを知らなかったし、また啓示されもしなかった。だからこそこれらすべてを、モーセは永遠の真理ではなく指図や取り決めとして受け取り、神の法としてひとびとに課したのである。そしてここから、彼は神を指導者、立法者、王、憐れみ深いもの、正しいもの等々として思い浮かべるようになった。実を言うと、これらはみな人間のあり方にしか属しえない性質なので、神の本性を表すのには用いないよう徹底するべきなのだが。

［十］くどいようだが、このことはあくまで神の名において法を記した預言者たちだけの話であり、キリストには当てはまらない。キリストは、やはり神の名において法を記したようにも見えるけれども、実は［先ほどの預言者たちと違って］ものごとを本当に、十全に把握していたと考えられるからである。実際、キリストは預言者というよりもむしろ神の口であった。神は（第一章で示したように）キリストの精神を通じて人類に何かを啓示したからだ。[5] この啓示は、それ以前には天使たち、つまり［神によって］作られた声や幻影などを通じて行われていたのである。

したがって、神がキリストの考え方に合わせた啓示を行ったと考えるのは筋が通らない。その理屈では、神はそれ以前の啓示でも、啓示されるべき内容を預言者たちに伝えるため、天使たちの考え方に合わせた啓示を行っていたことになる。つまり啓示を［神自身によって］作られた声や幻影の考え方に合わせていたことになる。しかしこれは、これ以上ありえないくらい不条理な想定だろう。そもそもキリストはユダヤ人だけでなく、全人類に教えを説くために遣わされたのだから尚更である。そのためにも、キリストがユダヤ人の考え方だけに合った精神を持っていては不都合であり、彼はむしろ人類に共通の考え方や教えに合った精神、つまり人類共通の真の概念に合った精神を持っていなければならなかったのである。

このように、神は預言者たちには言葉や映像を通して啓示を行ったが、これに対してキリストには、つまりキリストの精神には、直接的に自己自身を啓示した。このことから確かに分かるのは、キリストが啓示の内容を本当に把握あるいは理解していたということに他ならない。ものごとが言葉や映像から切り離されて純粋に精神でとら

5 本書第一章十八〜二十節を参照。

えられた時にこそ、それは［本当に］理解されたと言えるからだ。

よってキリストは啓示の内容を本当に、十全にとらえていた。たとえ彼がそうした内容を法として命じることがあったとしても、それは民衆の無知と頑固さのためにそうしたのである。だからこの点では、つまり自分を民衆の気質に合わせたという点では、キリストは神にならっていたことになる。またそだからこそキリストも、語り口自体は他の預言者たちよりいくらか明晰だったとはいえ、啓示の内容を曖昧に、またしばしば比喩を使って説くことがあった。天の王国を知ることをまだ許されていない人たちに語りかける時には、特にそうだった（『マタイによる福音書』第十三章十節などを参照）。しかし天の秘密を知ることを許された人たちに対しては、彼はそうしたことを明らかに永遠の真理として説いたのであり、法として命じることはなかった。キリストはこのような仕方で彼らを法への隷属から解き放ち、それにもかかわらず、これによって法をいっそう堅固にし、安定させ、彼らの心に深く書き込んだのである。

以上のことはパウロも随所で述べているように思われる。たとえば『ローマの信徒への手紙』第七章六節や第三章二十八節がそうだ。しかし彼もあえて語り口をはっきりさせようとはせず、同じ『ローマの信徒への手紙』の第三章五節や第六章十九節で自ら言うように、ひとの習慣に合わせて語っている。パウロは〔上記の箇所で〕神を正しいものと呼ぶ時にこのこと〔＝永遠の真理こそ本当の意味の神の法であること〕をはっきり認めているが、間違いなく〔彼が相手にしていた人たちの〕肉の弱さのためでもあるのだろう、さらに憐れみや好意や怒りといった性質を神に付け加えて、庶民の気質つまり（『コリントの信徒への手紙一』第三章一〜二節でも言っているように）「肉の人たち」の気質に言葉づかいを合わせている箇所もある。たとえば『ローマの信徒への手紙』第九章十八節では端的に、神の怒りも憐れみも人間の行いに左右されることはなく、ただひたすらに神の「お召し」次第、つまり神の意志次第であると説かれている。また正しい人は法に従った行いから生じるのではなく、もっぱら信仰から生じるとも説かれている（『ローマの信徒への手紙』第三章二十八節を参照）。ここで信仰というのは、明らかに、心が完全に何かに同意した状態に他ならない。さらにまた、ひとはキリストの精神を身に宿さない限り幸福にはなれないとも説かれている（『ローマの信徒への手紙』第八章九節を参照）。つまりひとはキリストの精神によって、神の法を永遠の真理としてとらえるというのである。

したがって、結論は次のようになる。神が立法者や支配者として描かれたり、正しいもの、憐れみ深いもの等々と呼ばれたりするのは、民衆の［不十分な］理解力のせい、ただの認識不足[6]のせいでしかない。実のところ、神はもっぱら神そのものの本来のあり方、完成されたあり方に応じて必然的に働き、すべてを必然性によって仕切っている。神の取り決めや意向とは永遠の真理であって、常に必然性をはらんでいるのである。そしてこれこそまさに［本章七節冒頭で四つ列挙した項目のうち］わたしが一番目に説明し、示そうと企てたことであった。

［十二］次に二番目の点に移ろう。つまり聖書に目を通して、そこで自然の光や今述べた神の法について何が説かれているか見てみよう。

聖書を開けばまず行きあたるのが、最初の人間［アダム］にまつわる例の物語である。そこでは、神はアダムに、善悪の知恵の木の実を食べないよう戒めたと言われている。どうやらこの戒めが意味するのは、よいことはそれが災い［＝悪］の反対だからではなく、よいことだからこそ行ったり求めたりしなければならないということらしい。つまり善は善への愛から求めるべきで、悪への恐れから求めてはならないということだ。なぜなら既に示したように、よいことを本当に理解し愛しているからこそよい行いをするならば、その人は自由な揺るぎない心で行為していることになる。これに対し、災いを恐れてそう行為しているだけの人は、災いに強いられて奴隷的に行為し、［災いという］他のものに支配されて生きているのである。したがって神がアダムに与えたこの唯一の戒めは、実は自然の神の法すべてを包括していて、自然の光の指し示すことと全面的に一致する。

最初の人間の物語、というか寓話全体を、こうした見地に基づいて説明することも難しくはないのだが、それは止めておこうと思う。わたしの説明がこれを書いた人の精神と一致するかどうか、確実に受け合うことができないという理由もあるし、またそもそもこの物語を寓話と認めず、事実を端的に述べたものだと主張して譲らない人も多いからだ。

［十二］したがって、ここはむしろ聖書の別の箇所を引き合いに出す方が得策だろう。

6　原文は初版以来「ただの思考不足のせい ex solo defectu cogitationis」となっており、これでも特に理解に支障はないのだが、一応他の箇所で多用される言い回しとの整合性を考慮して、ワーナムの訂正案に従い「ただの認識不足のせい ex solo defectu *cognitionis*」と変えて読んでおく（Wernham）。なお、ここは古いオランダ語訳でも「認識　kennis」となっているという。

特にあの人の書いた箇所が最適だ。その人は自然の光の力に支えられて語り、この力において同時代のすべての賢者たちをしのいでいた。また民衆はその人の告げる言葉を、預言者たちのものと同じくらい神妙に受け止めていた。そう、わたしが言っているのはソロモン王のことだ。彼は聖書では、預言や道徳性よりもむしろ思慮深さや知恵の面でたたえられている。

ソロモンはその『箴言』の中で、人間の知性こそ本当の生の源と呼び、不幸は愚かさそのものにあるとしている。『箴言』第十六章二十二節[7]で「生の源はその主《あるじ》の知性[8]（であり）、そして愚か者たちの罰は愚かさである」と言うのがそれだ。ちなみに、ヘブライ語ではただ生といえば本当の生を意味する。これは『申命記』第三十章十九節からも明らかである。

このようにソロモンは、知性の実りは本当の生そのものにあり、［無知の］罰は本当の生にあずかれないことそのものにあるとする。これはわたしたちが、自然的な神の法則について四番目に注意したことと完全に一致する[9]。

一方、賢者たちに法を課するのはこの生の源、つまり知性だけであるということも既に示したが、このこともこの同じ賢者［ソロモン］がはっきり説いている。『箴言』

第十三章十四節で「思慮深い者の法は生の源（である）」と言っているのがそれだ。先ほど引いた箇所から分かるように「生の源」とは知性のことだからである。

さらに『箴言』第三章十三節では、これ以上ないほどはっきりした言葉で、知性は人間を幸福にし、その心に本当の安らぎをもたらすと説かれている。ソロモンはこう言っている。「知を探し当てた人は幸いである。知恵を掘り当てた人の子は幸いである」。その理由は（第三章十六〜十七節で続けて述べられるように）、「［知恵は］直接的には日々の長さ[10]を与え、間接的には富と名誉を与える。その生（言うまでもなく、知によって指し示される生き方のことである）は愛すべきものであり、そのたどる道はすべて平和である」からだ。このようにソロモンの主張からしても、落ち着いた揺

7　底本原文には二十三節とあるが内容から訂正する。

8　原注「ヘブライ語特有の言い回し。何かを持っているか、自らの本性の内に含んでいるものは、その何かの主と呼ばれる。たとえば鳥には翼があるので、ヘブライ語では翼の主と呼ばれる。知的な人は知性を持っているので、知性の主と呼ばれる」

9　本章六節を参照。

10　原注「ヘブライ語特有の言い回しで、要するに生を意味している」

るぎない心で生きられるのは賢者たちだけなのだ。不道徳な人たちがその心をさまざまなせめぎ合う感情に乱され、したがって（『イザヤ書』第五十七章二十節でも言われているように）平和も落ち着きも持てないのと対照的である。

さらに言うと、このソロモン王の箴言の中で、わたしたちが一番注目すべき箇所は第二章に含まれている。そこがわたしたちの主張を一番はっきり裏付けてくれるからである。

『箴言』第二章三節で、ソロモンはこう語り始める。「実際、もしあなたが思慮深さを求めるなら、そしてあなたの声を知恵に委ねるなら……その時あなたは神を恐れることを知り、神の知を（ヤダーという言葉は知と愛どちらも意味するので、ここは神への愛を、と言うべき所かもしれない）見出すだろう。なぜなら（ここに注意！）神こそが知を与えてくれるからである。つまり神の口からこそ、知や思慮深さが（生じるからである）」。こうした言葉ではっきり示されていることがいくつかある。まず、わたしたちに神を賢明な形で恐れることを、つまり神を本当の宗教によって敬うことを教えてくれるのは、知恵あるいは知性だけだということである。次にソロモンは、知恵や知は神の口より流れ出るもので、それらを与えてくれるのが神であると説いているが、このことはまさにわたしたちも先ほど示しておいた。つまりわたしたちの知性や知はもっぱら神の観念に、つまり神を知ることに支えられ、神を知ることから生じ、そして神を知ることで完成されていくというわけである。

続いてソロモンは『箴言』第二章九節で、きわめてはっきりした言葉で、このような［神の］知には本当の倫理や政治の基準が含まれていて、両者はこの知から導き出されると説いている。「その時あなたは正義、裁き、さまざまな正しい態度、（そして）あらゆるよい道を知るだろう」。これだけでは不満だったのか、彼はこう続ける。「あなたの心に知が入り込む時、あなたが知恵を味わえるようになる時、あなたのうちで先見の明[11]が活発になり、あなたは思慮深さに守られるだろう」。こうしたことはすべて自然の知と完全に一致する。わたしたちがものごとの知を獲得し、それが知識としてわたしたちの前に立ち現れるのを楽しむなら、その時この自然の知は、わたしたちに倫理や本当の徳を教えてくれるからである。したがってソロモンの考えからしても、

11　原注「メズィマ［スピノザがあてたラテン語訳はprovidentia、この訳文では先見の明とした］とは正確には思考、熟慮、注意を怠らないことなどを意味する」

ひとが自然的知性を養うならば、その人の幸福や安らぎは決して運（つまり神の外なる助け）任せではなく、もっぱらその人自身が内にもつ徳（つまり神の内なる助け）に支えられることになる。そういう人は注意深く、積極的に活動し、よい配慮を怠らないので、自らを最大限うまく保つことができるからだ。

最後に、ここで決して見過ごしてはならない箇所がある。『ローマの信徒への手紙』第一章二十節にあるパウロの言葉である。そこでは（トレメリウスがシリア語原文から訳したものによると）[12]こう言われている。「なぜなら神にまつわる事柄は、たとえ隠されていても、その被造物［である人間］たちには世界のさまざまな根拠から知性を通じて知られるものだからだ。神の徳も、永遠にわたるその神々しさも、そのようにして知られる。したがって彼らに逃げ道は残されていない［＝知らなかったでは済まされない］」。

パウロが示したいことはこうした言葉から十分明らかだろう。つまり、ひとは誰でも自然の光によって神の徳や永遠にわたる神々しさをはっきり理解した上で、そこから自分が何を求め何を避けるべきか知ったり導き出したりできるというのである。だからパウロの結論によると、誰にも逃げ道は残されていない、つまり無知は言い訳になりえないという。超自然の光とか、キリストの肉体的な受難や復活等々が話題になっている場合には、そういう言い訳も十分できるだろうが。

だからパウロは少し先の第一章二十四節から「このために神は彼らを、彼らの心が持つ不浄な欲望に委ねた」云々といった言葉を章の終わりまで並べている。そしてこうした言葉によって、彼は無知から生じるさまざまな悪徳を挙げて、それらを無知の罰として詳細に語っている。この主張は既に先ほど引用したソロモンの『箴言』第十六章二十二節と完全に一致する。つまり「愚か者たちの罰は愚かさ」なのだ。だからパウロが、悪人たちは言い訳することができないと主張するのも当然だろう。事実、誰もが種の蒔き方に応じて収穫を得るのだ。賢く修正されない限り、悪いものから悪

12 トレメリウスについては本書第三章十節の訳注を参照。この箇所はギリシャ語原文とかなり異なっているが、あえてそれを活かしつつこのように訳しておく。本書の随所から分かるように、スピノザは新約聖書のかなりの部分が元々シリア語（アラム語）で書かれ、後にギリシャ語に訳されて広まったと想定していたからである。なお本文では「シリア語」と書かれているが、今日ではその上位区分であるアラム語の名で呼ばれるのが通例となっている。

いものが生じるのは必然であり、揺るぎない心が伴う限り、よいものからよいものが生じるのも必然である。

このように、聖書は自然的な神の光および法を無条件に推奨しているのである。これでこの章で扱うと予告しておいたことは果たされた。

第五章

さまざまな儀礼が定められた理由について。また、歴史物語を信じることについて。つまり、そういう物語を信じることはどういう理由で、また誰にとって必要なのかについて

［一］前章で示したように、ひとを本当に幸福にし、ひとに本当の生き方を教えてくれる神の法は、誰にでもあてはまる普遍的な法である。さらに言うと、それは人間本来のあり方から導き出された法なのだから、人間精神に内在する、いわば書き込まれていると考える必要がある。

儀礼は、そうではない。少なくとも旧約聖書に見られるヘブライ人だけに定められた儀礼の場合、それは彼らの国家体制に合わせてできていたから、その大部分は社会

が総がかりで実行するようなものであり、個人で実行できるようなものではなかった。だからそうした儀礼は神の法に含まれないし、幸福や徳のために何かの役に立つこともないに違いない。それらはただヘブライ人たちの「選び」、つまり（第三章で示したように）一時の物質的な幸福と国の安定だけを念頭に置いたものであり、このため彼らの国が存続している間しか彼らの利益になりえなかったのだ。だから、たとえそうした儀礼が旧約聖書の中で神の法に関係づけられていても、それはただ、それらが啓示に基づいて、あるいは啓示から得られた原則に基づいて定められたというだけのことである。

しかしこういう理詰めの議論は、いくら手堅いものであっても普通の神学者たちには効き目が薄いので、今示したことをここでさらに聖書の権威によって裏付けてみよう。そして論旨をさらにはっきりさせるために、そうした儀礼がなぜ、そしてどのようにユダヤ人たちの国を安定させ、維持するのに役立ったか示してみよう。

［二］端的に解された神の法とは、本当の生き方を内容とするあの普遍的な法のことであり、儀礼のことではない、とイザヤは説いている。これは彼が説くことの中でも、際立ってはっきりした教えである。たとえば『イザヤ書』第一章十節で、自分の語る

神の法に耳を傾けるよう自国民に呼びかける時、イザヤはまず神の法からあらゆる種類の捧げもの［を献上する習慣］を閉め出し、次いであらゆる祭式も閉め出してから、改めて法そのものを説き（第一章十六〜十七節を参照）、しかもそれを以下のようなわずかな項目にまとめている。つまり心を清めること、徳またはよいことを実行すること、あるいはそういう習慣を身につけること、そして困っている人を助けることがそれである。

これに劣らず明らかな典拠が『詩編』第四十章七節と九節にある。作者は、ここで神にこう語りかけている。「あなたは犠牲や捧げものを望まなかった。あなたはわたしの耳を開いてくれた[1]。あなたは生贄の丸焼きも捧げものによる贖罪も求めなかった［七節］。わが神よ、あなたの意志をわたしは遂行しようとした。あなたの法がわたしの体内に宿っているからである［九節］」。ということは、この人も体内つまり精神に

1　原注「理解［＝理解させること］を意味する言い回しである」。直訳すると「あなたはわたしの耳を貫いてくれた」、つまり、ものがよく聞こえるように耳の穴を開けなおしてくれたという意味である。

書き込まれたあの法だけを神の法と呼び、やはりそこから儀礼を閉め出している。儀礼は制度上よいものとされているだけであり、本来的によいものではないので、どんな精神にも書き込まれてはいないからだ。

以上の二箇所以外にも、聖書には同じことの典拠になる箇所がまだ見つかるのだが、この二つを挙げただけで十分だろう。

［三］儀礼はこれに対し、決して幸福につながるものではなく、国の一時の繁栄にしか関わらないものである。このことも聖書そのものから裏付けられる。聖書は、さまざまな儀礼には物質的な便宜や快楽しか約束しておらず、神の普遍的な法のみに幸福を約束しているからである。先に述べたように、[2]俗に言うモーセ五書で約束されているのは、この一時的な利益に他ならない。具体的には名誉あるいは名声、勝利、富、快楽、健康といったものがそれである。

確かにモーセ五書には、儀礼以外に道徳的な教訓もたくさん含まれている。しかしそれらは誰にでも当てはまる普遍的な道徳の教えとしてではなく、ヘブライ民族特有の理解力や気質に合わせた指図として含まれているだけなので、その目的も彼らの国を利することに限られている。たとえばモーセは「殺すことなかれ、盗むことなかれ」という戒めを教育者や預言者としてユダヤ人たちに説いてはおらず、むしろ立法者や支配者として命じている。彼がこうした教えを理詰めで説明しようとせず、むしろ命じた上で［背いた場合の］罰まで付け加えているのも、その表れである。経験から十分明らかなように、罰というのは民族ごとの気質に応じて違った形を取りうるし、また取る必要があるからだ。

たとえば「姦通を犯すことなかれ」というのも、ただ共同体および国の利益だけを念頭に置いた命令である。もしモーセが道徳的な教えを説こうとしていたなら、その時には公共の利益だけでなく、心の平安やひとびとの本当の意味の幸福といったことも念頭に置く必要が出てくるから、彼は実際に姦通を行うことだけでなく、姦通したいと心で思うことすら戒めていたはずである。現にキリストはそうした（『マタイによる福音書』第五章二十八節を参照）。キリストが説いたのはまさしく普遍的な教えだったからである。またださからこそ、キリストは魂にまつわる特典を約束するだけで、モーセのように即物的な特典を約束することはない。今述べたとおり、キリストは国

2　第三章六節を指すのだろう。

を維持したりさまざまな法を定めたりするためではなく、ただ普遍的な法だけを教えるために遣わされたからだ。

またここから簡単に分かるように、キリストはモーセの法［律法］を決して廃棄したのではない。キリストは共同体に新しい法を持ち込むつもりは少しもなく、道徳的な教えを説いてこれを共同体の法から区別しようとしただけで、それ以外の何も念頭に置いていなかったからである。しかもこれは、パリサイ派の人たちの無知を正すためという面が大きい。モーセの律法は既に述べたように共同体のためのものでしかなく、ヘブライ人たちを教化するよりもむしろ強制するためのものなのに、パリサイ派の人たちは共同体の法、つまりモーセの律法を守ることが［ただちに］幸福な生につながると思い込んでいたのである。

［四］しかしこの辺で当初の計画に戻り、[3]聖書の他の［＝モーセ五書以外の］箇所を取り上げてみよう。それらの箇所でも、儀礼には物質的な便宜しか約束されておらず、神の普遍的な法だけに幸福が約束されている。

預言者たちの中で、このことを誰よりもはっきりと説いていたのはイザヤである。たとえば『イザヤ書』第五十八章を見てみよう。ここでイザヤは、まず［細かい儀礼にはこだわるのに自分の悪徳には目を向けようとしない人たちの」偽善を糾弾したのち［一〜五節］、むしろひとびとに自分自身を［悪徳から］解き放ち、隣人を愛するよう勧める［六〜七節］。こうした徳目を備えれば「その時まるで夜明けのようにあなたの光が飛び出して、あなたの健やかさが次々に花開く。そしてあなたの前をあなたの正義が行くであろう。神の栄光があなたを仲間に加えるであろう[4]（以下略）［八節］」というのである。それからイザヤはひとびとに改めて安息日を守ることを勧め、安息日を敬いつつ守るなら「その時あなたは神とともに楽しむであろう[5]。そしてわたしはあなたを地上の高い所に騎乗させ[6]、あなたにあなたの祖先ヤコブの遺産を食べさせる

3　三節冒頭に予告された、「儀礼は物質的な便宜にしかつながらない」という主張を聖書に即して立証する計画を指す。

4　原注「ヘブライ語特有の言いまわしで、臨終の時という含みがある。「自分の民の仲間に加えられる」というのは死ぬことを意味しているが、これについては『創世記』第四十九章二十九〜三十三節を参照」

5　原注「名誉ある仕方で楽しむという意味。オランダ語でも「神とともに、そして名誉とともに met Godt en met eere」という言い方がある」

であろう。エホヴァの口がそう語っているように」と約束する。このように、預言者イザヤは「悪徳から」自由な人や「隣人を」愛する人には健全な肉体に健全な精神が宿ることを、そして死んでからも神の栄光に包まれることを約束していると分かる。一方で儀礼に対しては、国の安定や繁栄、それに物質的な恩恵以外の何も約束していない。

『詩編』第十五章と第二十四章には儀礼についての言及はなく、道徳にまつわるさまざまな教えが見られるにすぎない。これはまさしく、ここが比喩を多用しながらではあるものの、ただ幸福だけを扱った、幸福だけを念頭に置いている箇所だからだ。実際、ここでは神の山とか神の天幕とか、この天幕に住まうとかいった表現が出てくるけれども、これらは間違いなく幸福や心の平安のことを言っているのであり、エルサレムの山やモーセの幕屋のことを言っているわけではない。こうした場所は誰にも住まわれることなく、ただレビ族出身の人たちだけの手で管理されていたからである[7]。

さらに、前章「十二節」で引き合いに出したあのソロモンの言葉は、どれもこれも、知性や知恵を養うことだけに本当の幸福を約束していた。ひとはそうした知性や知恵から神への恐れを知り[8]、神の知を見出すことになる「そしてそれこそが本当の幸福である］からである。

［五］しかしヘブライ人たちは、彼らの国が解体してしまった後では、もう儀礼を実行するよう義務付けられない。このことはエレミヤの言葉からも明らかである。［エルサレムの］町の略奪が間近に迫るのを見て預言を発する場面で、エレミヤはこう

6　原注「馬の手綱を握るように国を［順調に］支配するという意味である」

7　『詩編』第十五章と第二十四章は構成が似ていて、どちらも「あなたの天幕に宿れるのは誰でしょう、あなたの聖なる山に憩えるのは誰でしょう（第十五章一節）」「神の山に登れるのは誰でしょう、神の聖なる場所に入れるのは誰でしょう（第二十四章三節）」という問いかけに続き、その資格がある者を列挙していく作りになっている。なお、レビ族（レビ人とも）とは古代イスラエル十二部族の一つで、旧約聖書（『申命記』第十八章一〜八節などを参照）で主に儀礼祭式を司るよう定められている部族である。

8　「そうした知性や知恵から」の原文は「ex ea」。代名詞の性にこだわるなら女性名詞の「知恵 sapientia」だけにかかっているように見えるが、ラテン語では主文で似たようなものを複数挙げた時、文法的には最後に出た言葉（この場合「知恵」）だけを受ける代名詞でも、意味的にはその言葉のまとまりすべて（この場合「知性」と「知恵」）を受けることがある。したがってこのように訳しておく。

言っている。「神がこの世に憐れみを垂れ、裁きを司り、正義を行うことを知りかつ理解している、そういう人だけを神は重んじる。だからこれからは、このことを分かっている人だけが賞賛に値すると考えるべきである」（『エレミヤ書』第九章二十三節）。町が滅びてしまったら、神はユダヤ人たちに独自の義務を何も課さなくなるし、それからは死すべき定めの人なら誰でも縛られる自然の法を守ること以外、彼らに何も求めなくなる。エレミヤが言いたいのは、どうやらそういうことのようだ。

このことは、さらに新約聖書からもはっきりと裏付けられる。既に述べたように、新約聖書には道徳にまつわる教えしか説かれておらず、それと引き換えに約束されるのも天の王国である。これに対し儀礼の方は、福音が他の共同体の法に縛られた他国民にも伝えられ始めてからは、使徒たちの手で廃されていった。反対にパリサイ派の人たちは国が失われてからもさまざまな儀礼にこだわり、少なくともそれらの大部分を保持し続けたが、彼らは神に気に入られようとするよりも、むしろキリスト教徒に対抗しようとする気持ちからそうしたのだった。実際エルサレムの町が最初の略奪にあった後、ユダヤ人たちが捕囚としてバビロンに連れて行かれた時には、当時の彼らはわたしが知る限りまだ党派に分かれていなかったので、彼らはあっさりと儀礼を放棄したのである。彼らはそれどころかモーセの律法全体に別れを告げて、祖国の法や権利関係をもう不要になったものとして忘れるにまかせた。こうして彼らが他のさまざまな民族と混じり始めたことは、エズラやネヘミヤの証言から十分に明らかである。したがって、国が既に解体していれば、明らかにユダヤ人たちはモーセの法に縛られなくなるのだ。それは彼らの社会や共同体ができ始める前、彼らがモーセの法に縛られていなかったのと同じである。現にエジプトを脱出する前、他民族に交じって暮らしていた当時、彼らは独自の法を何一つ持っていなかった。彼らを縛るものといえば、自然の権利と、当然だが彼らの暮らしていた共同体の権利関係くらいしかなかった。そしてその共同体が定めた権利関係も、自然の神の法に抵触しない限りでしか彼らを縛れなかったのである。

たしかに［当時から］族長たちは神に生贄を捧げていたが、これは恐らく、生贄を捧げることに子供のころから慣れ親しんでいた彼らの心に、[9] 一層の［神への］奉仕を

9 底本では「suum animum, *quam...*」となっているが、誤植と判断して初版以来の「suum animum, *quem...*」に戻す。

促すためだったのだろう。既にエノシュの時代から、[10]ひとはみな生贄を捧げることに非常に慣れていたので、彼らに奉仕を促すには何よりもこうするのが一番だったのである。だとすると族長たちは何らかの神の法に命じられたり、また神の法に由来する普遍的な根拠から知ってそうしたのではなく、もっぱら当時の慣習に従って神に生贄を捧げたのだろう。たとえ彼らが何らかの指図に促されてそれを行っていたとしても、そのような指図とは彼らが暮らしていた共同体の定めた法以外の何ものでもなかったはずだ。彼らもそうした法に（既にここでも、また第三章でメルキゼデクについて語った時にも指摘しておいたように[11]）縛られていたのである。

［六］これでわたしの考えは聖書の権威によって裏付けられたと思う。残る課題は、儀礼というものがユダヤ人たちの国を維持し安定させるのにどのように、そしてなぜ役立ったか示すことである。[12]これをできる限り手短に、広く通用するような根拠を挙げて示してみたい。

［七］社会とは、敵から守られて安全に暮らすためだけでなく、多くの事柄について便宜を図るためにも大変有益なものであり、なくてはならないものでもある。実際、もしひとびとがお互いの働きを分かち合おうとしなければ、いくら自分自身を可能な

限り養い、保ち続けようとしても、そのために必要な技能も時間も足りなくなるだろう。みんながありとあらゆることに同じように通じていられるわけはないし、ひとは一人では自分が最も必要としているものすら調達し切れなくなるからである。はっきり言えば、もし身を養うために一人で畑を耕し、種をまき、作物を刈り取り、臼をひき、料理し、布を織り、縫い合わせ、その他大量の仕事を行うことを余儀なくされたら、どんな人でも力も時間も足りなくなるはずだ。まして技能や学問については言うまでもない。人間本来のあり方を完成に導くためにも、また人間の幸福のためにも、何にもまして必要なのは技能と学問だというのに。国を持たず野蛮に暮らす人たちは、憐れむべき獣じみた生活をしていることが分かっている。しかし彼らのあのようなわずかな、気の毒なほど粗雑なつくりの持ち物ですら、それなりの共同作業なしには調達できないのである。

10 『創世記』第四章二十六節には、このエノシュ（アダムの孫に当たる）の頃「ひとびとはエホヴァ（ヤハウェ）の名を呼び始めた」とある。
11 本書第三章七節を参照。
12 本章一節末尾を参照。

［八］もしひとびとが既に本来の性質上、本当の理性が指し示すものしか求めないようにできていたら、社会は間違いなく何の法律も必要としなかったろう。ひとびとに本当の道徳さえ教え込んでおけば、後は一人一人が自発的に、揺るぎない自由な心をもって、本当に有益なことを行ってくれるというわけで、それだけでまったく問題はなかったろう。しかし現実には、人間本来の性質はこれと似ても似つかないあり方をしている。誰もが自分の利益を求めているのは確かだが、健全な理性の勧めに従うことはほとんどない。むしろ大部分の人は欲情に駆り立てられ、さまざまな感情に心を奪われて何かを欲しては、その欲しているものを有益だと判断してしまう（後々どうなるかということも、他のものごとのことも考えに入れられないのが感情というものなのだ）。だからこそ、どんな社会も支配関係や制裁力なしには、つまりさまざまな法なしには存続しえない。法の力でひとびとの欲情や抑えのきかない衝動を和らげ、抑制しなければならないのである。

その一方で人間は、絶対的な強制を受けることには本来のあり方からして耐えられないようにできている。セネカも悲劇作家として[13]言っているように「暴力的な支配を長続きさせられたものは誰もいない。長続きするのは節度をわきまえた支配なのだ」。

恐れだけに駆り立てられて行為している状態が続く限り、ひとは本当は全然したくないことを嫌々行っていることになるからだ。それを行うよう強いられている事柄そのものは、もしかすると有益なことや必要なことなのかもしれないが、そういう理由が理解されることはない。その人は、ただ死罪その他の刑罰が自分に降りかからないよう気遣うだけで頭が一杯になっているからである。それどころか、そういう境遇にある人は、たとえ自分自身にとっても大きな災いとなる場合でさえ、支配者が災いや苦難に見舞われるのを喜ばずにはいられなくなる。支配者にありとあらゆる災いが降りかかることを望まずには、またできることなら、自分自身でそうした災いをもたらし

13　わざわざ「悲劇作家として」と付け加えているのは、この言葉がセネカの散文ではなく悲劇から取られているからである（セネカ『トロイアの女たち』二五八～二五九行）。セネカ（Lucius Annaeus Seneca：前四ごろ～六五）は暴君とされたローマ皇帝ネロに仕えた廷臣で、のちネロの不興を買って死を命じられた。死に際の異様なまでの覚悟の良さが広く語り伝えられたこともあり、冷静沈着なストア派の哲学者としての知名度が圧倒的に高いが、悲劇作品を数多く残していて古典文学史的にも無視できない人物である。スピノザはセネカのこの言葉を、本書の中でもう一度引用している（本書第十六章九節）。

てやろうとせずにはいられなくなるのである。さらに言えば、人間にとって、自分と同等の人間たちに仕えたり、彼らに支配されたりすることほど耐え難いことはない。またさらに言えば、一旦認めた自由をひとびとから再び取り上げるほど難しいことはないのである。

［九］こうしたことからまず帰結するのは、国の支配というものはできることなら社会全体が一丸となって行うべきだということである。そうすればみんなが自分自身に奉仕しているわけであり、誰も自分と同等の他人に仕えるよう義務付けられていないことになるからだ。これに対して、もし少数あるいはたった一人の人間が国を支配するならば、その支配者は普通の人間の性質を超えた何かを持っているか、少なくとも、全力を尽くして民衆にそう信じ込ませる必要がある。

さらに、どんな国の法を定める場合でも、ひとびとを従わせるためには恐怖よりもむしろ希望に訴えかける必要がある。[14] つまり法に従えば、彼らが大いに望むような何かよいことが起きるかもしれないと思わせなければならない。こうしておけば、みんなが自分の義務を望んで果たすようになるからである。

さらに、その支配権がみんなの手にある社会、法がみんなの同意に基づいて定められる社会では、服従はどこにもありえない。服従とは、命令されたことを命令した人の権威だけに基づいて遂行することだからである。またそうした社会では、たとえ法の数が増えようと減ろうと、国民はそれまでと等しく自由であり続ける。彼らは他人の権威でなく、自分自身の同意に基づいて行為しているからである。

しかしたった一人が何の制約も受けずに支配する社会では、これと反対の結果になる。そこでは誰もが、そのたった一人の支配者の権威だけに基づいて国の指令を［嫌々］実行することになるからだ。したがってそのような社会では、必要に応じて新しい法を定めたり、一度認めた自由を国民から［必要に応じて再び］取り上げたりすることは困難だろう。ひとびとが最初から支配者の口出しなしには何もできないように教育されていれば、話は別だが。

［十］普遍的な観点からの考察はこれくらいにして、ヘブライ人の共同体という具体

14 底本ではこの箇所の出典としてテレンティウス『兄弟』五七〜五八行（「わたしが思うに、自由人たちは恐怖よりも廉恥と寛容の精神に訴えかけて従わせる方がよい」）を挙げているが、「廉恥と寛容の精神」と「よいことへの希望」では訴えかけの内実が根本的に異なっており、せいぜい文体の参考にした程度と考えるのが適切であるように思われる。

的な話題に移ろう。ヘブライ人たちはエジプトから脱出した当初、もうどのような他民族の権利関係にも縛られなくなった。したがって彼らは新しい法を好きなように定め、つまり新しい権利関係を築き、どこでも好きな所に国を建て、どこでも好きな土地を占拠できるはずだった。しかし権利関係を賢く整えることや、支配権を自分たち全員が一丸となって持ち続ける［＝つまり民主制の国を作る］ことは、彼らの何よりも苦手とすることだった。彼らはほぼ誰もが粗野な気質の持ち主だったたし、また［それまでの］悲惨な隷属生活に打ちのめされていたからである。こういうわけで、ただ一人の人物［＝モーセ］に支配が委ねられなければならなかった。この人物がそれ以外の人たちに命令を下し、彼らを力ずくでまとめ、さらにはさまざまな法を定めたり、定めた法に後から解釈を施したりすることになったのである。

このような形の支配を、モーセは簡単に続けることができた。彼は神にかかわる能力では他の人たちに抜きん出ていたし、自分がそういう能力の持ち主であると民衆に思い込ませていたし、またそのことを数多くの証拠によって示してもいたからである（『出エジプト記』第十四章末尾および第十九章九節を参照）。彼はこのように、自らの持つ神にかかわる能力によって法権利を定め、民衆に提示した。

一方でモーセは、そうした法権利を定める際、ひとびとが恐怖に駆られて義務を果たすのではなく、むしろ自発的にそうするようになること[15]を何よりも心がけた。彼をそのように促した理由は二つあって、一つはひとびとの気質が頑固であったこと（彼らはただ力ずくで駆り立てられるのには気質的に耐えられなかった）、そしてもう一つは、戦争が差し迫っていたことである。戦場で戦況を有利に推移させるには、兵士を罰や威嚇でおびえさせ［て命令に従わせ］るよりも、むしろ励ますことが肝心なのだ。うまく励まされれば、兵士たちはみな単に刑罰を避けようとするよりも、むしろ徳［＝勇敢さ］や心の大きさで注目を集めようとするようになるからである。

［十一］こういう事情から、モーセは神にかかわる能力や神の命令を駆使して、共同体の中に宗教を持ち込んだ。それは民衆に義務を果たさせる時、彼らを恐怖よりもむしろ奉仕の心で駆り立てるためだった。モーセはまた、さまざまな恩恵を施すことで

15　底本はテレンティウス『兄弟』七四〜七五行（「よそからの恐怖に駆られてそうするのではなく、むしろ自分の意志で正しく行為するよう息子を慣れさせる」）を典拠としているが、ここもせいぜい文体の手本程度に考えておくのが適切と思われる。

彼らの心をとらえ、将来にまつわるたくさんのことを神の名において約束した反面、極度に厳しい法は制定しなかった。これは律法について調べた経験のある人なら誰でもあっさり認めることだろう。特に、被疑者を罰するのに色々やかましい条件が付けられていたことに注意すれば一目瞭然である。

さらにモーセは、自らの権利の下にありえない民衆が支配者の言うことをよく聞くよう、そうした人たち、つまり隷属することに慣れ切った人たちを、何につけても意のままに振舞わせなかった。何をする時でも、民衆はいつも同時に法のことを考え、もっぱら支配者の意向に基づく指図を果たすよう義務付けられていた。意のままではなく、ある決まった法の規定に従わないと、畑を耕したり、種をまいたり、作物を刈り取ったり、何かを食べたり、身にまとったり、髪やひげを切ったりすることも許されないのだった。楽しむにしても、ともかく何かを行うにしても、法律に定められた命令や指示に従わない限り許されなかった。それだけではない。彼らは戸口や手や目と目の間に、ある種のしるしをつけておくよう義務付けられていた。[17] このしるしによって、彼らは絶えず服従を促されるのだった。

[十二] さまざまな儀礼が定められた目的とは、以上のようなものだった。つまりひ

とびとを自分自身の決断では何も行わず、何もかも他のものの指示に従って行うようにさせるためだった。また絶えずそうした行動や考えを続けさせることで、自分たちは何事においても全く自らの権利の下にはなく、完全に他のものの権利の下にあると彼らに思い知らせるためだった。こうしたこと全てからはっきり裏付けられるように、儀礼は幸福には何一つ貢献しない。旧約聖書のさまざまな儀礼は、それどころかモーセの律法全体が、ヘブライ人の国［を保つこと］以外の、つまり物質的な便宜以外の

16　「自らの権利の下にあること sui juris esse」は後にスピノザ最晩年の著作『政治論 Tractatus politicus』において「他のものの権利の下にあること alterius juris esse」と対置され、政治の力学を分析するための有力な概念装置として働くようになる言葉だが、この時点では単に「自分のことを自分で考えて決められること」くらいの意味で用いられているようである。

17　律法の教えを戸口や手に書きつけて「目と目の間に置く［＝いつも目につくようにしておく］」ようにせよという、『出エジプト記』第十三章九節、十六節や『申命記』第六章八～九節、第十一章十八～二十節で繰り返し語られる指図のことと思われる。聖書本文を見る限り、眉間や額に直接何かを描くという意味ではないようだが、一応スピノザの原文通りに訳しておく。

何も念頭に置いていないのである。

［十三］これに対して、キリスト教徒の儀礼はどうだろうか。たとえば洗礼や聖餐や［教会関係の］祝日や集団祈禱や、これ以外にもキリスト教全体に共通して絶えず行われてきた儀礼は色々あるだろう。もしそうした儀礼をかつてキリストか使徒たちが定めたならば（本当にそうなのか、わたしはまだ十分に確信できないのだが）、それはただ教会一般の外的な目印として定められたのであり、［本当の］幸福に役立つものとしてでもなければ、神聖な何かを内に含んだものとしてでもない。したがってこうした儀礼は、もちろん［特定の］国を保つためではなかったけれども、しかしやはり社会の全体だけを念頭に置いて定められたのである。だからこそ、孤独な生活を送る人はこうした儀礼に少しも縛られない。それどころか、キリスト教が禁じられている国に暮らす人は、こうした儀礼を行わないよう義務付けられる。それでも彼らは幸福に生きられるのだ。この例は日本という王国に見出せる。[18] この国ではキリスト教が禁じられているから、この地に暮らすオランダ人たちは東インド会社の命により、あらゆる外的な礼拝を行わないよう義務付けられているのである。

こうしたことを裏付けるのに、さらに別の権威を持ち出すつもりはない。上のような結論を新約聖書にあるさまざまな根拠から引き出してくるのも、また恐らく、はっきりした証拠を色々挙げてさらに補強するのも難しくはないだろうが、そういうことに手を付けるのは止めておきたい。もう一刻も早く次の企てに向かいたいのだ。そういうわけで、この章の後半で扱うつもりだった話題に移ろう。つまり、聖書に含まれる歴史物語を信じることは誰にとって、またどういう理由で必要なのかという

18　極東におけるオランダの交易相手として、スピノザは日本という非キリスト教国の存在だけでなく、日本でのオランダ商人たちの暮らしぶりについてもある程度のことを知っていたらしい。宗教儀礼にこだわらないことで開かれる異教徒・異教国との交流可能性を説明する好例として、スピノザは本書後半でもう一度日本のことを引き合いに出している（第十六章二十二節）。なお、交易権と引き換えに日本国内での宗教活動を一切控えるという協定については、オランダ国内でも世論を二分する問題となっていたようで、ことに改革派教会主流派の反発は大きかったとされている。後にルイ十四世治下のフランスが攻めてきた時（一六七二）には、「キリスト教より商売を優先する不敬な国」に「由緒正しいキリスト教国」が神罰を加えるというレトリックによって、侵略戦争のオランダ側からの正当化が試みられたことさえあったという（底本の指摘）。

ことである。このことを自然の光によって究明するには、次のように話を進めていくのがよいだろう。

［十四］何かそれ自体として明白でないことを、ひとびとに勧めたり止めさせたりしたいとしよう。この場合、その主張を認めてもらうためには、主張したいことを既に認められていることから導き出してきて、経験か理詰めのどちらかで納得させる必要がある。つまり自然の中で既に感覚的に行き当たった経験のあることか、あるいはそれ自体で明白な知的原則[19]か、そのどちらかに訴えかけなければならない。

しかし明晰判明に理解できるような経験ならともかく、そうでない限り、たとえひとを経験的に納得させられたとしても、そのような経験は知性に働きかけ、知性のもやを晴らすのには向いていない。知性のもやを晴らすには、主張の内容を知的原則だけから、つまり知性の能力と知的理解の正しい手順だけから導き出してこなければならない。特に問題が目に見えないこと、感覚では決してとらえきれないことに関わる場合にはなおさらである。

しかし実際には、ものごとを知的概念だけから導き出すためには、理解したことを長々とつなぎ合わせていく作業がよく求められる。またそれに加えて細心の注意、洞察力に富む気質、並外れた自制心なども必要だが、それらはみなひとびとが稀にしか持ち合わせていない資質である。こうした事情から、ひとびとは自分が知っていることと全てを少数の原則から引き出してつなぎ合わせていくよりも、むしろ経験によって教えられる方を好む。

そういうわけで、もし人類すべてとまでは言わなくてもある民族全体に何らかの教えを説き、教説のあらゆる点をみんなに分かってもらおうとするならば、その人は自分の主張を経験だけで裏付けなければならない。そして手持ちの論拠や、説こうとしているものごとの概念規定を、人類の大部分をなす一般民衆の理解力にできる限り適合させる必要がある。そして間違ってもそうした論拠同士を逐一つなぎ合わせたり、またそれらをよりよくつなぎ合わせるのに役立つからといって、さまざまな「難解な」概念規定を持ち込んだりしてはいけないのである。さもないと、その人は学のあ

19　原語のaxiomaは「公理」ないし「公準」と訳すのが慣例だが、数理科学的な論証体系を離れたこのような文脈で過度に拘泥すべき訳語ではないと思われるので、あえて「原則」としておく。

る人たちだけに書いていることになる。つまり全体と比べてごく少数の人たちにしか理解されないことになる。

［十五］したがって、聖書にも同じことが言える。およそ聖書というものは、当初は一民族全体のために、そしてついには人類一般のために啓示されたわけだから、そこに含まれている内容は必然的に一般民衆の理解力にできる限り適合させられた、経験だけで納得できるものでなければならなかったのである。

［十六］このことをもっとはっきり説明してみよう。聖書に説かれているのは、思弁的な教理に限るなら、要するにこういうことである。まず神が存在する。つまり万物を作り、無上の知恵によって司り、支えている存在者がある。そしてこの神は、道徳的で誠実に暮らす人たちには最高の計らいをしてくれるが、そうでない人たちには多くの罰を下して、よいことから遠ざける。[20]

聖書はこれらの教えを、経験だけを頼りに裏付けようとする。この場合の経験とは、聖書に語られるさまざまな歴史物語のことである。またこうした教えに細かい概念規定が付けられたりはせず、言葉づかいも論拠もすべて民衆の理解力に合わせられている。

もちろん、こうした事柄にまつわるはっきりした認識が、経験を介して与えられることはありえない。神とは何か、神はどのように万物を支え、司り、ひとびとを気遣っているか、そういうことを経験から学ぼうとしても無理なのである。ただし、ひとびとの心に服従と奉仕の精神を刻みつけるのが目的ならば、そしてそのために必要な程度でよければ、経験によって彼らを教え、導くことも十分可能である。

聖書に含まれた歴史物語を信じることが一体どういう人たちにとって、またなぜ必要なのか、これで十分明らかになったと思う。今示したことからはっきり帰結するように、そうした物語を知り、また信じることは、一般民衆にとって何よりも必要なのだ。民衆はその気質上、ものごとを明晰判明に知ることができないからである。

20　多くの諸国語訳では「……多くの罰を下して、善人から遠ざける」あるいは「善人から区別する」とされているが、神が善人と悪人の扱いを区別することはこの文章全体から明らかなので、ここでわざわざそう断る必要性は薄いように思われる。ここはむしろ直前の「多くの罰を下す」という表現を説明的に言い換えている箇所（罰＝よいことから遠ざけられること、よいことに巡り合えないこと）と解釈してこう訳す。古い英訳（Elwes）もおそらくこの解釈を取っている。

さらに言えば、神が存在することも、ものごとやひとびとの行く末を決めていることも信じられない、という理由で聖書の物語を否定するなら、その人は不道徳である。これに対し、神の存在等、今述べたようなことを自然の光によって知っており、また本当の生き方を身につけているなら、その人は聖書の物語など知らなくても依然として幸福である。それどころか、一般民衆よりもよほど幸福である。その人は単に思い込みがたまたま真実に対応しているのではなく、明晰判明な概念で真実をとらえているからだ。

さらに、こうした聖書の物語も知らないし、自然の光によってものごとを知る能力もないという場合、その人は不道徳とか頑迷とは言えないにせよ、しかし人間らしくない、ほぼ動物と変わらない状態にあると言える。神からの贈り物を何も持っていないことになるからだ。

［十七］さて、ここで一つ注意しておく必要がある。聖書の歴史物語を知ることは一般民衆にとって何よりも必要だというのがわたしたちの主張だが、それは決して、聖書に含まれている物語を一つ残らず知るべきだという意味ではない。民衆が知るのは主要な物語だけでよい。つまり他の物語と結び付けられなくても、上に述べた教えが

そこにはっきりと浮かび出ていて、それ単独でもひとびとの心を大きく動かす力のあるような、そういう物語だけでよいのである。

聖書の教えに納得するために聖書内の歴史物語をすべて知る必要があるなら、つまり聖書に含まれている歴史物語を一つ残らず手広く考察しないと結論が引き出せないなら、聖書が何を教えているのか論証することも結論することも一切できないはずだ。それはただ民衆の手に余るというよりも、人間の理解力その他の力をどうしようもなく超えているからである。あれほど膨大な数の物語と、それらの物語に伴うあれほど多くの外的事情と、膨大な数の異なった物語から引き出されるべきあれほど多くの教えの細部とに、同時に気を配れる人が一体どこにいるというのか。わたしたちの手元に聖書を残してくれた人たちが、そのような論証過程をきっちり辿《たど》っていけるほど豊かな才能の持ち主だったとは、少なくともわたしには思えない。まして聖書の教えがイサクの争い[21]や、アヒトフェルがアブサロムに与えた助言[22]や、ユダ［王国］とイスラ

21　『創世記』第二十六章に、財産を蓄えたイサクと近隣の部族が水利権などをめぐって争う場面がある。

エル[王国]の骨肉の争い、いや、その他これに類する歴史記録について聞いた上でないと理解できないとは、なおさら思えない。またああいった教えを歴史物語から引き出して示すのに、モーセの時代を生きた太古のユダヤ人とエズラの時代を生きた〔後世の〕ユダヤ人とで、[24]もの分かりのよさに差があるとも思えない。しかしこうしたことについては、後ほどもっと詳しく語ることにしよう。

〔十八〕こういうわけで、民衆が知っておくべき歴史物語とは、彼らの心を服従と奉仕に駆り立てるのに最も適した物語に限られる。しかし民衆自身には、それらについて判断する十分な能力がない。民衆は物語に含まれる教訓そのものよりも、むしろ物語の語り口とか、事の成り行きの珍しさや思いがけなさに引かれるからである。だからこそ、民衆がただ物語を読むだけでは不十分で、宣教師つまり教会の代弁者も必要なのだ。民衆の気質的な弱さを補うため、こうした人たちが民衆を教えなければならないのである。

〔十九〕しかし当初の話題からそれると困るため、わたしたちが特に示したかったことを結論として述べておこう。歴史物語は、結局はどのようなものであれ、神の法がそれを信じるよう命じているわけでもなければ、またそれを信じるからといって、ひとが即座に幸福になるわけでもない。物語を信じることの効用は、［神に服従し奉仕せよという］教えを理解するのに役立つという一点に限られる。そしてこの［教えを理解するのに都合よくできているか否かという］点に限って、そうした物語の間に優劣が認められるのである。したがって旧約および新約聖書に含まれる物語は、この点では他の世俗的な物語より優れている。またそこからためになる考え方をどれだけ引き出

22　アブサロムはダビデ王の子の一人。『サムエル記下』第十五章で父王に背いて反乱を起こし、一度は民心を掌握してエルサレム入城を果たす。しかしこの時、逃走中のダビデを直ちに追撃すべきだという側近アヒトフェルの進言を容れなかったため（第十七章）、決定的な勝機を逸して結局は敗死する（第十八章）。

23　ソロモン王の死後、ユダヤ人の国は北のイスラエル王国と南のユダ王国に分裂し、お互いに微妙な緊張関係を保ったままそれぞれの歴史をたどっていくが、結局北王国はアッシリアに（前七二二）、南王国はそのアッシリアを滅ぼした新バビロニアに（前五八六）、それぞれ滅ぼされることになる。この時期の歴史物語をユダヤ人の視点からまとめたのが旧約聖書の『列王記』『歴代誌』である。

24　預言者エズラの活動期はバビロン捕囚終了後の紀元前五世紀半ばとされているので、モーセの時代とは大体八世紀ほどの隔たりがあると考えられている。

せるかに応じて、聖書の物語の間にも優劣が存在する。

だから、もしひとが聖書の歴史物語を読み、それを全面的に信じたとしても、そうした物語を通じて聖書が説こうとしている教えに注意せず、生き方を改めることもしなかったら何にもならない。それはコーランや、詩人たちの戯曲や、あるいは手近な所では普通の歴史記録などを、民衆にありがちな好奇心から読んでみる場合とまるで変わりがない。これに対し、既に述べたように、ためになる考え方やまともな生き方を身につけていれば、その人は聖書の歴史物語などまるで知らなくても文句なしに幸福だし、まさにキリストの精神を身に宿しているのである。

ところがユダヤ人たちは正反対の考えを持っている。彼らの主張では、たとえひとびとがまともな考え方や生き方を尊重していても、ただ自然の光に導かれてそうしているうちはまだ駄目で、モーセに預言として啓示された教えだと思ってそうしないと幸福にはつながらないというのだ。たとえばマイモニデスは『王たちの書』八章十一[25]で、このことを次のような言葉ではっきり主張している。「七つの掟[26]を自らに引き受け、入念に守り続けた者は、みな信仰厚い[27]民の一員であり、来るべき世界の相続人となる。もちろんその場合、掟を引き受け守り続けた理由は「神がそれらを律法に定めたから」でなければならない。「それらがかつてノアの子供たちに命じられたのと同じ掟だということを、神がわたしたちにモーセを通じて啓示したから」でなければならないのだ。そうではなく、単に理性に導かれてこれらを守り続けたというだけの人は、ここ［＝ユダヤ人の共同体］に住む人ではなく、信仰厚い民の一員でも知ある民

25 マイモニデス『ミシュネー・トーラー』第十四巻『セーフェル・ショーフェティーム（裁き人の書）』に含まれる『メラヒーム（王）篇』八章十一が出典であることが突き止められている（Niewöhner）。ミシュネー・トーラーとは『第二の律法』などと訳されるマイモニデスのユダヤ教学上の主著で、いわゆるトーラー（＝モーセ五書）に限らず、ユダヤ教徒の信仰箇条および生活規範のあらゆる面が網羅的に考察されているという。

26 原注「神がノアに与えた掟は七つあり、この七つにはどんな民族も縛られているとユダヤ人は考えた。これに対し、ユダヤ人だけはそれ以外にも無数の掟を神から与えられたが、これはユダヤ人を他民族よりも幸福にしようという神の思し召しなのだという」。『創世記』第九章でノアとその息子たちに与えられた命令は、有名だがどう見ても命令とは解しにくい「殖えかつ増して地に満ちよ（一節）」を除けば「まだ生命すなわち血を有している［＝血抜きをしていない］生き物を食べてはならない（四節）」一つだけのように見える。しかしユダヤ人の伝統ではこれにアダム以来既出の六項目を足し、全部で七つと数えていたらしい。

の一員でもない」[28]。こうマイモニデスは語っている。

シェム・トブの子のラビ・ヨセフは『ケボド・エロヒム』と呼ばれる自著の中でこの言葉に解説を加えているが[29]、それによると、たしかにアリストテレスは（最高の倫理学書を著したのはアリストテレスだとヨセフは考え、彼を誰よりも高く評価しているのだが）本物の倫理について余すところなく書き残し、その『倫理学』[30]でも余すところなく論じつくしたし、またすべてを入念に守り続けたけれども、しかし一切は彼の救いに役立ちえなかったという。なぜならアリストテレスは、預言的に啓示された神の教えとして自説を論じておらず、ただ理性の指図に従って論じているからだという。しかし、これらはみな純然たる妄言であり、何一つ根拠がないし聖書の権威にも支えられていない。それは注意して読めば誰にでも十分明らかだと思われる。だからこういう主張を退けるには、ただ主張自体を列挙しておくだけで十分だろう。また世間には、自然の光は本当の救いにまつわることなど何一つまともに教えてくれない、などと臆面もなく主張する人たちがいるけれども、こういう人たちの考えをここで反証するつもりもない。まともな理性を持っていないと自認する人たちに、どんな理性的な論拠を突きつけても納得してくれるわけがないからである。たとえ彼らが、自分

27　pietas／pius は「敬虔／敬虔な」と訳すのが慣例だが、本書ではほぼ一貫して「道徳心／道徳的な」という訳語を当てている。ある種の個人的で宗教的な資質を表すこの言葉を、スピノザは特殊な信仰内容や宗教儀礼の文脈から意図的に切り離し、平和な市民生活を営む資質という程度の意味に転用しようとしているからである（Bartuschat）。つまりスピノザに言わせると、その社会の一般的な道徳を尊重し、他人と協調しながら生きていくことのできる人は、どのような宗教の信者であるかに関わりなく「敬虔＝道徳的」であり、反対に些細な信仰内容や儀礼の違いを取り上げて社会の中に不和と憎しみをばらまくような人こそ、どのような宗教を熱心に信じていようと「不敬虔＝不道徳」なのである。しかしこのマイモニデスからの引用箇所では、pietas／pius はまさにスピノザが批判しようとした意味で、つまり特殊な信仰や宗教儀礼の有無を念頭に置いて用いられているので、本書の中では例外的に「信仰厚い」と訳した。

28　『ミシュネー・トーラー』該当箇所の原文は、写本によっては「……信仰厚い民の一員ではなく知ある民の一員である」となっているという（Gebhardt）。こちらがマイモニデス本来の発言だったとすると、彼は要するに、単に行いが道徳的なだけでなく唯一神への信仰も共有していないとユダヤ人の一員とは認められないという、宗教共同体としてのユダヤ民族の外延を確定したかっただけのようだ。この考え方に従うなら、「ただ自然の光に導かれて」立派な生き方をしている人はべつに「駄目」なのではない。そういう人は確かに幸福かもしれないが、ユダヤ人（ユダヤ教徒）としての資格ないし自覚に欠けている、というだけのことなので、スピノザの批判は微妙にずれていることになる。

たちは理性にまさる何かを持っていると吹聴していても、それは理性より遥かに劣った妄想に他ならない。彼らがみなどういう生き方を送っているか見ただけで、そのことは一目瞭然である。しかしこんなことをこれ以上詳しく語る必要はないだろう。

［二十］ただこれだけは付言しておこう。わたしたち人間は、ひとを理解するには行いから理解するしかないのである。たとえば、もしある人が、愛、喜び、和合、寛大、慈しみ、善意、誠実、穏健、節度といった徳目を体現しているならば、その人は（パウロも『ガラテヤの信徒への手紙』第五章二十二節［正確には二十二〜二十三節］で言うように）それに反する法などありえないような数々の実り[31]に満ち溢れている。この場合このような人は、それを理性だけに教わったのであれ聖書だけに教わったのであれ、本当に神の教えを受けた人であり、完全に幸福な人なのである。

　これで、神の法について扱うつもりだったことはみな取り上げ終えた。

29　ヨセフ・ベン・シェム・トブ Joseph ben Shem Tob（ベンは「〜の子」を意味する）は十五世紀にイベリア半島各地で活動したスペイン系ユダヤ人の思想家（一四八〇ごろ没）。『ケボド・エロヒム（神の栄光）』は一四四二年ごろ著され、十六世紀半ばにフェラーラで翻刻されている。

30　アリストテレスの倫理学的著作は数種類伝わっているが、これはその中で最も有名な『ニコマコス倫理学』のことと思われる。ヨセフは同書のヘブライ語訳に基づく詳細な注解を著しているという。

31　本文に挙げられている『ガラテヤの信徒への手紙』の該当箇所で、これと同じ順序で列挙された徳目が「霊の実り ho karpos tou pneumatos」と呼ばれているのにちなんだと思われる。

第六章

奇跡について

［一］ひとの理解力を超えた知恵を神の知恵と呼ぶように、その原因が一般に知られていないような出来事を神のわざと呼ぶ。そんな習慣をひとびとは持っている。一般の人は、自然の内に何か見慣れないことや、普段そう思われているような自然のあり方に反することが起きた時こそ、神の力や摂理をはっきりと目《ま》の当たりにしたと思い込むからである。それが自分の得や利益につながった場合には、なおさらそうだ。そして一般にそう思われている自然の秩序が保たれなくなる［ことがある］ことこそ、神が存在することの何よりの証明だと考えている。

そのため民衆は、もし奇跡も含めたものごと全般を自然の因果によって説明し、理解しようとする人たちがいると、そういう連中はみな神を否定しているか、少なくとも神の摂理を否定しているのだと思い込む。つまり民衆は、神は自然が通常の仕方で働いている間は活動せず、反対に、神が活動している間は自然の力や自然の因果は働かないと考えているのだ。このように、神の力と自然のものごとの力は互いに秩序を異にする二つの力であり、それでいて後者は神によって特定の形に定められたか、または（今日ではむしろこう考える人が大半だろうが）創造されたと見なされている。ところがこの二つの力とは、また神や自然とは一体どういうものかとなると、彼らは明らかに何一つ分かっていない。ただ神の力といえば威厳ある王の支配のように、自然の力といえば暴力や衝動のように見なしているだけなのだ。

民衆はこのように、自然の中に見慣れない出来事を見つければ、それを奇跡とか神のわざと呼ぶ。そして神に逆らいたくないからなのか、または自然の知を重んじる人たちが気にくわないからなのか、そうしたものごとの自然な因果関係を知りたがらない。彼らが耳にしたがることといえば、訳の分からないことに限られる。訳の分からないことは、それだけ大きな驚きをもたらしてくれるからだ。つまり自然の因果を否定しないと、そして自然の秩序から外れたものごとを思い浮かべないと、彼らは神を敬えないし、神の支配や意志が万物に及んでいると考えられない。だからこそ、彼らが神の力に驚愕するためには、自然の力がいわば神に屈服する所を思い浮かべるのが欠かせないのである。

こういう考え方は太古のユダヤ人に由来すると思われる。当時は異民族が太陽、月、大地、水、大気などの目に見えるものを神々として崇めていたので、彼らに対抗しようとしたユダヤ人は、そうした神々が弱くて不確かな、つまり移ろいやすい神々であり、見えない神の支配下に置かれていることを示すため、自分たちの体験したさまざまな奇跡について語った。またそうした奇跡を証拠に、自然全体が自分たちの崇める「見えない」神に支配され、自分たちだけに都合よく導かれていることを示そうという狙いもあった。

このやり方をすっかり気に入ってしまったので、ひとびとは現代に至るまでさまざまな奇跡を創作し続けてきた。彼らは自分たちが他人よりも神に愛されていて、神が万物を創造し絶えず導いているのも自分たちのためなのだと信じたかったのである。愚かなことに、民衆は何もかも自分に都合よく考えてはばからない。神についても自然についてもまともな考えを持たず、神の取り決めを人間の取り決めと混同し、さらには人間を自然の中心と思い込んでしまうほど、自然というものを限られた形でしか思い浮かべられないからだ。

［二］自然や奇跡にまつわる民衆の考えや偏見は、これでも十分詳しく語ったと思う。しかしこうした事柄をきちんと理解してもらえるよう、以下のような手順で示していこう。

一．自然に反する形で起きることは何もないこと。むしろ自然は永遠の、一定不変の秩序を保っていること。同時に、奇跡というものをどう理解するべきかということ。［三〜五節］

二．神の本質も存在も、ましてや摂理も、奇跡から分かることは何一つないこと。むしろこれらはみな、一定不変の自然の秩序を見た方がはるかによく知られること。［六〜十一節］

三．神の取り決めや、意志や、したがってまた摂理とは、神の永遠の法から必然的に帰結する自然の秩序そのものに他ならないこと。これは聖書自体がそう説いているのである。このことを、聖書からいくつかの例を引いて示す。［十二〜十五節］

四．最後に、聖書にあるさまざまな奇跡を解釈する仕方について、また奇跡にまつ

わる物語を読む時特に注意すべき点について扱う。［十六〜二十節］

以上がこの章の議論の要点である。これらはまた、本書全体の狙いにも少なからず貢献するだろう。

［三］第一の点については、これを示すのは容易である。第四章で神の法について証明したことを使えばよい。[1]

神が意志すること、あるいは神が決めることは、みな永遠に変わらない必然性や真理を含んでいる、ということをわたしたちは証明した。これも既に示したように、神の知性と神の意志は同じものなので、神が何かを知っていると言おうと、神が同じ何かを意志していると言おうと、主張の内容は変わらないからである。したがって、神が何かをあるがままに知っているということが神の本性および完全性から［必然的に］帰結する場合、それと全く同じ必然性によって、神がその何かをあるがままに意志しているということも帰結する。しかし、あらゆる必然的な真理がもっぱら神の取り決めに基づいているとすると、当然ながらさまざまな自然の一般法則も神の取り決

1　第四章八節を参照。

めに他ならない。そしてこのような取り決めは、神の本性の必然性および完全性に由来するものである。ということは、もし自然の一般法則に逆らうような何かが自然のうちに起こるならば、それは必然的に神の取り決めにも、神の知性にも、そして神の本性にも逆らうことになる。つまり、もし神は自然の法則に反する何かを行うと主張するならば、その人は同時に、神は神自身の本性に反する行いをするという不条理きわまりない主張を余儀なくされるのである。

また自然の力とはもちろん神の力や能力に他ならないが、そのような神の力とは神の本質以外の何ものでもない。ここからも同じことを容易に示せるのだが、これは今の所むしろ省いておこう。

［四］このように、自然のうちには[2]自然の一般法則に逆らうようなことは何も起こらない。またそうした法則にそぐわないようなことも、法則から帰結しないようなことも何一つ起こらない。何かが起こるとすれば、それはみな神の意志および神の永遠の取り決めによって起こるからである。つまり既に示したように、それはみな法則や仕組みにしたがって起こるのだが、そうした法則や仕組みには永遠に変わらない必然性や真理が含まれているのである。

もちろん、そうした法則や仕組みがわたしたちに余すところなく知られているわけではない。しかし自然がいつも法則や仕組みに従っており、そしてこうした法則や仕組みに、永遠に変わらない必然性や真理が含まれていることは確かである。したがって、自然は一定不変の秩序を保っているとも言える。また健全な理性の持ち主なら、自然が限定的な力や能力しか持っていないとか、自然法則が普遍的でなく一部のものごとにしか妥当しないとか言われても、とても納得できないだろう。実際、自然の能力や力は神の能力や力に他ならず、自然の法則や仕組みは神の取り決めに他ならないのだから、自然の力には限りがないと考えざるをえない。また自然法則も幅広く妥当するものであり、神の知性自身に知られているあらゆるものごとに及ぶと考えざるをえない。なぜならそう考えない限り、神は自然をきわめて無能に作り、その法則や仕組みもきわめて非効率的に設置してしまったことになるからである。だからもし神が自然を保ち続け、ものごとを望み通りに推移させたければ、神は頻繁に、しかも一か

2　原注「ここで自然というのは物質とそのさまざまな状態だけを指すのではなく、物質以外にも無数のものごとを含んでいる」

ら自然を助けてやらなければならないのだ、ということになる。しかし恐らく、これほど不条理な考えはないだろうとわたしは思う。

［五］以上見てきたように、自然の法則から帰結しないようなことは自然のうちには何一つ起こらない。また自然の法則は、神の知性自身に知られているあらゆるものごとに及ぶ。さらにまた、自然は一定不変の秩序を保っている。以上のことからはっきり分かるように、奇跡という呼び名は、ひとびとにありがちな考え方を踏まえないと理解できない。つまり奇跡とは、それが自然のうちにどうして生じたのか、他の見慣れたものごとを持ち出しても説明できないような出来事である。少なくとも、それを奇跡として記したり語ったりする当人は説明できないのだ。奇跡という言葉にはそういう意味しかないのである。

あるいは奇跡とは、自然の光によって知られる自然のものごとの仕組みでは原因が説明できないことである、と言ってもよかったかもしれない。しかしこういう言い方には問題がある。というのも、奇跡とは民衆の理解力に即して作られたものであり、その民衆は自然のものごとの仕組みなど全く理解していないから、民衆の普段のやり方で説明がつかない時には、昔の人たちは自然のものごとを何でも奇跡扱いしていたに違いないのである。なにしろ民衆が普段している説明とは、他にそれと似たような、もう思い浮かべ慣れてしまって驚かないものごとがなかったかどうか、記憶に照らして思い出す作業のことなのだ。見ても驚かなければ、民衆は何を見ても自分が十分に理解していると思い込んでしまうからである。

これは昔の人に限らない。今に至るまで、ほとんどの人はこれ以外の奇跡の尺度を持ち合わせてこなかったのである。だから聖書にも、よく知られた自然のものごとの仕組みに照らせば原因など簡単に説明できるのに、奇跡として語られていることが間違いなく大量にあるはずなのだ。これは既に先の第二章で、ヨシュアの時代に太陽が静止したこととか、アハズ王の時代に太陽が逆戻りしたことについて語った時に注意を促しておいた。[3] しかしこうしたことは後ほど、つまりこの章で扱うと約束しておい

3　第二章十三節を参照。なお同節の訳注にも記したように、イザヤがこの奇跡を示したユダ王国の王はアハズではなく子のヒゼキヤのはずだし、スピノザ自身第二章三節ではっきりそう書いているのだが、恐らく『列王記下』第二十章十一節と『イザヤ書』第三十八章八節にある「アハズ王の日時計の影を後戻りさせる」云々という記述辺りから一時的に混同が生じたものと思われる。

た奇跡の解釈にまつわる箇所で、より詳しく取り上げることにする。

［六］さて、そろそろ第二の点に移る頃合いである。つまり奇跡を見ても神の本質や存在や摂理は分からないこと、むしろ反対に、これらは一定不変の自然の秩序を見た方がはるかによく知られることを示してみたい。

このことの証明は、次のように進めていこう。神が存在することはそれ自体として明らかではないから（原注六）、どうしてもさまざまな概念を頼りに論証する必要がある。この時頼りにする概念は、その真実性が固く揺るぎないものでなければならず、それを［勝手に］変えられるような力があったり考えられたりしては困る。概念を頼りに神の存在を論証したければ、そしてそこから出た結論を一片の疑いにもさらしたくなければ、わたしたちは既に論証を始める時点から、少なくともわたしたち自身には確実と思われるような概念を用いなければならない。実際もしそうした概念が何らかの力（どのような力かは問わないことにする）次第で変化しうると考えられるなら、わたしたちはそうした概念の真実性を疑わざるをえなくなる。ひいてはそれを頼りに論証した神の存在も、またその他のどんなことも、何一つ確信できないことになるだろう。

さらに、あるものが自然にかなっているか反しているかは、それがさまざまな自然の基本原理にかなっているか反しているかで見極めるしかない。だから仮に、あるものが何らかの自然に反する力（どのような力かは問わないことにする）によって自然のうちに生じうると考えられるなら、そのものは先ほどの基本概念に反していることになる。したがってわたしたちは、そのようなもの自体を不条理として否定するか、または（先ほど示したように）基本概念の方を疑うか、どちらかを選ぶことを余儀なくされるだろう。そして後者を選んだ場合、神はもちろん、およそ何らかの形で知られるものは残らず疑問視せざるをえなくなるだろう。

こういうわけだから、奇跡を自然の秩序に反する出来事と解する限り、そのような奇跡によってわたしたちに神の存在が示されるなどというのは見当外れもはなはだしい考えである。事実はむしろ反対なのだ。わたしたちが奇跡抜きでも端的に神の存在を確信できる以上、つまり、あらゆるものは一定不変の自然の秩序に従っていることを知っている以上、そのような奇跡［がありうると考えること］はむしろ神の存在を疑わしくするのである。

［七］しかし、仮に奇跡とは自然的要因では説明できないものごとだとしてみよう。

これは二つの意味に解することができる。つまり奇跡には実は自然の原因があるのだが、人間の知恵ではこれを突き止められないという意味なのか、それとも奇跡には神あるいは神の意志以外にどのような原因も認められないという意味なのか、このどちらかである。しかし［どちらにせよ］、自然的要因から生じるものはみな神の力つまり意志だけに基づいて生じるのだから、結局は同じことに帰着するはずである。つまり奇跡とは、自然の原因があるかないかに関わりなく、そもそも原因によって説明できない出来事だということになる。つまり人間の理解力を超えた出来事だということになる。しかしそのような出来事というか、端的に言えばわたしたちの理解力を超えたものごとから、わたしたちがそもそも何かを理解できるはずがない。実際、わたしたちに明晰判明に理解されることは、それ自体で［明晰判明に］知られるか、あるいはそれ自体で明晰判明な他のものごとを介して知られるか、そのどちらかのはずである。したがって奇跡、つまりわたしたちの理解力を超えた出来事からは、神の本質も、神の存在も、神や自然にまつわるものごとも、わたしたちは何一つ理解できない。むしろ反対に、万物は神に規定され、自然の働きは神の本質から結果し、自然の法則は神の永遠の取り決めであり意志であると分かっている以上、結論はこうでなければならない。つまりわたしたちは自然のものごとを知れば知るほど、またそれらがどのようにその第一の原因に依存し、どのように自然の永遠の法則に基づいて生起させられているのかはっきり理解すればするほど、それだけ一層神および神の意志を知ることになるのである。

だからわたしたちの知性の観点からすれば、いくら想像力をとりこにしようと、いくらひとびとを驚きで引きつけようと、訳の分からないものを神のわざと呼んだり神の意志に関係づけたりするわけにはいかない。むしろわたしたちが明晰判明に理解している出来事をそう扱う方が、はるかに正当である。より高尚な神の知を与えてくれるのは、そして神の意志や取り決めを可能な限りはっきりと示してくれるのは、わたしたちが明晰判明に理解している自然の出来事だけなのだから。したがって、分からないことに出会うたびに神の意志を逃げ口上にする人たちは、全く無意味なことを行っている。彼らは自分自身の無知を、愚かなやり方で吹聴しているにすぎないのだ。

［八］さらに、たとえ奇跡から何らかの結論を引き出せるとしても、そこから神の存在を結論するのはどうしても不可能である。奇跡とは限られた出来事であり、一定の限られた力を表しているにすぎないからだ。ということは、そのような限られた結果

を頼りに、無限の力を持つ原因［＝神］の存在を論証することなどできるはずがなく、分かるのはせいぜい、結果より大きな力を持つ原因の存在に止まる。「せいぜい」と言ったが、これは競合する多数の要因が同時に働いた場合、全要因を合わせたよりは小さいが、しかし[4]それらの要因の一つ一つよりは遥かに大きな力を持つ結果が生じることもある［＝つまり「結果より大きな力を持つ」単独の原因がいつも存在するとは限らない］からだ。これに対し、自然のさまざまな法則は（既に示したように）無限のものごとに及んでいる。それらの法則は何らかの永遠の観点の下で[5]わたしたちに認知され、またそうした法則に従う自然は一定不変の秩序で進んでいく。だからその限りでは、わたしたちに神が無限であり、永遠であり、不変であることを何らかの形で示してくれるのは、むしろこうした自然の法則の方なのである。したがって、わたしたちは奇跡によって神や神の存在や摂理を知ることはできないし、むしろこれらは一定不変の自然の秩序を見た方がはるかによく分かる、という結論になる。

なお、ここでいう奇跡とは、人間の理解力を超える、というか超えると信じ込まれている出来事のことだと解してほしい。これに対し、奇跡とはむしろ自然の秩序を解体あるいは中断させるもの、または自然の法則に反するものなのだ、と考える人もいるかもしれないが、そのような想定に従った場合、奇跡は（先ほど示したように）神の知をもたらさないというだけでは済まなくなるだろう。むしろ反対に、奇跡はわたしたちが自然に有している神の知すら奪い去り、神ばかりか万物を疑わしくするものとなるだろう。

［九］またここでは、自然に反する出来事と自然を超える出来事（つまり、ある人たちが言うところの、[6]自然に反しはしないが自然から生み出されることがありえない出来事）の間には何の違いも認めない。奇跡とは自然の外でなく自然それ自体のうちに

4　「そしてac」を「しかしat」と読み替える修正案（van Vloten / Land）に従って訳す。原文は初版以来「確かに全要因を合わせたより小さく、そしてそれらの要因の一つ一つより遥かに大きな力を持つ結果」となっており、これでも理解できないことはないが、「確かに……だがしかし……」という係りを基調に読んだ方が文脈的にも文体的にも無理がないように思われる。

5　「（何らかの）永遠の観点の下で」あるいは「永遠の相の下で」というのはスピノザが好んで用いる表現で、哲学上の主著『エチカ』でも頻出する。ものごとを「永遠の観点／相の下で」知るとは、ものごとを時空的・個別的制約を離れた普遍的な観点から、言い換えれば時と場合に関わりなく通用するような観点から認識するという程度の意味である。

生じるものである以上、たとえ超自然的とされる奇跡であっても、それは必ず自然の秩序を一時中断させることになるからだ。そうした秩序は、本来なら神の取り決めにより一定不変と考えられるはずなのだが。したがって、自然の法則から帰結しないことが自然のうちに生じるとなると、それは必然的に、神が普遍的な自然の法則を介して自然のうちに定めた秩序にも反していることになる。ということは、それはやはり自然にも自然の法則にも反しているわけである。そのようなものを信頼すれば、わたしたちは［自然のうちの］あらゆるものごとを信頼できなくなり、無神論に引き寄せられてしまうだろう。

これでわたしは、二番目に予告したことを、確かな根拠に基づいて十分に示したと思う。こうした根拠から改めて結論されるように、奇跡とは反自然的とされようと超自然的とされようと、不条理以外の何ものでもないのである。したがって聖書にある奇跡とやらも、既に述べたように、実は自然の出来事と解するしかない。それはただ、ひとびとの理解力を超えていたか、あるいは超えていると信じ込まれていたにすぎないのだ。

［十］さて第三の点に進む前に、このわたしたちの見解、つまり奇跡によって神を知

ることはできないという見解を、聖書の権威によって裏付けておいた方がよいだろう。これをはっきり説いているような箇所は聖書のどこにもないが、しかしそれでも、このことは聖書から簡単に結論できる。特にモーセが（『申命記』第十三章で）、預言者の名をかたる扇動家について、そのような者はたとえ奇跡を行っていても死をもって罰するよう指図しているのは有力な証拠である。彼はこう述べている。「そして（たとえ）その者がお前に予告したしるしや怪異が起こったとしても［略］、（それでも）その［偽の］預言者の言葉を信じてはならない［略］。お前たちの主なる神はお前たちを試すことがあるからだ［略］。その預言者は（したがって）死をもって罰せられるべきである［略］」。ここからはっきり分かるように、奇跡というのは偽の預言者によって起こされることもある。そしてひとびとは、本当の神の知や愛によって適切に守られない限り、本当の神であろうと偽りの神々であろうと、奇跡にほだされて何でも安易に崇めかねないのである。実際モーセはこう続けている。「お前たちの神エホ

6　ユダヤ思想（たとえばマイモニデス）あるいは盛期スコラ哲学（たとえばトマス・アクィナス）に見られる用語法を意識しているものと思われる（底本の指摘）。

ヴァはお前たちを試すことがあるからだ。それはお前たちが全身全霊をあげて神を愛しているかどうか知るためである」。

さらにイスラエル人たちは、あれほど大量の奇跡を経験したのに、そこから神についてのまともな考えを何一つ形成することができなかった。これは彼らの経験そのものから明らかである。たとえば彼らは、モーセが自分たちから離れていったと思い込んだ時、アロンに目に見える神々を与えてくれるよう求めた。そして何とも恥ずかしいことに、彼らの神は子牛の姿をしていたのだった。[7] あれほど大量の奇跡を経験したのに、彼らの念頭にはそんな考えしか形成されていなかったのである。またアサフは、あれほど大量の奇跡を耳にしていたのに神の摂理を疑い、まともな生き方から危うく逸脱する所だった。結局は本当の幸福を知ったから、そうはならなかったのだが（『詩編』第七十三章）[8]。またユダヤ人たちはソロモン王の時代に活力の全盛期にあったのだが、そのソロモンですら、あらゆるものごとは偶然によって起きるのではないかと疑っていた。これは『コヘレトの言葉』第三章十九〜二十一節や第九章二〜三節等を参照してほしい。

さらにほとんどの預言者たちには、自然の秩序や人間の行く末と、自分たちの考えている神の摂理とがどのように整合しうるのか、不可解で仕方なかったようだ。しかしものごとを奇跡に頼らず、はっきりした概念でとらえようと努めている哲学者にとっては、そのような整合性は常にあって当然のことだった。もちろん、ここで哲学者と言ったのは、徳に満ちた平静な心を持つことだけが本当の幸福だと考え、自然を自分にではなく自分を自然に従わせようと努めている人たちのことだ[9]。神は人間の本性だけに当てはまる法則に応じて自然を導くのではなく、自然の一般法則に応じて自然を導く。したがって神は人類だけでなく、自然全体を念頭に置いている。こうしたことが彼らにははっきり分かっていたのである。

［十二］このように、奇跡は神の本当の知を与えてくれることもなければ、神の摂理

7　第二章十五節でも言及された、『出エジプト記』第三十二章の逸話を指す。

8　「アサフの歌」もしくは「アサフの讃歌」と呼ばれる箇所。悪人が富み栄えるのを見た語り手（アサフ）は一旦は神の正義を疑うが、死後の裁きという考えに助けられて再び神への信頼を取り戻す。

9　ここは一般にストア派の哲学者たちを指すものと解されているが、特に底本ではその傍証として、セネカのいくつかの書簡との類似性が指摘されている。

をはっきり教えてくれることもない。このことは聖書それ自体からも裏付けられる。

確かに聖書には、神がひとびとに何かを知らせるために怪異を行ったという記述がしばしば見られる。たとえば『出エジプト記』第十章二節には、神はイスラエル人たちに自分が神であることを知らせるため、エジプト人たちを惑わせて自らのしるし［＝奇跡］を与えたとある。しかしだからといって、実際に奇跡がそのようなことを教えてくれたとは結論できない。そこから分かるのはただ単に、ユダヤ人たちの［元々］持っていた考えが、こうした奇跡によって簡単に納得できるようなものだったということだ。というのも、先に第二章ではっきり示したように、預言的説得力、つまり啓示から生まれる説得力というものは、普遍的で誰にでも通用する概念から引き出されるのではない。たとえ不条理でも当時常識とされていたことや、啓示を受けた人たちの考え方、つまり聖なる［神の］霊が納得させたがっていた人たちの考え方から引き出されるのである。このことはいくつも例を挙げて説明しておいたが、ギリシャ人とともにいる時にはギリシャ人になり、ユダヤ人とともにいる時にはユダヤ人になったというパウロの証言もその一つである。[10]

実際あの［エジプトでの］奇跡は、たしかにエジプト人とユダヤ人をそれぞれの常識に訴えかけて納得させるのには成功したが、彼らに神の本当の観念や知を与えることはできなかった。できたのはただ、何か神々しいものが存在することを、そしてこの存在はそれまでに知られていたどのようなものにも勝る力の持ち主であることを、彼らに認めさせるくらいだった。しかもこの存在は、当時あらゆることが予想もしないほどうまくいっていたヘブライ人たちにとっては、彼らのことを他の何よりも気にかけてくれているはずであり、決して万物を等しく気にかけてはいないと思われた。神が万物に等しく配慮していることは、哲学を学ばないと分からないのである。

こうしてユダヤ人は、自分たちが他民族よりも神に気に入られていると思い込んだ。また人間のすることが場合によって違う結果になるとか、ひとそれぞれに運不運があるとか、そういうことでしか神の摂理というものを認識できない人たちも、みなそう思い込んだ。しかし既に第三章に示したように、ユダヤ人が人間としての本当の完成度において他民族を上回っていたわけではなかったのである。

［十二］さて、第三の点に移ることにしよう。神の取り決めや指図、ひいては摂理な

10　第三章十節を参照。

るものは、実のところは自然の秩序以外の何ものでもない。わたしはこのことを、ここで聖書を典拠に示してみたい。つまり何かが神あるいは神の意志によってなされたと聖書に言われている時、それは実のところ、そのことが自然の法則や秩序に従ってなされたという意味に他ならない。決して民衆が思っているように、自然がその間働きを止めたとか、自然の秩序がある期間中断されたということではないのである。

とはいうものの、聖書はその教えと関わりのない事柄を直接には説いていない。そして(神の法について示したように)ものごとを自然の因果で説明することも、純粋に思弁的なものごとについて説明することも、聖書の教えの主眼ではないのである。したがって、ここで示そうとしていることは、聖書にあるいくつかの歴史物語から推論によって引き出してこなければならない。頼りになるのは、なぜか話がとても細かくて、たくさんの周辺事情を交えて語られているような物語だ。そういう物語のいくつかを取り上げてみよう。

[十三]『サムエル記上』第九章十五~十六節に語られるところでは、神はサムエルに、サウルをお前の下に遣わすという啓示を与えた。しかし神がサウルをサムエルの下に遣わしたといっても、ひとが普通に誰かを他人の下に遣わすようなやり方をした

わけではない。この神による派遣とは、自然の秩序それ自体［の働き］に他ならなかったのだ。つまりサウルは（同章で語られているように）見失ったロバたちを探していて、しかも見つけられずにもう帰宅しようと考えていたところ、従者の進言で預言者サムエルを訪ねた。どこに行けばロバが見つかるか、サムエルに教えてもらおうとしたのである。サウルがこの自然の秩序以外に、サムエルを訪ねるよう神から何か指図を受けたとは、物語のどこにも出ていない。

『詩編』第一〇五章二十四節では、神はエジプト人の心を動かし、イスラエル人に憎しみを抱くようにしたと言われているが、この［心の］動きも全く自然的な現象である。現に［元になった物語のある］『出エジプト記』第一章を見れば、エジプト人がなぜイスラエル人に隷属を強いるようになったのか、その一筋縄ではいかない事情がはっきり語られている。

『創世記』第九章十三節では、神はノアに向かって、わたしは雲の中に虹を置くと言っている。この神の行動も明らかに、太陽光線が［空中の］水滴によって被《こうむ》った屈折と反射に他ならない。

『詩編』第一四七章十八節では、霜や雪を溶かすという、風の自然な活動や熱気が神の言葉と呼ばれる。同章十五節でも、風や冷気が神の通告とか神の言葉と呼ばれる。同じく『詩編』第一〇四章四節では風や火が神の使者とか従者と呼ばれるし、他にもこの手の表現は聖書の中にいくらでも見つかるだろう。それらはみな、神の取り決めとか命令とか宣告とか言葉といったものが、自然の活動や秩序以外の何ものでもないことをありありと示している。

したがって疑いもなく、聖書に語られていることはみな自然な仕方で生じたわけであり、それでいて神に関係づけられているのである。既に示したように、ものごとを自然の因果によって説明するのではなく、ただ単にひとびとの想像力をとりこにするようなことを語るのが聖書の主眼だからだ。しかもそこで用いられる方法や文体は、民衆をそうしたものごとに大いに驚かせるために、ひいては彼らの心に奉仕の精神を植え付けるために役立つよう工夫されているのである。

［十四］そういうわけで、仮に聖書の中に原因を特定できないようなこととか、自然の秩序を外れて、それどころか自然に反して生じたかのようなことが見出されるとしても、わたしたちはそれに妨げられてはいけない。むしろ実際に生じたことは自然な仕方で生じたに違いない、と固く信じ続けるべきだろう。このことは、奇跡［につい

ての聖書の記述」の中には周辺事情がたくさん盛り込まれていることからも裏付けられる。もちろん、いつもそうした周辺事情が語られているわけではなく、特に詩的な文体でつづられている箇所では語られないことが多い。しかしはっきり言って、奇跡に付された周辺事情こそ、奇跡には自然的要因が欠かせないことをはっきりと示しているのである。

たとえばエジプト人を皮膚病にかからせるには、モーセが灰を空高くまき散らす必要があった（『出エジプト記』第九章十節を参照）。蝗《いなご》も神の自然的指図によって、つまり昼も夜も治まることなく吹き続けた東風によってエジプト人の土地に飛来し、激しい西風によって去って行った（『出エジプト記』第十章十三～十九節を参照[11]）。同様の神の命令によって、つまり夜通し激しく吹き続けた東風[12]によって、海もユダヤ人たちに道を開いた（『出エジプト記』第十四章二十一節を参照）。さらにエリシャも、死んだと

11 原文には第十章十四～十九節とあるが、内容から修正する。
12 原文の eurus は第一義的には「南東風」だが、漠然と「東風」や「突風」を意味することもある。ここでは聖書原文との整合性を考慮して「東風」としておく。

思われていた子供を生き返らせるには、身体が温かくなって遂に目を開くまで、その子の上に何度か乗らなければならなかった（『列王記下』第四章三十四〜三十五節を参照）。同様に『ヨハネによる福音書』第九章にも、キリストが盲人を癒すために利用した具体的条件がいくつか語られているし[13]、同様のことは他にいくつでも聖書の中に見つけられる。それら全てから十分明らかなように、奇跡には、いわゆる端的な神の指図とは別の何かが欠かせないのである。だからこそ、たとえ奇跡の生じた事情や自然的要因が話題にされないことや、詳しく語り尽くされないことがあるにしても、奇跡というものはそうした事情や原因なしには生じなかったと考えるべきなのだ。

これは『出エジプト記』第十四章二十七節からも裏付けられる。たしかにこの箇所では、モーセが合図しただけで海が再び荒れだしたと語られていて、風のことは全く言及されない。しかし［モーセたちが神にささげた感謝の］歌（第十五章十節）の部分では、神が神の風（つまりこの上なく激しい風）を吹かせたからこういうことが起きたのだと言われている。ということは、この事情は物語では省かれているのだ。そして結果的に、奇跡というものがその分だけ偉大に見えることになるのである。

［十五］しかし恐らく、こういう主張を続ける人がいるだろう。自然的要因ではどう

しても説明がつかないように見える箇所など、聖書の中にはいくらでも見つかる。たとえば人間の罪が原因となって大雨が降ったり、祈ったら土地が肥えたり、信仰によって盲人が癒されたり、聖書には他にも同様のことが語られているというのである。

だがこれについては、わたしは既に回答しておいたと思う。つまり既に示したように、聖書はものごとをその一番近い原因から説明するのではなく、単にひとびとを、とりわけ一般民衆を［神への］奉仕に駆り立てるため、それに一番適した順序や言い回しで語っているだけなのだ。このため聖書は、神やその他のものごとについてかなり不適切な語り方をしている。理性を納得させるのではなく、ひとびとの妄想や想像力を刺激し、これをとりこにしようと努めているからである。

実際、もし聖書がある国の滅亡を政治史家たちのような語り口で語っていたら、民衆は少しも心を動かされなかったろう。反対に、すべてを詩的に描写して神へ関係づければ、民衆は大きく心を動かされる。そしてこれこそ聖書がいつもしていることな

13　イエスは自分の唾で土をこねて泥団子を作り、これを盲人の目に塗りつけて近くの泉で洗わせる。泥が洗い流されると同時に、その人は目が見えるようになる。

のだ。こういうわけで、たとえ聖書にひとびとの罪のせいで土地が不毛になるとか、盲人が信仰によって癒されたとか語られていても、それは神がひとびとの罪のせいで怒っているとか、嘆いているとか、よいことを約束したり行ったりしたのを後悔しているとか、何かのしるしを見てかつての約束を思い出すとか語られているのと大差ない。同様の記述は他にもいくらでもあるが、それらはみな詩的な言い方か、または筆者の考え方や先入見に基づいた語り方なのだ。だからわたしたちは、そういう記述に特に心を動かされてはいけないのである。

　したがって、ここできっぱりと結論しておきたい。聖書の中で本当に生じたと語られていることは、みな万物と同じく、自然の法則に従って必然的に生じたのである。そしてもしそこに、どう見ても自然法則に反するか、どう見ても自然法則から帰結しえなかったと立証できるようなことが見出されるならば、わたしたちは断固として、それは神を汚そうとする人たち[14]によって聖書に付け加えられたと考えるべきなのだ。自然に反することは理性に反し、そして理性に反することは不条理であり、また不条理であるがゆえに退けられるべきだからである。

［十六］これで残りは、四番目に扱うと約束しておいたことを、いくつかの例を挙げ

ながら説明するだけになった。つまり奇跡をどう解釈するかについて少しばかり注意する、というかむしろ再論する（要点はもう述べてしまったので）だけになった。これを行っておきたいのは、誰かが何らかの奇跡［の記録］を下手に解釈したあげく、自分は自然の光に反することを聖書の中に発見した、などと軽々しく思い込まないようにするためである。

［十七］ひとが何かについて語る時、単純にそれが起きた通り、自分の判断を何一つ交えずに語ることは滅多にない。それどころか、何か新しいことを見たり聞いたりする場合、あらかじめ抱いている先入見によほど注意していないと、ひとは自分自身の先入見にがんじがらめに縛られたあげく、実際に起きたのとは全く違うことを見たり聞いたりしたと思い込んでしまう。起きたことがそれを見聞きした人の理解力を超えている場合には特にそうだし、それが特定の仕方で起きることがその人にとって重要な意味を持つなら尚更そうである。この結果として、ひとは歴史記録や歴史物語を書

14　sacrilegus とは、元来「祭具を［売り飛ばすために］拾い集める人」という意味を持つ。「瀆神者」とされることが多いが、ここでは「神を汚そうとする人」と訳した。

く時、起きたことそのものよりもむしろ自分の考えを語りがちになる。そして一つの同じ出来事ですら、考え方の異なる二人の人間に語られれば、別々の出来事を語っているようにしか見えないほど違ったものになる。さらに言えば、物語を読むだけで、それを記録した人や作った人の考え方が割と簡単に分かってしまうことも珍しくないのである。

こうしたことを裏付けるために、博物誌を書いた哲学者たちの例でも、年代記作者たちの例でも、例ならいくらでも付け加えられるけれども、それはさすがにやり過ぎだろう。聖書からの例を一つだけ挙げておくので、残りについては読者のみなさんご自身で判断してほしい。

［十八］民衆は今でもそうだが、ヨシュアの時代のヘブライ人たちも（前の所で既に示したように）[15] 太陽の方がいわゆる日周運動によって動いていて、反対に地球の方が静止していると思っていた。そして彼らは、あの五人の王と戦った時に自分たちに起きた奇跡[16]を、あらかじめ持っていたこの考えに合わせて受け取ったのだった。つまり彼らは、単純に日がいつもより長くなったと言えばよかったのに、そうではなく日月が立ち止まったとか、運行を中断したと言った。このことはまた、当時のヘブライ人

たちにとって、太陽を崇拝していた異民族［である敵軍］の士気をくじくのに少なからず役立った。つまり彼らの崇める太陽も実は別の神格の支配下にあって、この神の合図によってその本来の秩序を変えるよう強いられているということを、実体験によって敵に納得させるのに役立った。したがってヘブライ人たちは、一方では宗教上の理由から、他方ではあらかじめ抱いていた考え方から、ものごとを実際に起こりえたのと全く違った形で理解し、また語ったのである。

［十九］だから聖書に出ている奇跡を解釈するためには、つまり聖書の物語を元に、そうした奇跡が実際にはどのように起きたか理解するためには、それらを最初に語った人たちや、わたしたちに文書の形で残してくれた人たちが、一体どういう考え方をしていたのか知る必要がある。またそうした彼ら自身の考え方を、彼らに与えられたはずの感覚内容から区別して考えなければならない。そうしないとわたしたちは、彼

15　第二章十三節を参照。
16　第二章十三節でも紹介された、『ヨシュア記』第十章の奇跡を参照。この時ヨシュアたちは、エルサレム王アドニ・ツェデクを中心とする「アモリ人の五人の王」の軍と戦っていたと言われる。

らの考え方や判断に過ぎないものを、実際に起きた通りの奇跡そのものの姿と混同してしまうだろう。

しかもそれだけではない。実際に起きたものごとを、単なる想像の産物や預言者の幻想に過ぎないものと混同しないためにも、彼らの考え方を知っておくことは大切なのである。なぜなら聖書には、本当に起きたこととして語られていて、実際にもそう信じられてきたけれども、実は幻想や想像の産物に過ぎなかったということがいくらでもあるからだ。たとえば神（至高の存在者）が天から下って来たとか（『出エジプト記』第十九章十八節および『申命記』第五章二十二節を参照[17]）、神がその山頂に降りたためにシナイ山が煙に包まれたとか、エリヤが火の車と火の馬によって天に昇ったとか[18]いうのがそれである。こうした話はみな明らかに幻想であり、話を語り伝えた人たちの持っていた考え方に影響されている。彼らはこうした話を自分たちの思い込んだ通りに、つまり実際の出来事として、わたしたちに伝えたのである。

現に民衆よりほんの少しでも賢い人ならば、神が右手も左手も持たないことや、動くことも止まることもないこと、特定の場所に縛られない端的に無限な存在であること、そして神のうちにはありとあらゆる完全な性質が含まれていることを誰でも知っている。もっとはっきり言うと、民衆と違ってものごとを想像力のおもむくままに判断せず、純粋に知的な概念によって判断できる人なら、誰でもこうしたことを知っているはずだ。ところが民衆は外的感覚によって想像力をかき立てられては、神が身体を持ち、この世を王のように支配していると想像しがちである。そして神の玉座は星の彼方の天球の頂上にあるが、地上から星まではそんなに隔たっていないと思い込んでいるのである。

聖書にある出来事は、このような考え方、あるいは（既に述べたような）これと似た考え方に合わせて書かれているものが非常に多い。だから哲学者は、そういうもの

17　初版は『出エジプト記』第十九章二十八節（存在しない）と『申命記』第五章二十八節（内容が合わない）を挙げていて、研究者間でさまざまな訂正案が提示されているが、邦語訳聖書の章節分けと内容に準拠してこのように修正しておく（底本には従わない）。

18　エリヤの昇天の物語は既に第二章十一節でも紹介されている。エリヤが風に巻かれて天に昇る直前に「火の車と火の馬が二人［＝エリヤと弟子のエリシャ］を隔てた」という記述は『列王記下』第二章十一節にあるが、この「火の車」と「火の馬」が昇天のための乗り物だったかどうかはよく分からない。

を本当にあった出来事として受け入れなくてよいのである。

［二十］最後に、奇跡というものを本当に起きた通りの形で理解するためには、ヘブライ人たちの［独特の］ものの言い方や喩《たと》え方を知っておくことが大切である。[19] こうした点に十分な注意を払わないと、聖書作者たちが夢にも語るつもりのなかった「奇跡」を聖書にいくつも付け加えてしまうことになる。そうなれば、実際に起きた通りの出来事や奇跡のありようだけでなく、聖書作者たちの精神さえも完全に見失うことになるだろう。

たとえば『ゼカリヤ書』第十四章七節では、将来起こるある戦争についてこう言われる。「そしてある日、それがいつかは神だけがご存じだが、昼も夜も（なくなり）、夜の時に光があるであろう」。こういう言い回しで何か壮大な奇跡が予言されているように見えるが、しかしゼカリヤが言おうとしているのは、その戦争の勝敗は一日中決まらない、それがいつ勃発するかは神にしか分からない、しかし夜には勝利を得られるだろう、というだけのことである。現に預言者たちは、これと同様の言い回しで諸民族の栄枯盛衰を予言したり書いたりするのが普通だった。たとえば『イザヤ書』を見てみよう。第十三章でイザヤは、バビロン［＝新バビロニア王国］の滅亡をこう描いてみせる。「天の星と星座はその光によって輝かず、太陽は昇っても暗く、月もその光の輝きを放たないであろう［十節］」。あの国が滅ぶ時にこのようなことが起きたとは、きっと誰も信じないだろう。またその直後に言い足されることも、誰も信じないだろうと思う。「そのためにわたし［＝神］は天を震えさせよう。そして地はその［あるべき］場所から引き動かされるであろう［十三節］」。イザヤは『イザヤ書』第四十八章最終［二十一］節でも、自分たちはバビロンから無事エルサレムに帰還できるし、道中で渇きに苦しめられることもないだろうということをユダヤ人たちに示そうとして、こう言っている。「そして彼らは渇くことがなかった。神は砂漠を通じて彼らを導いた［からである］」。神は彼らのために岩から水を滴らせた。そして神が岩を引き裂くと水が流れ出した」。こうした言葉でイザヤが示したかったのは、はっきり言えば、ユダヤ人たちは砂漠で湧水を見つけ、これによって自分たちの渇きをいや

19　ヘブライ語が「誇張の言語」であるという自覚は既にタルムードの時代からあって、マイモニデスも『迷えるものの導き』第二巻四十七章で旧約聖書読解の注意点として指摘していたという（Gebhardt）。

すだろうという、普通にありそうなこと以外の何ものでもない。実際彼らがキュロスの許しを得てエルサレムに赴いた時、これに類する奇跡は一つも彼らに起こらなかったことが確かめられている。

これに類する記述が聖書にはおびただしく出てくるが、それらはユダヤ人がよく用いていた語り口に過ぎないから、ここで一つ一つ全部調べなくてもよいだろう。ただ一般的にこれだけは注意しておきたい。ヘブライ人たちがこうした言い回しを用い慣れていたのは、決して文章を飾り立てるためだけではない。それは神を敬うためにも、というかむしろ神を敬うためにこそ必要だったのである。事実このために、聖書には「神を呪う」と書くべきなのに「神を祝う」と書いてある箇所が見られる（『列王記上』第十九章十節および『ヨブ記』第二章九節を参照）。また聖書が全てを神に関連づけるのも理由は同じであり、このために聖書は、何の変哲もない自然の出来事について語っている時ですら、奇跡を語っているようにしか見えなくなるのである。その実例のいくつかは先ほど既に示しておいた。

したがって、神がファラオの心を固くしたと聖書に言われていれば、[20]その意味は他でもない、ファラオは頑固だったということだ。神が天の窓を開いたと言われていれば[21]、その意味は他でもない、雨がたくさん降ったということだ。他のことについても事情は変わらない。こうした点には注意が必要である。またこうした箇所の多くはとても簡潔に、何の状況説明もなく、ほとんど断片的にしか語られていないのだが、これにも注意してみてほしい。そうした注意さえ行き届くなら、自然の光に反すると立証できるようなことは聖書の中にほとんど見つからなくなるだろう。反対に、きわめて曖昧に見える箇所でも、その多くがある程度思案すれば理解でき、容易に解釈できるようになるだろう。こうしたことについても、わたしが当初示したかったことは十分明らかにできたと思う。

［二十二］しかしこの章を終わりにする前に、注意しておきたいことがまだ残っている。それは他でもない、わたしが奇跡に関するここでの考察を、預言の場合とは全く別の方法を用いて進めてきたことである。つまり預言の場合、わたしの主張はみな、聖書の中の啓示に基づいて結論できることに限られていた。しかしここでは、わたし

20 『出エジプト記』に出てくる表現である（第四章二十一節、第七章三節）。
21 『創世記』第七章十一節（いわゆる「ノアの箱舟」の物語）に登場する表現である。

は［奇跡についての］主要な主張を、もっぱら自然の光によって知られる原理から引き出してきた。これはきちんと考えてそうしたのである。

預言というのは人間の理解力を超えることであり、純然たる神学上の問題なので、その内実が要するにどういうことなのか主張したり認知したりするには、啓示に基づくしかなかった。だからわたしは［聖書の中の］預言にまつわる歴史物語をうまくつなぎ合わせて、それを足がかりにして、預言本来の性質や独自の性質についてのできる限り適切な主張を打ち立てることを余儀なくされた。しかしこのようなやり方は、奇跡を取り上げたこの章では全く必要なかった。吟味の対象が（自然のうちに自然法則に反することや自然法則から帰結しえないことが生じるなどということが、果たして認められるのかという）完全に哲学的な事柄だったからである。それどころか、自然の光によって認知されることなら誰にでも分かるわけだから、こうした［哲学的な］問題を解き明かすには、むしろそちらに基づいた方が賢明だと思ったのである。

そちらに基づいた方が賢明だと思った、とわざわざ述べたのは、聖書に出ている教えや根拠しか使わずにこの問題を解くことも、やろうと思えば簡単にできたからだ。それをここで、誰にでも分かるように手短に示しておきたい。

［二十二］聖書はいくつかの箇所で自然一般について、自然は一定不変の秩序に従うと主張している。たとえば『詩編』第一四八章六節や『エレミヤ書』第三十一章三十五～三十六節がそうだし、また哲学者［＝ソロモン］も『コヘレトの言葉』第一章十節で、自然のうちに新奇なものは何もないとはっきり説いている。彼は同十一～十二節でもこのことを明快に表現しようとして、たとえ時には新奇に見えることが生じても、それは実際には新奇なものではなく、大昔の誰も覚えていない時代に既に生じていたことなのだと言う。現に昔のことは今の人に記憶されておらず、今のことは後世の人に記憶されないではないか、と言うのである[22]。さらに第三章十一節では、神は万物をそれぞれの時にふさわしく定めたと言っているし、第三章十四節では、神のなすことはみな永遠にわたって続き、何かを付け足すことも差し引くこともできない、それを自分は知っていると言っている。

これらすべての箇所で明白に、自然は一定不変の秩序に従っていると説かれている。神はいつの時代でも、わたしたちに知られている時代でも知られていない時代でも変

22 内容的にはそれぞれ『コヘレトの言葉』第一章九節、同十～十一節とする方が正確である。

わることがなく、自然の法則は［いつも］完成されていて、豊かな結果を生み出し続ける。完成され働き続けているからこそ、それらの法則に何かが付け加えられたり取り去られたりすることはありえない。さらに言えば、奇跡というものはただ人間の無知のために何か新奇なものに見えるに過ぎない。以上のことが聖書の中にはっきり説かれているのである。

その一方で、自然のうちに自然法則に反することや、自然法則から帰結しえないことが生じるなどとは聖書のどこにも出ていない。だからこそ、こうしたことを想像で聖書に付け加えてはいけないのだ。これに加えて（既に示したように）奇跡にも原因や事情が必ずある。つまり奇跡は、神が行使すると民衆が思い込みがちな訳の分からない王権的支配からではなく、神の支配や取り決めから、つまり（聖書そのものにも基づいて示したように）自然の法則や秩序から帰結するのである。さらに言えば、たとえば『申命記』第十三章や『マタイによる福音書』第二十四章二十四節に証拠があるように、反逆者たちも奇跡を生じさせることがある。[23]

こうした箇所から、きわめて明らかに帰結することがさらにある。奇跡とは［実は］自然の出来事にすぎないのだから、新奇なこと（ソロモンの言葉使いによれば）

や自然に反することに見えるような説明を付けてはならない。むしろ可能ならば、自然のものごとにきわめて近く見えるよう説明するべきなのだ。そういう説明を誰もがより簡単にできるようになればと思い、わたしはいくつかの基準を聖書だけから取り出してここに伝えたのである。

［二十三］ただし、わたしはこうしたことが聖書に説かれていると述べただけであって、ひとびとが救われるためにどうしても同意しなければならない教えだとは思っていない。わたしはただ、こうしたことについて預言者たち自身は当方と同じ見解だったと言いたいだけなのだ。だからこれらについては、ひとそれぞれが好きに受け取って構わない。一心に神を崇めて宗教を奉じるためにはむしろこう受け取った方がよいだろう、と当人が思うならば、そう受け取って構わないのである。これはヨセフスもそう考えていた。『ユダヤ古代誌』第二巻の結論部分で、彼はこう書いている。「しかし、奇跡の言葉に不信を抱いてはいけない。無邪気でもあった古代の人たちにとって、救いの道は神の意志によって開かれたのであれ自ずと開けたのであれ、海を貫いて現

23　第二章三節を参照。

れたのである。マケドニア王アレクサンドロスと共にあった人たちにとっても、昔々のある時、抵抗する彼らからパンフィリヤ（の海）が分かたれて、そして別の（道がなかった）ので、通路を彼らに提供することになった。神はアレクサンドロスを通じて、ペルシャ人たちの覇権を崩すつもりだったからだ。アレクサンドロスの行状を記した人たちは、みなこのことを認めていた。だからこうしたことについては、ひとそれぞれが自分の気に入るように考えてよいのである」[24]。これがヨセフスの言葉であり、さまざまな奇跡を信じることについての彼自身の考えであった。

24　『ユダヤ古代誌』第二巻十六章五節（邦訳第一巻二四〇〜二四一ページ）を参照。スピノザは一五四〇年にバーゼルで刊行されたラテン語訳を使っていたようで、彼の死後競売にかけられた蔵書の目録中にこの書物と思しきものが挙がっている。所々でスピノザ自身が言葉を補っていることからも分かるように、大変ぎこちなく読みづらい翻訳で、訳し落としや誤訳も少なくない。たとえばここで「抵抗する彼らから」とした部分は文意が通らず、「恐らくはギリシャ語原文の誤った読み方に起因する」誤訳と推定され（Gawlick）、底本でも訳文から省かれているが、一応このように訳出しておく。

第七章

聖書の解釈について

［一］聖書は神の言葉であり、ひとびとに本当の幸福、つまり救済に至る道を教えてくれる。と、口ではみんな言うけれども、実情は全く違う。それはひとびとがしていることを見ただけで露骨に分かる。聖書の教えに従って生きることほど、民衆が気に掛けていないことはないように思われるし、またわたしたちの見るところでは、ほとんど誰もが、自分の思いつきに過ぎないものを神の言葉と偽っている。彼らが目指すのは他でもない、宗教を口実にして、自分たちと同じ考えを持つように他人を強制することなのだ。

はっきり言っておこう。わたしたちの見るところでは、大部分の神学者たちは、どうすれば自分の思い込みや自分好みの考えを聖書からひねり出し、それらに神の権威をまとわせられるか腐心している。そのため彼らは、他のことに従事している時にはありえないほど独断的で軽率な態度で、聖書あるいは聖霊の精神を解釈するのである。もしその際に不安材料があるとしても、それは聖霊［＝聖書の精神］に何か誤ったことを読み込んで救いの道から外れることではない。彼らが恐れるのは、むしろ誤りを他人に暴かれることであり、またそれによって自分の権威を他人に踏みにじられ、軽んじられることなのだ。

もしひとびとが、聖書について日頃口にしていることを本気で語っていたとしたら、彼らの生き方は全く違ったものになっていただろう。彼らの心がこれほど多くの争いに駆り立てられることも、これほど多くの憎しみをもって競い合うことも、これほど盲目的で軽率な欲望に駆られて聖書を解釈し、宗教に新奇な考えを持ち込もうとすることもなかっただろう。むしろ彼らは、聖書からはっきり引き出せないような教えを、聖書の教えとしてもてはやすようなことは断じてしなかっただろう。またそうなれば、あの神を汚す人たち、聖書を至る所で書き換えて恥じない人たちも、そのような冒瀆を大いに慎み、その汚れた手を聖書に伸ばすことを控えただろう。

ところがこの手の思い上がりや冒瀆は止まることを知らず、ついには宗教自体が、聖霊の教えに従うためというよりも人間たちの思いつきを擁護するための営みとなっている。それどころか、宗教は愛によって保たれるのではなく、ひとびとの間にいさかいを広げ、憎しみをあおり立てることで保たれるようになっている。しかもこのような悪意に満ちた憎しみのことを、ひとびとは神を求める情熱とか燃えたぎる宗教心といった、偽りの美名で飾り立てているのである。

このような災いにさらに輪をかけたのが迷信である。迷信はひとに理性と自然を軽んじるよう、そしてこの両者に逆らうものごとだけを賛美するよう教える。そうなると当然、ひとは聖書を賛美しようとすればするほど、聖書に対し、この両者つまり理性と自然にできるだけ逆らうように見える説明を与えようとするのである。このようにして、ひとは聖書の中に深遠きわまりない秘密がひそんでいると夢想する。そして他の有益な箇所を軽んじて、そうした箇所、つまり訳の分からない箇所の研究に全力を尽くす。またこうした狂乱状態で思いついたことを何もかも聖霊のおかげだと考え、できる限りの力で、そして激しい感情に駆られて擁護しようと努めるのである。ひとはそもそも、純粋に知性で理解したことはもっぱら知性や理性で擁護しようとするが、これに対して、心で感情的に同意したことは感情でも擁護しようとするからだ。

［二］こうした混乱を逃れ、神学上のさまざまな先入見から精神を解き放つためにも、また人間の思いつきを神の教えとして軽々しくもてはやさないためにも、わたしたちは本当の聖書解釈の方法を取り上げ、これを詳しく考察しなければならない。これを蔑《ないがし》ろにしては、わたしたちは聖書もしくは聖霊が説こうとしていることを、何一つ確実に知ることができないからだ。その方法をここで手短にまとめておくが、はっきり言うと、聖書を解釈する方法は自然を解釈する方法とまったく違わない。両者はむしろ完全に一致するのである。

　自然の物語を取りまとめて、それをもとに、つまり確かなデータをもとに、さまざまな自然のものごとの規定を導き出す、というのが自然を解釈する方法のあらましである。聖書を解釈する場合もこれと同じなのだ。そこでは聖書の純正な歴史物語[1]を取りまとめて、それをもとに、つまり確かなデータや原則をもとに、正しい帰結をたどって聖書作者たちの精神を導き出す、という作業が欠かせない。このようにすれば、誰でも（言うまでもなく、聖書を解釈しそこに含まれているものごとについて考察を進めるにあたって、聖書それ自体とその歴史的事情から取り出せないようないかなる原則もデータも認めない、という条件を守るならば、だが）誤りを犯す危険なしに進み続けられるし、わたしたちの理解力を超えることについても、自然の光によって分かることと同じくらい手堅く考察できるからである。

［三］このやり方はただ確実というだけでなく、「聖書をまともに解釈するための」唯一のやり方であり、自然を解釈する方法とも矛盾しない。このことをはっきりさせるために注意しておきたいのだが、聖書では「自然現象を解釈する場合と違って」自然の

1　historia には、これまでほぼ一貫して「物語」ないし「歴史物語」という訳語を当ててきたが、この辺りから訳語の統一が目に見えて困難になる。その転換点になるのが、ここで登場する「純正な歴史物語 sincera historia」という表現である。聖書の歴史物語を聖書作者たちの意図（精神）どおりに、つまり「純正な」形で理解するためには、物語が記されている聖書原文そのものの成立背景や継承過程を熟知し、こうした歴史的事情によって原文に生じた不明瞭さや歪みを取り払う必要がある。したがって historia という言葉にも、聖書原文に表現された歴史物語というこれまでの意味に加えて、そうした歴史物語そのものを取り巻く歴史的事情や、その研究という意味が読み込まれるようになるのである。以下では文脈に応じて「歴史」「（歴史）物語」「歴史的事情」「（歴史）研究」のように大まかに訳し分けることにしたい。

光によって知られる原則から導き出せないような事柄がきわめて頻繁に取り上げられている。その大部分を占めるのは歴史物語と啓示である。歴史物語の主な内容は奇跡だが、奇跡とは（前章で示したように）自然の異常な出来事についての物語であり、それを書き残した物語作者たちの考え方や判断に合わせて語られている。[2]また啓示も、第二章で示したように、預言者たちの考え方に合わせて語られていて、それは実のところ人間の理解力を超えている。したがって、これらすべて、つまり聖書に含まれている事柄のほとんどすべては、もっぱら聖書そのものから理解しなければならない。自然は自然そのものから理解しなければならないのと同じである。

［四］ところで聖書には、道徳にまつわるさまざまな教えも含まれているが、たとえそうした教え［の正しさ］が万人共通の概念から立証できるものだとしても、だからといって、聖書がそういう教えを説いていること自体が万人共通の概念から立証できるわけではない。むしろ聖書の教えは聖書そのものからしか明らかにすることができない。いやむしろ、先入見に頼らずに聖書の神聖さを裏付けたいのなら、聖書の説く道徳がまともなものであることを、聖書だけを頼りにして明らかにしなければならない。聖書の神聖さを立証する決め手は、これしかないからである。

既に示したように、[3]預言者たちの信頼性は、彼らが正しい心構え、よい心構えの持ち主かどうかに大きく左右される。だからわたしたちは、これをはっきりさせておかないと彼らに信頼を置けないのである。これに対し、奇跡は神の神聖さを確信させる根拠にならないということも既に証明した通りである。偽りの預言者でも奇跡が起こせたという話を、ここでわざわざ蒸し返す必要はないだろう。

ということは聖書の神聖さも、ひとえに聖書の勧めている美徳が本物かどうかにかかっているはずだ。しかしこれは、聖書そのものにあたってみなければ確かめられない。もし確かめられないと、わたしたちは大々的な先入見を持ち込まない限り、聖書を崇めることも、その神聖さを裏付けることもできなくなるだろう。したがって聖書を知るには、いつも聖書だけを典拠としなければならないのである。

さらに、聖書に語られているものごとの規定は聖書そのものには出ていない。この点は自然と同じである。自然のものごとの規定は、さまざまな自然の活動から導き出

2　第六章十七～十九節を参照。
3　第二章四節などを参照。

されなければならない。それと同じように、聖書に語られるものごとの規定も、聖書に出てくるそれについてのさまざまな記述から読み取られなければならない。

［五］こういうわけで、聖書の歴史研究から明白と認められないようなことは、何一つ聖書の教えとして認めてはいけない。これこそ聖書解釈の一般規則である。それでは、その聖書の歴史研究とはどのようなものであり、主にどのようなことを突き止めるべきか。それをこれからここで語っておく必要がある。

一．聖書の歴史研究は、聖書各巻が記された言語、その作者たちが普段話していた言語の、本来的性質や固有の性質［の解明］を含んでいなければならない。それにより、わたしたちは［聖書を読んでいて］何らかの言い回しに接した場合、その言語の一般的な用法を手がかりに、その言い回しが持ちうるあらゆる意味を探ることができるだろう。旧約新約を問わず、聖書の作者たちはみなヘブライ人だった。したがって、ヘブライ語で書かれた旧約聖書各巻を理解するだけでなく、新約聖書各巻を理解するためにも、何よりもまずヘブライ語の歴史研究が欠かせないことは明らかである。新約聖書は別の諸言語によって広まったが[4]、そこにもヘブライ語の癖が残っているからだ。

二．この研究では、聖書各巻に出てくるさまざまな発言を取り集めて、主要な項目ごとに分類しなければならない。同じ事柄にまつわるすべての発言を、直ちに見つけられるようにするためである。次に、曖昧あるいは不明瞭な発言や、互いに矛盾しているように見える発言を、すべて押さえておかなければならない。なお、ここで明瞭不明瞭の基準となるのは、その発言の意味が文脈から簡単に引き出せるかどうかであって、意味内容が理性に照らして簡単に真実と認められるかどうかではない。わたしたちは文章の意味だけを問題にしていて、意味内容の「合理的観点からの」真偽は問題にしていないからである。そもそも、聖書の意味を探る場合に何よりも（先入見がいけないのはわざわざ言うまでもないが）警戒すべきなのは、自然の知の原理に基づいた推論に最初からとらわれてしまうことである。わたしたちは、本当の意味は何

4　新約聖書を構成している各文書（外典を除く）は、少なくともその大部分が、元からギリシャ語で（正確に言うと、紀元後数世紀の地中海世界一帯で共通語化していた、コイネーと呼ばれるギリシャ語で）書かれたというのが今日の通説である。しかしスピノザ自身は、元はギリシャ語でなくシリア語（アラム語）だった文書も相当程度混じっていると考えていたらしい。「別の諸言語によって aliis linguis」と複数形で表記されているのにはそういう理由があると思われる。

かという問題と、意味されている事柄が本当かどうかという問題を、混同してはならないのだ。前者［＝本当の意味］は、言語の用法だけを頼りに探るか、聖書のみに基づく推論によって探らなければならない。

以上すべてを更にはっきり理解してもらうために、例を挙げて説明しよう。「神は火である」「神は妬むものである」といったモーセの発言は、わたしなら明白な発言に分類する。その真偽や合理性はきわめて覚束ないものの、言葉の意味だけならこれ以上ないくらい明らかだからである。そもそも、たとえ文字通りの意味が自然の光に反していても、聖書の歴史研究から得られる原理原則に矛盾しない限りは、そちらの意味、つまり文字通りの意味を曲げてはならない。反対に、もし文字通りの解釈が聖書から得られた解釈原理に反すると分かった場合、たとえ理性と大いに合致していても違った形に（つまり比喩的に）解釈し直すべきなのだ。したがって、本当にモーセが神は火であると信じていたかどうか知るためには、このような考えが理性に合致するか反するかで結論を決めるのではなく、モーセ自身の他のさまざまな発言を基準にして決めなければならない。

さて、モーセは別の箇所で、天のものか地上のものか水中のものかを問わず、およそ目に見えるものと神は似たところを全く持たないと何度も説いている。ここから導かれる結論は、こうした他の発言すべてか、それとも先ほどの「神は火であるという」発言か、どちらか一方を比喩として解釈しなければならないということである。しかし文字通りの意味から遠ざかるのは最小限に止めなければならないから、まず始めに調べるべきは、この「神は火である」という孤立した発言の方だろう。この発言は文字通りの意味以外の意味を持ちえないだろうか。つまり「火」という名詞は自然現象の火とは別のことを意味していないだろうか。もし、別のことを意味するとは言語の用法から見て考えられない場合、いくら理性に反しようとも、この発言を別の形で解釈してはいけない。むしろ反対に、他の発言すべてがいくら理性にかなった内容であっても、そちらの方をこの発言に適応させなければならない。もし、それも言語の用法上無理である場合には、両者は融和しえないことになるから、それについて判断することを差し控えるべきである。

5 「あなたがたの主なる神は燃えさかる火であり、妬む神である」（『申命記』第四章二十四節）など、類似の発言が『出エジプト記』『申命記』の随所に見られる。

しかし実際には、「火」という名詞は怒りや妬みの意味にも受け取れる（『ヨブ記』第三十一章十二節を参照）わけだから、モーセのこれらの発言を融和に導くのは容易である。わたしたちは誰にもはばかりなく、「神は火である」と「神は妬むものである」というこの二つの発言は［意味的には］同じものだと結論できる。さらに言えば、モーセははっきりと「神は妬むものである」と説いているのであって、神が情念、つまり心のさまざまな受動的状態を持たないなどと述べている箇所はどこにもない。したがって、［神が嫉妬に駆り立てられるというのが］いくら理性に反する主張に思えても、モーセはそう信じていた、あるいは少なくともそう説こうとしていたと結論しなければならない。既に示した通り、理性の指図や自分が元々持っていた考えに合わせて、聖書の精神をねじ曲げるようなことをしてはならないからである。聖書各巻にまつわる知識は、すべて聖書だけから導き出さなければならない。

三．聖書の歴史研究は、わたしたちの間に伝わっている限り、あらゆる預言者たちの著作の書き伝えられた背景を詳しく突き止めなければならない。それはたとえば、聖書各巻の著者の生涯、性格、関心、またその人がどういう人物で、どんな機会に、どんな時代に、誰に向けて、さらにはどの言語で執筆したかといったことである。また各巻のたどった運命、つまり今日誰にでも聖書［の一部］と認められている各巻すべてが、当初どのように受容され、どういう人たちの手にわたり、異なる読み方［＝異本］がどのくらいあり、どういう人たちの合議によって正典に加えられ、そしてどのようにして一冊に融合したかといったことである。

はっきり言っておくが、聖書の歴史研究はこうしたことをみな含んでいなければならない。著者の生涯、性格、関心を押さえておくことが重要なのは、これを押さえておけば、その著者が法として告示していることと［単なる］道徳上の教えとして説いていることが見分けられるようになるからだ。それに、ある人の能力や気質を知っておけばおくほど、その人の言葉は簡単に説明できるようになるものである。また、さまざまな［聖書の］教えがそれぞれどんな機会に、どんな時代に、どの民族あるいは世代に向けて書かれたか押さえておくことが重要なのは、一時だけの教えや少数の人にしか役立たない教えを永遠の教えと混同しないためである。さらにまた、先ほど述べたその他のこと［＝聖書各巻のたどった運命］を押さえておくのが重要なのは、これにより各巻それぞれの著者が誰かということに加えて、偽作者たちの手で書き換えられた可能性があるかないか、さまざまな誤りが入り込まなかったかどうか、十分に熟練した信頼できる人たちの手で誤りが訂正されたかどうか、といったことも分かるからである。わたしたちは示されたことを何もかも盲目的な衝動に駆られて信じ込まずに、疑う余地のない確かなことだけを受け入れなければならない。そのためには、以上すべてのことを是非とも押さえておく必要があるのである。

［六］このような聖書研究の成果が得られたならば、そしてこの研究から結論できないことやはっきり引き出せないようなことは絶対に預言者たちの教えとして扱わないと決めたならば、時は熟したことになる。その時こそ、改めて預言者たちや聖霊の精神の探究に乗り出すべきだ。しかしこちらの探究にも、それなりの方法や順序が欠かせない。ここで求められる方法や順序とは、自然を自然の物語から解釈する際に用いられる方法や順序と同じものである。

自然のものごとを詳しく調べる場合、わたしたちが何より先に突きとめようとするのは、最も一般的で全自然に共通している事柄である。つまり運動と静止、またそれらにまつわる法則や規則の類である。自然は常にそうした法則を守り、絶えずそうした法則に従って活動している。わたしたちはこのような一般法則から始めて、より一般性の低い他の事柄へと段階的に進んでいくのだ。

聖書についてもこれと同じである。わたしたちは聖書の歴史研究から、まずは最も一般的で、聖書全体の基礎であり根本になっていることを探し求めなければならない。それはつまり、ありとあらゆる人間にこの上なく有益な永遠の教えとして、聖書に出てくる預言者たちが誰でも説いているようなことである。たとえば唯一の全能の神が実在するとか、この神だけが敬われるべきだとか、神が万物に配慮しているとか、神は神を敬う人たち、隣人を自分自身のように愛する人たちを誰よりも慈しむとか、そういったことである。断言してもいいが、こうした類のことは聖書のどこでもとても明らかに、とてもはっきりと説かれているので、この点について聖書の意味に難癖をつけるような人は誰もいないだろう。

これに対して、たとえば神とはどのような存在で、どのような仕方で万物を見たり予見したりするかとなると、話は違ってくる。こうした類のことは公然とした形で、永遠の教えとして聖書に説かれているわけではない。というよりもむしろ、前の所で既に示した通り、こうしたことについては預言者たち自身の間でも見解がそろっていなかった。したがってこれらについては、たとえ自然の光によって文句なしに決着がつくような場合であっても、これが聖霊の教えだと決めつけるようなことをしてはいけないのである。

［七］このようにして、聖書の一般的な教えがうまく分かったら、そこから今度は他の、より一般性の低い事柄に進んでいかなければならない。それらは一般性こそ劣るが、万人共通の生活規則にまつわる事柄であり、先ほどの一般的な教えからせせらぎのように流れ出してくるものである。たとえば望ましい外的個別的行為は、すべてそのような事柄に当たる。本当の徳は実行に移されなければならないが、具体的にどういう行為が求められるかは時と場合による［＝つまり一概には言えないという意味で一般性に劣る］からだ。こうしたことについて聖書に曖昧もしくは両義的な記述が見つかる場合、その点に関する説明や決定は、いつも聖書の一般的な教えに基づいて行う必要がある。またもし互いに矛盾する記述が見つかったら、どのような機会に、いつの時代に、また誰によってそのような記述が書かれたか調べてみなければならない。

たとえばキリストが「悲しむ人たちは幸いである。彼らは慰めを受けるであろうから」[6]と言う時、どういう「悲しむ人たち」を念頭に置いているのか、この文章からは分からない。しかしキリストはこの後で、私たちに神の国と神の正義以外のことを気にかけるなと説き、そしてこれを最高の善として勧めている（『マタイによる福音書』

第六章三十三節を参照)。ここから「悲しむ人たち」としてキリストが念頭に置いているのは、もっぱら神の国と正義がひとびとに蔑ろにされているのを悲しむ人たちのことだと分かる。こういうことを悲しめるのは、神の国つまり公正だけをひたすらに愛し、運次第でどうにでもなるようなその他の事柄を全く気にかけない、そういう人たちに限られるからである。

キリストが「しかしあなたの右の頰を打つ者には、もう片側の頰も向けてやりなさい」と言う時、そしてこれに続くことを述べる時も、事情は同じである。[7] もしこれらをキリストが立法者として司法家たちに命じたなら、彼はモーセの法をこの要請によって解体したことになるだろう。だがこれにはキリスト自身はっきりと反対を表明している(『マタイによる福音書』第五章十七節を参照)。したがって誰が、誰に向けて、どのような時にこうしたことを言ったのか見極める必要がある。これを言った人はキリストだが、彼は立法者として法を制定したのではなく、賢者

6 『マタイによる福音書』第五章四節を参照。
7 『マタイによる福音書』第五章三十九節を参照。

として教えを説いたのである。なぜなら彼は（先に示したように）ひとびとの外的な行為よりもむしろ心を改めさせようとしたからだ。さらに言えば、彼がこうしたことを語りかけたのは虐げられた人たちであった。彼らの暮らしていた国は退廃をきわめていて、正義は徹底的に軽んじられ、その崩壊が間近に迫っていることをキリストは見通していた。しかもここで彼が［エルサレムの］町の崩壊が迫るのを前にして説いたことは、エレミヤがこの町を最初に襲った破滅の中で、つまり明らかに似たような時期に説いたことと同じであるのが分かる（『哀歌』第三章二十五〜三十節を参照）[8]。ということは、預言者たちは圧政の時期だからこそこのようなことを説いたわけであり、しかもこれを法として公示した箇所はどこにもない。逆にモーセは（彼は圧政の時期にものを書いた人ではなく、むしろ（ここが肝心である）よい国を建設するために努力した人だったのだが）、たしかに隣人に［勝手に］報復したり憎しみを向けたりしないよう戒めたけれども、しかし目には目をもって償わせるよう命じている[9]。

ここから明らかに分かるように、聖書のさまざまな記述だけをもとに考えても、甘んじて不正を受けよ、不道徳な者たちが何をしても許してやれというこのキリストやエレミヤの教えは、正義が軽んじられている圧政の時期に限って通用するものであり、よい国においては通用しない。正義が守られているよい国では、正しい人として認められたければ、［自分が被った］不正はむしろ裁判官の前で問いただすのが義務なのだ（『レビ記』第五章一節を参照）。それはもちろん報復のためではなく（『レビ記』第十九章十七〜十八節を参照）正義と祖国の法を守ろうと心がけるからであり、また悪人であることが悪人たちに有利な結果をもたらさないようにするためでもある。[10] これらはみな、自然な理性［の教え］とも完全に一致する。

このような仕方で他にもいくつでも例を挙げられるが、わたしの考えやこの方法の利点を説明することだけが当座の目的なので、ひとまずこれくらいで十分だろう。

8　『哀歌』第三章三十節には「自分を打つ者に頰を向けよ」という言葉がある。なおエルサレムの「最初の破滅」については本書第五章五節を参照。
9　『レビ記』第二十四章二十節などを参照。
10　原文は直訳すると「悪人たちにとって悪しくあることが好都合であるようにさせないために」。妙に凝った表現なのは、テレンティウス『ポルミオ』七六六行「わたしたちは自分自身の失策によって、悪人たちにそうあることが好都合であるようにさせてしまう」云々を意識しているからではないかと底本で指摘されている。

［八］さて、ここまでわたしたちは、聖書の中でもひとびとの生活規則にかかわる語句、そしてだからこそ比較的簡単に調べられる語句だけを調べてみるよう説いてきた。というのも実際、そのようなことについては、聖書作者たちの間に考えの対立は全くなかったからである。ところが聖書に現れるこれ以外の事柄、思弁だけに関わる事柄を探るのは、それほど容易ではない。この探究のための道はもっと狭いのである。実際、思弁的なものごとにおいては（既に示したように）預言者たちの考えはお互いに一致していなかった。そうしたものごとの語り方も、大部分がそれぞれの時代の先入見に応じたものだった。したがってこの場合、ある預言者の考えを結論づけたり説明したりするのに、別の預言者がもっと明晰に語っている箇所を引いてくることは決して許されない。仮に許されるとしても、それは彼らが同じ一つの考えを抱いていたことが、誰がどう見ても明らかな場合に限られる。だとすると、そうした事柄にまつわる預言者たちの考えは、一体どうすれば聖書の歴史研究から引き出せるだろうか。それをこれから手短に説明しよう。

こうしたことについても、まずは最も一般的な事柄から当たってみなければならない。たとえば何よりもまず、聖書の中の一番はっきりした語句を手がかりに、預言ないし啓示とは一体何なのか、またその内容は主にどういうことなのか調べてみる。それから奇跡とは何なのか調べ、さらに同様の手順でさまざまな広く共通する［＝大多数の預言者に取り上げられている］事柄を調べる。そこから今度は預言者それぞれの考え方に考察を移し、ここから最終的には一つ一つの啓示ないし預言、歴史物語、奇跡の意味へと考えを進めていかなければならない。ただしこういう探究を行う際、わたしたちは往々にして、預言者や物語作者たちの考えに過ぎないことを聖霊の精神やものごとの実相と混同しがちである。この混同を避けるためにどのような注意を払えばよいかは、先にそのことを扱った際、たくさんの例を挙げて示しておいた。[11] だからそのことについては、ここで重ねて取り上げる必要はないだろう。

ただしこうした啓示の意味について、これだけは注意しておかなければならないことがある。この方法で突き止められるのは、あくまでその預言者たちが実際には何を見、何を聞いたのかということだけであって、彼らがああした謎めいた言葉で一体何を示し、何を表したかったのかは分からない、ということだ。わたしたちにはそれを

11 本書冒頭から何度も説かれてきた考えだが、近い所では例えば第六章十七～十九節を参照。

憶測することはできても、聖書にある根拠から確実な形で導き出すことはできないのである。

［九］こうしてわたしたちは、聖書解釈の仕方を示し、同時にまた、このやり方こそ聖書の真意を突き止めるための、確実性の高い唯一の道であることを立証した。たしかに、もし聖書についての確かな伝承を、つまり本当の説明を、預言者たち自身から引き継いで持ち続けている人たちがいるなら、その人たちの解釈の方が確実かもしれない。現にパリサイ派の人たちは［自分たちが］そうだと主張している。また、もし聖書の解釈について決して誤ることのない法王を持つ人たちがいるなら、彼らの解釈の方が確実かもしれない。現にローマカトリックの人たちは［自分たちが］そうだと吹聴している。しかしわたしたちは、そのような伝承についても法王の権威についても確信できない以上、そうしたものの上に確実なことなど何一つ打ち立てられないのである。実際、法王の権威なるものは最初期のキリスト教徒たちが否定していたし、聖書の伝承なるものは最初期のユダヤ人たちのさまざまな宗派が否定していた。[12]さらに言えば、（他のことはひとまず棚上げするとして）パリサイ派の人たちが彼らのラビから受け継いだ年代記述法にも注意を向けておこう。これによると、彼らの伝承は

モーセまでさかのぼることになるのだが、これが偽物であることはいずれ明らかになるだろう。このことは別の所で示そうと思う。[13]したがってそうした伝承は、わたしたちにとっては極めて疑わしいものとしか映らない。

たしかにわたしたちの方法を運用する際にも、ユダヤ人が伝えてきたことのうち、これだけは歪曲を受けていないと想定せざるをえないものがある。それはわたしたちが彼らから受け継いだ、ヘブライ語の言葉の意味である。先ほど述べたような伝承は疑えても、この［言葉の意味の］伝承の方は断じて疑えない。文意を歪曲することで誰かが得をするというのはよくあることだが、言葉の意味など歪曲しても誰の得にもなりえないからだ。それにこの手の歪曲は、実行するのもとても難しい。ある言葉の

12　スピノザは一六七五年十二月付の書簡（書簡番号七十六）の中で、パリサイ派とローマ教会に共通する論法として、自らの権威の拠り所としてあやふやな歴史的伝統の長さを持ち出す点を指摘している。それによると、スピノザ自身はローマ教会内で法王の権威が確立されたのは、早くても西暦六〇〇年頃と考えていたようである。

13　底本は本書第十二章九節を指すと解釈しているが、ここはむしろ「年代の数え方における矛盾」を正面から扱った第九章二節以下を挙げた方がよいように思われる（Gebhardt）。

意味を変えようとするなら、その人は同時に、同じ言語でものを書いた著作家たちの中で、その言葉を従来の意味で使った人たちすべてを相手にしなければならなくなるからだ。つまりその人は、そうした著作家全員［の用例］をそれぞれの気質や考えに基づいて逐一説明するか、細心の注意を払いながら書き換えることを余儀なくされるだろう。

しかも文章の意味や書物はもっぱら学者たちが取り仕切っているのに対し、言語というものは学者だけでなく民衆も注視している。したがってたとえば、学者がかなり数の限られた書物の中の何らかの文章の意味を変えたり歪めたりできたというのは、彼らがそうした書物を自分たちの支配下に置いていた以上簡単に想像できる。しかし言葉の意味となると、そう簡単にはいかないのである。これに加えて、ある言葉を自分自身既に使い慣れている意味と別の意味に変えようとすれば、その人はそれを後々まで、しかも話す時にも書く時にも守り通さなければならないことになる。これも容易なことではないだろう。

これらの理由から、またこれ以外にもさまざまな理由があるから、わたしたちは胸を張ってこう確信できる。ひとはたしかに、ある著者の精神を歪曲しようとするあまり、その人の文章を書き換えたり的外れな解釈を付けたりしがちである。しかしそれでも、ある言語そのものを歪めようなどと思いつく人は誰もいないのである。

［十］以上のように、わたしたちのこの方法（これは要するに、聖書の理解はもっぱら聖書自体から引き出されるべきであるという考えに基づいているのだが）こそ本物と呼べる唯一の方法である。したがって、たとえこの方法を用いても聖書の完全な理解を進めるための手がかりが得られないような場合には、その部分の理解はきっぱり断念するべきである。それでは、わたしたちの方法には聖書を完全かつ確実に理解する上で、どのような難点があるのだろうか。言い換えれば、わたしたちの方法には何が欠けているのだろうか。それを今からここで語っておきたい。

［十二］この方法に大きな難点をもたらす原因は、何よりもまず、ヘブライ語を完全に理解しておかなければならないということにある。しかしヘブライ語の完全な知識など、どこから得られるというのだろう。古代のヘブライ語の話者たちは、この言語の諸原則や体系について、後世に何一つ残してくれなかった。少なくともわたしたちの手元には、彼らのものは何一つ残っていない。辞書も、文法書も、文体論もないのである。一方ヘブライ民族は（あれほどの災いや迫害が吹き荒れた後では無理もない

が）あらゆる装飾品や飾りもの［＝伝統的文化遺産］を失った。彼らが保持できたものといえば、彼らの言語とわずかな書物の、これまたわずかな断片に過ぎなかった。たとえばほとんどの果物や鳥や魚の名前が、その他多くのものとともに、時代の流れに圧迫されて消えてしまった。さらには、聖書に登場する多くの名称や言葉の意味も、まったく忘れられたり、ひとによって解釈が食い違ったりするようになった。また以上すべてもそうなのだが、とくにこの言語の慣用表現［の意味］がわたしたちに伝わっていない。たとえばヘブライ民族固有の慣用句や言葉づかいなどは、そのほとんどすべてが、時の流れに飲み込まれてひとびとの記憶から消えてしまった。こういうわけで、残念ながらわたしたちは、それぞれの文章がこの言語の用法上持ちうるはずの意味を、いつも残らず突き止められるとは限らない。また、たとえよく知られた言葉で表現された文章でも、意味が曖昧すぎて全然理解できないようなものがいくつも出てくるのである。

［十二］このこと、つまりヘブライ語の歴史が完全には究められないということに加えて、この言語のしくみや本来的性質そのものにも問題がある。これが原因で生じる曖昧な点があまりにも多いからこそ、聖書の文章すべての本当の意味を確実に突き止

められるような方法も見つけられないのである（原注七）。実際、曖昧さを生む要因にはあらゆる言語に共通に見られるものもあるわけだが、この言語は他にもいくつかの［固有の］要因を抱えていて、それによって生じる曖昧さはおびただしい数に上る。これはここで述べておく価値のあることだと思う。[14]

聖書にしばしば現れる曖昧さや文章の分かりにくさは、まず第一に、同じ発声部位に属する違う文字同士が互換的に用いられることから生じる。ヘブライ語のアルファベット［アルフベート］は、そのすべての文字が、口の中のどの部分を使って発声されるかに応じて五つの群に分けられる。[15]つまり唇音、舌音、歯音、口蓋音、咽喉音の五つである。たとえばアレフא、ヘットח、アインע、ヘーה はいずれも咽喉音と呼ばれるのだが、これらは無差別に、少なくとも［現代の］わたしたちに分かるような区別なしに、それぞれ互換的に使用されるのである。たとえば「～へ」を意味するエ

14　底本では「労に値する」という意味の慣用句 operae praetium（praetium は pretium の別綴り）の operae が抜けているが、単なる脱落と思われるので、初版以来の形に戻して訳す。

15　以下、アレフベート各文字の読みは現代ヘブライ語に即して表記する。

ルعلىが、しばしば「～の上に」を意味するアルعنで置き換えられたり、その逆のことが起きたりする。[16] この結果、文章のあらゆる部分がしばしば多義的になったり、意味を持たない音節になったりしがちなのである。

文章の曖昧さは、第二に、接続詞や副詞の意味が何通りにも取れることから生じる。たとえばヴァヴーは文意の接続にも切断にも無差別に用いられる。つまり「そして」も「しかし」も「なぜなら」も「とはいえ」も「それから」も意味しうる。キيに至っては七つか八つの意味を持つ。「なぜなら」「にもかかわらず」「もし」「いつ」「どのように」「ということ」「燃焼」などである。そしてほとんどすべての不変化詞がこういう感じなのだ。

第三の曖昧さは、膨大な多義的表現の源になっているものだが、動詞の直接法に現在、未完了過去、過去完了、未来完了、あるいは他言語にごく普通に見られるその他の時制が存在しないことである。[17] 命令形や不定形には現在形以外の時制がなく、接続法に至ってはあらゆる時制「の区別」が存在しない。もちろんこうした時制や様相上の欠陥は、この言語の基礎的原理から導出される一定の規則によって簡単に、しかもとてもきれいに解決することができる。しかし古代の著作家たちはそうした規則などまったくお構いなしに、現在や過去の代わりに未来時制を用いたり、反対に未来の代わりに過去を用いたり、さらには命令法や接続法の代わりに直接法を用いたりしていた。それで文意は大いに多義的にならざるをえなかったのである。

［十三］ヘブライ語の曖昧さの要因としては、以上の三つに加えて、さらに注意しておくべきことが二つ残っている。この二つは、実はどちらも先の要因より重要度が高

16　日本語には咽喉音（舌を使わない、咽喉部分で発声が決まる音）を表す文字列がア行とハ行の二通りしかないので分かりにくいが、「エル」のエはアレフ、「アル」のアはアインと、それぞれ別の文字で表されている。古代人の発音には不明な点が多いが、現代ヘブライ語ではアレフの方は日本語のアイウエオに比較的近い音、アインは喉のさらに奥の方を使った音を指す文字である。

17　厳密に言えば、旧約聖書のヘブライ語では動詞の活用形を印欧語文法的な意味の時制ではなく、その動作が動態的にまだ続いている（未完了）かひとまず完結している（完了）かで区別する。もし「現在形を欠いた言語」という規定が多くの現代日本人に奇妙に感じられるとすれば、それは動詞の直接法現在形を何より先に学ぶべき一種の基本形として位置づける傾向のある、印欧諸言語の学習法に慣らされているからだと思われる。なお、以上の区別は現代ヘブライ語には必ずしも当てはまらない。

い。一つ目は、ヘブライ人たちの文字が母音を持たないということである。二つ目は、ヘブライ人たちが何らかの記号で文章を区切る習慣も、切れ目を表現したり暗示したりする習慣も持たなかったことである。もちろんこの二つ、つまり母音と文の切れ目は、普通は［今日では］点やアクセントを用いて補完される。[18]しかしそうした符号には注意しなければならない。それらは後の時代の人たちによって考案され設置されたものであり、わたしたちは彼らの権威を鵜呑みにしてはいけないからだ。古代のヘブライ人たちは点を使わずに（つまり母音記号もアクセント記号も使わずに）ものを書いた（これはたくさんの証拠から明らかである）。しかし後世の人たちは、彼らなりの聖書解釈に沿って、この二つを付け加えたのである。したがってわたしたちに伝わっている点やアクセントは、今の時代に近い人たちの解釈に過ぎない。彼らが残したその他の説明以上の信頼性や権威が、それらの点やアクセント［の付け方］に認められるわけではないのである。

　このことは十分にわきまえておくべきだ。さもないと、ひとはたとえば、なぜ『ヘブライ人への手紙』の著者が同書第十一章二十一節で『創世記』第四十七章三十一節の文章を符号付きのヘブライ語原文にあるのとまったく別の意味に解釈したのか、理解できなくなるだろう。[19] まるでこれを書いた使徒が、聖書の意味を［ずっと後代の］符号の専門家から学ぶべきだったと言わんばかりである。わたしはむしろ、誤りを犯したのは符号を付けた人たちの方だと思う。それが誰にも分かるように、また同時に、この理解のずれがもっぱら母音抜きの表記法から生じたことを分かってもらえるように、両方の解釈をここに示しておこう。

符号を付けた［後代の］人たちが符号によって示した解釈は、「そしてイスラエルは寝台の頭部の上に［アル］身をかがめた」つまり（アインをアレフに、つまり発声

---

18 「点」とは文章の切れ目を示す句点と、いわゆるニクダー（母音記号）の両方を指すと思われる。本来のヘブライ文字の上下に振ったニクダーと呼ばれる点（正確には点と棒）の組み合わせで母音を表す表記法が中世初期以来考案されており、現代ヘブライ語でも辞書や外国人向けの初級文法書で、また未知の外来語の読み方を示す時などに用いられている。

19 新共同訳聖書の『創世記』該当箇所には、年老いたヤコブ（イスラエル）が「寝台の枕もとで［神に］感謝を表した」とあるのに対し、『ヘブライ人への手紙』では「杖の先によりかかって神を礼拝」したとある。以下の本文中では、ヘブライ語原文の読み方のわずかな違いを際立たせるために、スピノザがそれぞれの箇所に付けたラテン語訳を意図的にほぼ直訳しておく。

部位を同じくする別の音に替えて）「寝台の頭部に向けて［エル］身をかがめた」であり、これに対し手紙の著者は「そしてイスラエルは杖の頭部の上に身をかがめた」と解している。言うまでもなく、後者は前者がマテー［＝寝台］と読んでいる言葉をミター［＝杖］と読んでいるのであり、その違いは母音だけに由来する。[20]さて、この箇所で取り上げられているのはヤコブの老いだけであり、まだ次節のように彼の病が話題になってはいないので、この物語の作者はヤコブが寝台の頭部ではなく杖の頭部に身をかがめた（きわめて高齢の老人たちが、身を支えるための杖を必要とするのは当然である）と言いたかったと思われる。また、そう理解する方が［アルをエルに替えて読むという］文字の置き換えを想定しなくて済むだろう。

この例を持ち出したのは『ヘブライ人への手紙』の該当箇所を『創世記』の原文と融和させるためだけではない。わたしはそれよりもまず、現在付されている点やアクセントがどれだけ信頼に値しないか示したかったのである。したがってまた、あらゆる先入見に頼らずに聖書を解釈しようとするならば、こうしたものを疑問に付し、改めて検証する必要がある。

［十四］このように、（話を本筋に戻すが）[21]ヘブライ語のしくみや本来的性質から生

じてしまう曖昧さは膨大なので、その全てに決着をつけられるような方法はありえない。このことは誰にでも簡単に推測できるだろう。実際、文章相互の突き合わせで（各文章が言語上持ちうる数多くの意味の中からその真意を取り出す道は、これしかないということを既に示したわけだが）この問題に文句なしの決着がつくなどとは、到底望めない。ものを書く時に、他人や自分の言葉を説明するのを本職にしようと思って書いている預言者は一人もいないのだから、いくつもの文章を突き合わせることである文章の説明がつけられるというのは、あくまで偶然に過ぎないのだ。またその場合、一人の預言者や使徒等の考えを別の人物の考えから推定するのが許されるのは、既にはっきり示したように、生活規則にかかわる事柄だけに限られる。彼らが思弁的な事柄について語っている場合や、奇跡その他の物語を語っている場合にこれを行ってはならないのである。

20　どちらもヘブライ文字ではMTH（מטה）であり、どのような母音を補って読むかで違った単語になる。

21　本章十節を参照。

このこと、つまり聖書の中には説明のつかない文章がたくさん出て来るということは、いくつかの例を挙げて具体的に示すこともできる。しかし今はそういうことは止めておいた方がいいだろう。注意すべきことがまだ残っているので、こちらに話を移そうと思うからだ。それはつまり、この真の聖書解釈法には他にどのような難点があるのか、つまりこの方法には他に何が欠けているのかということである。

［十五］この方法にさらに難点が生じるのは、これを運営するには聖書各巻すべてがどういう事情を経て継承されてきたか、その歴史的知識が求められるのに、その大部分がわたしたちには分からないからである。多くの巻の著者あるいは（そう呼びたければ）記録者は、わたしたちには誰だかさっぱり分からない。あるいは次章から詳しく示すように、本当にその人が書いたのか疑わしいこともある。さらにわたしたちには、書いた人の分からないこうした書物が、どういう機会に、またどういう時代に書かれたのかも分からない。さらにまた、聖書各巻がどういう人たちの手に渡ったのか、どういう人たちの写本の中にこれほどさまざまな読み方があったのか、別の人たちの間では別の読み方がいくつもあったのではないのか、といったことも分からない。

これらすべてを知ることがどれほど重要かは、しかるべき所で手短に示しておいた。[22]

だがそこではあえて触れなかったことがいくつかあるので、それを今からここで考えてみたい。

信じられないことや、つかみどころのないことが内容になっている書物。あるいは、とてもあやふやな用語を使って書かれた書物。もし書いた人も、書かれた時代も、どういう機会に書かれたかも分からないままそういう書物を読むならば、その真意をもっと詳しく突き止めようとしても無駄な努力に終わるだろう。そうしたことすべてが分からないままでは、著者が何を狙っていたのか、あるいは何を狙いにできたのか、決して知ることができないからだ。これに対し、そうしたことがうまく分かっていれば、わたしたちは自分自身の思考をうまく導いて、どんな先入見にもとらわれなくなるだろう。つまり著者に対しても、また著者が書く対象とした人物に対しても、過大評価や過小評価に流れることなく、ただ適切なことだけを認めるようになるだろう。また著者が内心で狙っていたと思われることや、書いた時代や機会のせいで取り上げざるをえなかったことだけに的を絞って考察できるようになるだろう。

22　本章五節を参照。

これは誰の目にも明らかだと思う。実際わたしたちは、物語自体はどれを読んでも似たようなものなのに、わたしたちがそれぞれの作者に対して抱いている考えが違うという理由で、それらの物語にまったく違った評価を下したりする。これは実によくあることだ。たとえばわたしは、かつてある本の中で、[23]狂えるオルランドという名前の男がよく分からない羽根の生えた怪物を操って空を駆けたり、飛びたいと思ったあらゆる地域を飛行したり、ありえないくらい多くの人間や巨人たちをたった一人で殺しまくったり、また他にもこうした類の、知的に理解しようとしても訳の分からない数々の妄言を読んだのを覚えている。しかしこれと似たような話は、ペルセウスを扱ったオウィディウスの物語[24]でも読んだし、さらには『士師記』や『列王記』でも、サムソン（彼はたった一人で、しかも丸腰で数千人を殺しまくった）やエリヤ（空中を飛びまわり、ついには火の馬と車によって天に昇った）[25]を扱った［似たような］他の物語を読んだ。はっきり言って、これらの物語はとてもよく似ているのだが、しかしわたしたちはそれぞれに対してまったく違った評価を下している。つまり最初の［物語の］著者はおとぎ話を書こうとしただけだが、第二の著者は何か政治的なこと[26]を、そして第三の著者は何か神々しいことを書こうとしたのだと考えている。わたしたちがこう考えてはばからない理由は、他でもない、わたしたちがそうした物語の作者たちに対して持っている考えにあるのである。このように、書かれたことがあやふ

23　ルネサンス後期のイタリアの人文主義者アリオスト（Ludovico Ariosto：一四七四〜一五三三、畠中訳注にある「アリスト」は誤植）による長編叙事詩『狂えるオルランドOrlando furioso』（一五一六）のことであり、同名の邦語全訳（脇功訳、名古屋大学出版会、二〇〇一）が存在する。同書はスピノザの蔵書目録には見当たらず、どうやらスピノザは記憶を頼りにここを書いたらしいのだが、この記憶がかなり不正確であること（魔物を駆って空を飛ぶのは別の登場人物である）は以前から指摘されている（Gebhardt など）。

24　古代ローマの詩人オウィディウス（Publius Ovidius Naso：前四三〜一七）の『変身物語Metamorphoses』第四巻を指すと思われる。この本はスピノザの蔵書にあったことが前記の目録から判明している。

25　原文ではサムソンにかかる関係詞句だけが（　）でくくられているが、訳をそろえて読みやすくするため、エリヤにかかる関係詞句も同様にくくっておく。

26　スピノザの元々の手稿では「政治的なことres politicae」ではなく「詩的なことres poeticae」となっていたのではないか、というもっともな推測を底本が紹介している（出典をぼかしている所から、底本の注解者たち自身の見解と思われる）が、ここでは初版以来のテクストに従っておく。

やだったり知的にとらえにくかったりする場合、それを書いた著者たちの素性を知ることが何よりも欠かせないのは明らかだ。そういう知識なしに彼らの著作を解釈しようとしても無理なのである。また、あやふやな物語に対してさまざまな違った読み方がある場合も、事情はこれと変わらない。つまりその中から本当の読み方を選び出すためには、そうしたさまざまな読み方がそれぞれ誰の写本に出ていたのか、またこれ以外にもさまざまな、他のもっと信頼できる人たちの間で行われていた読み方が見つからなかったのか、といったことを知ることが欠かせないのである。

〔十六〕この方法で聖書を解釈する場合、いくつかの巻についてはさらに別の困難が伴う。それらの巻が、最初に書かれた言語では伝わっていないということである。たとえば『マタイによる福音書』と、『ヘブライ人への手紙』も明らかにそうだろうが、これらは一般にヘブライ語で書かれたと考えられている。[27] しかしヘブライ語版はもう残っていない。これに対し『ヨブ記』などはどの言語で書かれたか見解が分かれている。アベネズラ〔＝イブン・エズラ〕はその注解書の中で、『ヨブ記』は他の言語からヘブライ語に翻訳されたのであり、曖昧な箇所が多いのもそのせいだと主張している。[28] さまざまな外典については言及しないでおこう。外典は信頼性に大きくばらつきがあるからだ。[29]

［十七］聖書を解釈するためにその歴史についての持てる限りの知識を駆使しようとしても、この方法には以上のような、ここまで詳しく述べてきた数々の困難がことごとくつきまとう。これらの困難は、わたしから見ればあまりにも大きいので、わたしはためらうことなくこう主張したい。わたしたちは聖書の真意を、多くの箇所で全然分かっていないか、当てにならない推量で済ませているのである。

27 底本はスピノザの蔵書にあったサンディウス（Christophorus Sandius：一六四四～八〇）の著書『教会史の核心』『旧約聖書論』（合本になっていたらしい）にこの見解が見られると指摘している（ただし具体的な箇所は挙げていない）。しかしこの蔵書は初版の刊行が一六六九年であり、仮にスピノザが刊行直後に入手・通読していたとしても、その成果を本書（遅くとも一六七〇年の年初には刊行されていたと思われる）に活かすだけの時間があったかどうかは疑わしい。本文を素直に読むなら、サンディウスの（そしてスピノザの）ような見解はどこかで改めて学ぶまでもなく、当時ありふれていたことになるのだが、これについては独自の調査が必要となるので、ここでは深入りしないことにする。

28 イブン・エズラの『ヨブ記注解』第二章十一節を参照（底本の指摘による）。

29 「外典は［正典と比べて］信頼性がはるかに劣るからだ」と訳すことも可能である。

しかしそれでも、これだけは重ねて注意しておかなければならない。こうした困難が預言者たちの考えを理解する妨げになるといっても、それはみなつかみようのないことや（原注八）、想像に頼るしかないことにまつわる考えだけに当てはまるのであって、知的に理解するのも可能なことや、はっきりした概念を簡単に作り上げられるようなことについてはこの限りではないのである。その本来的性質上分かりやすいことであれば、たとえいくら曖昧に語られても、分かりにくくなることは決してないからだ。ことわざにもある通り「分かる人には言うだけで十分」なのである。エウクレイデス［＝ユークリッド］はきわめて単純な、きわめて理解しやすいことしか記さなかったから、誰でも、そしてどんな言語でも簡単に説明できる。彼の考えを理解し、その真意を確実につかむには、彼がものを書くのに使った言語を熟知するまでもなく、ただきわめて基本的な、ほとんど子供並みの語学力さえ持ち合わせていれば十分である。著者の生涯や、関心や、習慣について知る必要もなければ、［元々］どのような言語で、どういう人に向けて、いつ頃書かれたか知る必要もない。その書物のたどった運命も、さまざまな読み方の違いも知らなくてよいし、どのように、またどういう人たちの発案によって公認されたかということも知らなくてよい。

ここでエウクレイデスについて述べたことは、本来的性質上分かりやすい事柄について書いたものを書いた人なら誰にでも当てはまる。したがって、わたしたちの結論はこうだ。聖書に込められた思想も、それが道徳的な教えにまつわることであれば、聖書の歴史について持てる限りの知識を駆使して簡単に把握できるし、その真意を確かめられる。本当の道徳心にまつわる教えとは、とても一般的な、ややこしくない、簡単に分かるものばかりであり、したがってごくありふれた言葉で表現されるものだからである。また本当の救済や幸福とは心が本当に安らぐことにあり、そしてわたしたちに本当の安らぎをもたらすのはわたしたち自身がはっきりと理解できるものに限られるのだから、明らかにわたしたちは、救済にまつわることや幸福になるために必要なことについては、聖書の思想を確実につかめるはずである。だから、その他の［聖書の］内容はそう気にかけなくてよい。それらは大抵の場合理性や知性ではつかみようがなく、ためになることよりも好奇心をあおることに満ちているからだ。

［十八］これでわたしは、聖書を解釈する本当の方法を示し、この方法に関するわたし自身の考えを十分に説明したと思う。しかも、この方法が自然の光以外のどのような助けも必要としていないことは、もう誰もが分かってくれたと信じて疑わない。と

いうのも、この［自然の］光は曖昧なものごとを周知のものごとから、または周知とされたものごとから、正当な手順をたどって引き出したり結論付けたりする［ことで明確にする］からだ。自然の光の本質や本領はまさにこうした働きにあり、わたしたちの方法が必要としているのもこれに他ならないのである。たしかにこの方法は、聖書に出て来る問題をことごとく確実に突き止めるには不十分であり、それはわたしたちも認めている。しかしこれは方法そのものに欠陥があるからではない。この方法に示されている本当の正しい道が、一度たりとも整備されず、ひとびとに踏み固められたこともなく、したがって時の経過によってきわめて険しい、ほとんど道ならざる道となり果ててしまっているからである。このことは先に指摘したさまざまな困難からはっきり分かるだろう。

［十九］さてここからは、わたしたちと見解を異にする人たちの主張を検討する作業が残されている。ここでまず検討すべきこととして登場するのは、自然の光には聖書を解釈する力などなく、聖書解釈には超自然の光が大々的に必要だと唱える人たちの主張である。この自然の光以外の光が、一体どのようなものかは問わないことにしよう。それはむしろ彼らが説明すべきことだからだ。少なくともわたしには、彼らはき

わめて曖昧な用語を使ってではあるが、彼ら自身にも聖書の真意を決められない場合が多々あることを認めようとしたとしか思えない。現に彼らのさまざまな説明に注意を向けてみても、そこには超自然的なことなど何一つ含まれていないし、説明どころか純然たる憶測でしかないことが分かる。よろしければ、どうかこれらの説明を、自分は自然の光以外の光など持ち合わせていないと正直に認めている人たちの説明と比べてみてほしい。そうすれば、両者はきわめて似ていることが分かるだろう。つまりどちらも人間による、長々と考え抜かれ、苦心して生み出された説明なのである。

ところで、自然の光が聖書解釈に十分でないという彼らの主張は、以下の二つの理由からも明らかに誤っている。第一に、既に立証した通り、聖書解釈に伴う困難は自然の光の力不足によって生じたのではなく、ただ単にひとびとの（悪意とは呼ばないまでも）怠慢から生じたからである。彼らは聖書の歴史研究を確立しようとすればできたはずの時代に、その作業を怠ったのだ。第二に、この超自然の光とは神からの贈り物であり、熱心な信者だけが賜ることになっているからである（これはわたしの勘違いでなければ、誰もが認めているはずだ）。ところが預言者や使徒たちは、そもそも熱心な信者だけでなく、むしろ信仰や道徳心の薄い人たちに教えを説くことが圧倒的に多かった。ということは、こうした人たちも［超自然の光なしに］預言者や使徒の考えを理解することができたはずである。そうでないと、彼らは分別の備わった大人を相手にしないで、未成年や子供に教えを説いたことになる。モーセの律法も、法などそもそも必要としていない熱心な信者にしか理解できないものだったら、それを制定した意味がなかったはずだ。こういうわけだから、預言者や使徒たちの考えを理解するために超自然の光を求める人たちは、そもそもまともな自然の光を持ち合わせていないように見える。したがって、彼らがそのような超自然の神からの贈り物を持ち合わせているなどということは、到底ありえないと結論せざるをえないのである。

［二十］マイモニデスにはこれとまったく違った見解があった。彼の考えるところでは、たしかに聖書はそれぞれの箇所で違う意味、時には反対の意味すら持ちうるし、わたしたちはそうした箇所の真意について確信を得られないように見える。しかしそれはわたしたちが解釈の仕方を知らないからであり、こちらの解釈次第では、そこには理性にそぐわないことや反することは何一つ含まれなくなるはずだという。つまり、もし文字通りの意味に取れば理性に反すると分かったら、いくら文字通りの意味が明らかであっても、その箇所を違う意味に解釈すべきだとマイモニデスは主張するので

ある。このことは『迷えるものの導き』第二部二十五章でもはっきりと述べられている。マイモニデスの言い分はこうだ。

「わたしたちが世界は永遠にわたって存在していたと言おうとしないのは、聖書の中に世界の創造について書かれた章句が登場するからではない。このことは重々承知しておいてもらいたい。実際、世界が創造されたことを説いている箇所は、神が身体を持つ［という明らかに理性に反する］ことを説いている箇所ほど多くはない。またこの資料［＝聖書］の中に見出される世界の創造についての章句[30]を［世界の永遠性を結論するのに都合よく］説明しようとするなら、そのための［比喩的解釈という］手段は、遮られも妨げられもせずわたしたちの手中にある。だからわたしたちは、神［の観念］から身体性を取り除いた時に行ったような仕方で、こうした箇所を［ただのたとえ話として］説明することもできたろう。また恐らく、尊き神の身体性を否定するために聖書を［比喩的に］説明した時と比べたら、この場合の方がずっと簡単にそうした説明を行えただろう。わたしたちがそれらの章句を［比喩的に］説明して、世界が永遠であるという見解を支持することも、ずっと無理なく行えただろう。しかし、わたしはそうしなかったし、またそうとは（つまり世界が永遠であるとは）思わなかった。

わたしにそう決めさせた理由は二つある。第一に、神が身体を持たないことは明らかな証明によって確定しているから、もし文字通りに読めばこの証明に反するような箇所があったら、そうした箇所はすべてきちんと説明する必要がある。つまりその場合には、確かにそれらの箇所は説明を（つまり文字通りの意味とは違った説明を）付けなければならない。これに対して、世界が永遠であることは証明によって示されているわけではない。それは一見明らかではあるが、何かもっともな根拠が示されたらその反対にも傾きうるような見解なのである。したがってそのような見解に肩入れする目的で、聖書各巻に圧力をかけてまでこれを［比喩的に］説明する必要はない。第二に、神が身体を持たないと考えても［モーセの］律法の基本原則には反しない（中略）。しかし、もしアリストテレスに見られたような形で世界が［神に創造されたのではなく］永遠であると考えてしまうと、律法をその根本から解体することになる（以下略）。」

以上がマイモニデスの言葉である。[31] わたしが先ほど述べたことは、以上の言葉から明らかに帰結する。つまり、もしマイモニデスにとって、世界が永遠であることが理

30 原文は「eos [=textus], qui in hac materia de mundi creatione reperiuntur」。底本に付された仏訳も含め、ほとんどの諸国語訳がマテリアという単語を「主題」ないし「対象」と解し、de mundi creatione をその内容説明と受け取った上で、「世界の創造についてというこの主題」といった苦しげな訳文（もしくは全くの意訳）を付けている。しかしここはむしろ、直前の「聖書の中に登場する世界の創造についての章句 textus, qui in Scriptura occurunt de creatione mundi」とほぼ同じ意味のことを、細部の単語や語順を替えて繰り返しているだけと考えるのが一番素直な読み方であるように思われる。したがってこのように訳しておく。

31 『迷えるものの導き』は元々アラビア語で書かれた著作だが、既にマイモニデスの存命中（十三世紀初頭）にイブン・ティボン（Samuel ibn Tibbon：一一六〇～一二三〇）という人物の手で最初のヘブライ語訳が作られている（『迷えるものの導き（モレー・ネヴヒム）』という西欧で知られた呼び名も、このヘブライ語訳に付けられた題名に由来する）。スピノザはこのイブン・ティボンのヘブライ語訳を所持していた。原文ではラテン語訳文とイブン・ティボンのヘブライ語訳文が併記されており、ラテン語訳文中の（　）の語句はスピノザが付加した説明である。

性的に見て明らかだったなら、彼は間違いなく聖書を曲げて説明し、結局はこのことを聖書も説いているかのように見せようとしただろう。それだけではない。たとえ聖書が至る所で明白に反対のことを主張していても、彼は直ちに、聖書は［本当は］世界が永遠であることを説こうとしていたのだと確信したことだろう。ということは、マイモニデスはたとえ聖書の真意が［文字通りには］明白な場合でも、それが真理にかなっているかどうか疑わしい限りは、あるいは真理にかなっていることが彼自身［の理性］にとって明白でない限りは、その真意を確信できないことになる。つまりわたしたちはそれが理性にかなっているか反しているか分からず、したがってまた、文字通りの意味が本当か間違いかも分からないことになる。

仮にこうした主張が当たっていたら、わたしは否応なく、わたしたちが聖書を解釈するには自然の光とは別の何かが必要だと認めざるをえなかったろう。聖書各巻に見られるほとんどすべてのことは、（既に示したように）自然の光によって知られる原則からは導き出せないからである。その場合、自然の光ではそれらが真理を語っているかどうか見極められないのだから、わたしたちは聖書の真意や考えについても分からないし、分かろうとすれば当然別の光を必要とすることになったろう。さらに、もしこの主張が当たっていたら、ふつうは［自然の光による］証明など解さない、というか証明などに関わっていられない民衆は、聖書の内容については哲学者たちの示す権威や証言を丸呑みすることしかできないはずだ。だとすると彼らは、哲学者たちが聖書解釈を絶対に誤らないと決めてかかることを迫られる。しかしこれは哲学者たちを新しい教権、新しい司祭あるいは新しい法王とするようなものであり、民衆には敬われるよりも笑い飛ばされるのが関の山だろう。

わたしたちの方法でも、ヘブライ語の知識は必須である。そして［今の］民衆は、やはりヘブライ語の習得などに関わってはいられない。しかしだからといって、今述べたのと同じような反論がわたしたちに向けられることはありえない。というのも、かつて預言者や使徒たちも民衆に向けて教えを説いたりものを書いたりしたわけだが、当時のユダヤ人その他の民衆は預言者や使徒たちの言語が分かっていたし、またこの言語によって預言者たちの考えをつかんでいたからである。もちろん当時の民衆にも、預言者たちがそうしたことを説いた［合理的な］根拠まで分かっていたわけではない。ところがマイモニデスの主張によれば、預言者たちの考えをつかむにはそのような根拠まで知らなければならないというのである。

このように、民衆が解釈者〔＝哲学者〕たちの言いなりで満足するしかないという〔先ほどの〕結論は、わたしたちの方法からは必ずしも導かれない。わたしがここで念頭に置く民衆とは、預言者や使徒たちの言語を知っていた民衆のことだからだ。これに対し〔そのような結論を回避しようとするなら〕、マイモニデスは〔単にヘブライ語を知っているだけでなく〕ものごとの原因を理解でき、またものごとの真意をその原因にさかのぼって特定できるような民衆を〔想定しなければならないはずだが、明らかにそのような民衆を〕想定していない。

また、たとえ今の〔＝ヘブライ語を知らない〕民衆に話を移しても、わたしたちの方法の優位は動かない。わたしたちが既に示したように、救いを得るために必要な教えは、たとえその〔合理的な〕根拠までは分からなくても、どのような言語でも簡単に理解できることばかりだからだ。それらはそれほどまでに、誰にでも共通する当たり前のことなのである。だから今の民衆も、〔ヘブライ語を知らないからといって〕解釈者たちの言いなりで我慢しなくてよいことになる。彼らはむしろ、〔聖書の説く教えを〕自ら理解することによって安心できるのである。そしてその他の点については、学がある人もない人も、置かれた境遇に大差はないのだ。[32]

［二十二］しかしマイモニデスの主張に立ち返って、さらに詳しく検討してみよう。まずこの主張では、預言者たちは何事についても意見が一致していて、しかも全員が哲学者であり神学者であったと想定されている。預言者たちは真理に基づいて結論を引き出したことにされているからだ。しかしこれが誤りであることは既に第二章で示しておいた。

さらにこの主張では、聖書の意味を聖書そのものによって確定することが不可能だと想定されている。真理が聖書によって確定されることはないからだ（そもそも聖書は何一つ証明していないし、何を語るにせよそれを基本原則や第一原因にさかのぼって説くことはないのだから）。したがってマイモニデスの主張によると、聖書の真意を聖書そのものによって確定することも、聖書そのものから得ようとすることもできなくなる。しかしこれも誤りであることは、本章で明らかにした通りである。既に理

32　マイモニデスの引用からここまでの文章は、議論が凝縮されていて非常に分かりにくい。多少の意訳では対応しきれないため、訳者の解釈に従い、随所で文意を補っておく。

論と実例のどちらでも示したように、聖書の意味は当の聖書だけによって確定できるし、聖書だけから得ることができる。これは聖書が自然の光によって知られることを語っている箇所でも変わらない。

さらにこの主張では、わたしたちはあらかじめ持っている考えに合わせて聖書の言葉を説明し、ねじ曲げ、いくら文字通りの意味が明らかではっきりしていても否定し、別のどのような意味に読み変えても構わないと想定されている。既にこのこと自体、わたしたちが本章その他で論証してきたことに真っ向から矛盾しているのだが、それをひとまず問わないとしても、このようなお墨付きを与えるのがやり過ぎであり無謀であることは誰の目にも明らかだろう。ここまでやりたい放題を認めておいて、一体どういう成果が得られるだろうか。間違いなく、得られるものは何一つない。聖書の大部分はそもそも論証のしようがないものごとで占められていて、それらを今述べたような仕方で探究することなど不可能だし、またこれらに今述べたような基準に従って説明や解釈を付けることも不可能なのだ。一方わたしたちの方法に従うなら、こうした類のことを数多く解明できるし、「たとえ最終的な解明が難しい場合でも」手堅く論じることができる。このことは既に、理論と実例に即して示しておいた。また、これも既に示したように、その本来的な性質からして分かりやすい事柄ならば、その意味は文章の前後関係からだけでも簡単に読み取れる。

そういうわけで、この［マイモニデスの］方法には何の利点もない。しかもこの方法は、民衆がまじめに聖書を読みさえすれば得られるような確信であれ、また誰もがもう一つの［つまりわたしたちの］方法に従えば得られるような確信であれ、およそ聖書の真意についてのありとあらゆる確信をひとびとから残らず取り上げてしまう。だからこそ、このマイモニデスの主張は有害無益で馬鹿げており、わたしたちはこれを受け入れるわけにはいかないのである。

［二十二］さらにパリサイ人たちの伝統についていえば、既に述べたように、これには筋が通っていない。また［歴代の］ローマ法王たちの権威なるものは、［信用するには］もっとはっきりした証拠が必要である。[33] まさしくこの理由から、わたしは法王の権威を認めない。実際、もし法王たちが彼らの権威を、かつてユダヤ人の大祭司たちがそうしたのと同じくらい確かに、聖書そのものに基づいて示すことができたならば、

33 いずれも本章九節の話題の続きである。

たとえ彼らの中に異端者や不届き者がいてもわたしは動じなかったろう。かつてヘブライ人の大祭司たちの中にも、異端者や不届き者はいたからである。彼らはいかがわしい手口で大祭司の地位に就いたけれども、それにもかかわらず、法を解釈する至高の権力が彼らの下にあることは聖書の指図から明らかだった。これは『申命記』第十七章十一〜十二節や第三十三章十節や『マラキ書』第二章八節を参照してほしい。ところがローマ法王たちはそのような証拠を示してくれないのだから、わたしたちにとって彼らの権威はきわめて疑わしいものでしかない。ヘブライ人の大祭司の例に惑わされて、普遍的宗教［としてのキリスト教］にも法王が必要だと思い込む人が出ないように、ここで注意しておくべきことがある。そもそもモーセの律法は［ユダヤ人の］国の公の法だった。だからこそ、これを守るためには必然的に、何らかの公の権威が求められたのである。もし誰もが好き勝手に公の法を解釈する自由を持っていたら、どんな国でも存続できず、むしろこれによって直ちに解体されてしまうからだ。その時には公の法は［ひとそれぞれの］私の法となってしまう。

ところが宗教は事情がまったく違う。宗教で重要なのは外的な行いよりもむしろ純朴で誠実な心を持つことなのだから、宗教はどのような公の法にも権威にも支配されない。どんなに法で命じても、どんな公の権威を立てても、ひとびとの心に純朴さや誠実さを注ぎ込むことはできないからだ。暴力や法律で強制されて幸福になれる人間はただの一人もいない。ひとが幸福になるために必要なものは、道徳をわきまえた親切な忠告であり、よい教育であり、そして何よりもまず、自分自身の自由な判断なのである。

こういうわけで、ひとはそれぞれ、ものごと（これには宗教のことも含まれる）を自由に考える至高の権利を持っている。そしてこの権利を放棄できる人がいるなどとは到底考えられない。ということは、宗教について自由に判断する至高の権利や権威も、ひいては宗教を自分に納得のいくように説明し解釈する権利や権威も、やはり各人が持っているのである。法を解釈する至高の権威や、公のものごとについての最終的な判断が政府に委ねられるのは、これらが公の法の一部だからに他ならない。これと同じ理由から、宗教上のことを説明したり判断したりする至高の権威は、ひとそれぞれに委ねられる。それはつまり、これが各人の権利の一部だからである。したがって、ヘブライ人の大祭司に国の法を解釈する権威があったからといって、ローマ法王に［キリスト教という］宗教を解釈する権威があると結論するのは全くの筋違いというものだろう。そのような前提でいくと、むしろ反対に、宗教の解釈権はもっぱらひとそれぞれに委ねられていると結論する方が無理がないからである。

ここからも、わたしたちの方法こそ聖書解釈の最善の方法であることが分かる。もし聖書解釈の至高の権威が各人に委ねられるなら、その解釈の基準は超自然の光でも外部の権威でもなく、誰にでも共通の自然の光によるしかないからだ。またその基準は、最高に頭の切れる哲学者でないと扱いきれないほど難しいものではなく、ひとびとの誰もが当然持っているはずの気質や能力に見合ったものでなければならない。既に示した通り、そうした基準にはわたしたちの方法こそがふさわしい。わたしたちの方法も現在いくつかの困難を抱えているが、それらは既に見たように［過去の］ひとびとの怠慢に由来するものであり、方法そのものの性質に由来するものではないからである。

第八章

この章では、モーセ五書やヨシュア記、士師記、ルツ記、サムエル記、列王記は本人の著作ではないことを示す。その後これらすべてについて、著者は複数いたのか、一人だけだったのか、また誰だったのか探究する

［一］前章では、聖書各巻を理解するためのさまざまな原理原則を取り上げた。その要点は、先に示した通り、聖書各巻がたどってきた歴史を間違いなく突き止めることに他ならない。ところが聖書の歴史は、これほど［聖書の理解に］不可欠のものでありながら、古代人たちに大事にされなかった。あるいはたとえ書き伝えられたとしても、時代の流れに圧迫されて消えてしまった。したがって、聖書を理解するための原

理原則はその大部分が失われてしまったのである。

これだけなら、まだましだったろう。ところがそれに続く時代の人たちも、適切な限度を踏み越えないよう自制することがなかった。彼らは自分たちが受け継いだり見つけたりしたわずかなことだけを世代から世代へと忠実に伝えるのではなく、自分の思いつきから出た勝手な内容を盛り込んでしまったのだ。この結果、聖書の歴史には単に欠けている所があるというだけでなく、誤りも増え続けていった。つまり聖書各巻を理解するための手がかりは、ただ単にすべてつなぎ合わせても完全な理解を得られないほど少ないというだけでなく、それ自体としていかがわしくなってしまったのである。

［二］わたしはこの現状を改善し、神学一般に共通するさまざまな先入見を取り除きたいと思っている。しかしこういう試みに取りかかるには、もう遅すぎるのではないかという恐れも抱いている。事態は既にほとんど取り返しのつかない所まで進んでいて、ひとびとはこの現状を見直すことに耐えられず、むしろ自分たちが宗教上の観点から信じ込んだことを頑なに守ろうとしているからだ。理性の働きかける余地は（残り［大多数］の人たちと比べたら）ごくわずかな人たちの間にしか残っていないよう

に思われる。それほどまでに、こうした先入見はひとびとの心を広く覆い尽くしているのである。それでもわたしはやってみる。わたしがこうした試みから手を引くことはないだろう。こうしたことについて絶望し切ってしまう理由はないのだから。

［三］さて、すべてを順序よく示すために、聖書各巻の本当の著者をめぐる先入見から手をつけていこう。まずはモーセ五書の著者についてである。ほとんどすべての人が、それはモーセだと信じてきた。パリサイ人たちに至っては、頑なにこの見解にこだわるあまり、これと違う考えを持つように見える人を異端者扱いしていた。恐らくそのせいだろう。イブン・エズラはきわめて自由な気質と並外れた教養の持ち主であり、わたしがその著作を確認した中では一番最初にこの先入見に注意を向けた人物であったが、彼は自らの考えをはっきり披露しようとせず、あやふやな言葉づかいではのめかすに止めている。わたしはそういう遠慮とは無縁なので、ここでそうした言葉づかいを解明し、彼の見解がどのようなものだったかをはっきりと示してみたい。

このイブン・エズラの言葉は彼の申命記注解に見られるが、それは次のようなものである。「『ヨルダン川の向こう側で』。（中略）もしあなたが十二の奥義を理解するならば、また『そしてモーセは律法を書いた』、『当時その地にはカナン人がいた』、『神の山において啓示されるであろう』、『見るがいい、彼の寝台は堅固な寝台である』といった箇所を理解するならば、その時あなたは真実を知るであろう」[1]。イブン・エズラはこのわずかな言葉によって、モーセ五書を書いたのがモーセではなく、はるか後世に生きた誰か別の人であったこと、またモーセ自身が書いたのは別の書であったことをほのめかし、そして同時にこれを示そうとしているのである。

しつこいようだが、イブン・エズラはこのことを「示そうとしている」。そしてそのために、

一．まず彼は『申命記』の序の部分そのもの［に出て来る「ヨルダン川の向こう側で」という表現］に注意を促す。このような表現はヨルダン川を越えたことのないモーセには書けなかったはずである[2]。

二．モーセが書いたものは、全部まとめても、一つの祭壇の周りに「すべてはっきりと」書き尽くせる程度だった（『申命記』第二十七章や『ヨシュア記』第八章三十一節以下[3]を参照）[4]。この祭壇はラビたちの報告によれば、わずか十二個の石でできていたというから、ここから分かるのは、モーセが書いたものはいわゆるモーセ五書よりも分量的にはるかに少なかったということである。この著者［＝イブン・エズラ］が

「十二の奥義」という言葉で示したかったのは、まさしくこのことであったとわたしは思う。

たしかに『申命記』の同じ章にある十二の呪いを念頭に置いていた可能性もないわけではないが、イブン・エズラは恐らく、そのような呪いが律法の書に［その一部として］記されたとは思っていなかったろう。モーセはまず律法を書いてしまってから、

---

1 『申命記』第一章五節「モーセはヨルダン川の向こう側で云々」に対する注解である。聖書からの引用語句は『 』で区別する。なおこの箇所については、イブン・エズラ自身は『申命記』に後から書き加えられたと思われる部分が存在することを指摘しようとしただけであり、『申命記』が大枠においてモーセの著作であることまでは疑っていないのではないか、という解釈も存在する（Gebhardt）。

2 『申命記』第一章一節および五節に同じ表現が見られるが、新共同訳聖書ではいずれも「ヨルダン川の東側」と意訳されている。イスラエル人たちがヨルダン川を東から西に渡って「約束の地」カナンに侵入するのは、モーセの死後ヨシュアの時代になってからのことである（『ヨシュア記』第一章二節）。

3 初版には「『ヨシュア記』第八章三十七節以下」とあるが、同書第八章は三十五節までしか存在しないので、歴代の校訂者たちがさまざまな修正案を示している。どの説にも無理がない一方で決め手もないが、ここでは一応底本（元の提案者はGebhardt）に従っておく。

その上で改めて、レビ族の人たちにこの呪いを唱えるよう命じているからだ。それは民衆を誓いの言葉で縛りつけて、彼の記した律法に従わせるためであった。あるいはまた、モーセの死を扱った『申命記』最終章［＝第三十四章］を示したかった可能性もないわけではない。この章は十二の節からできているからだ。これらはわたしの見立てであり、別の人たちには別の見立てがあると思うが、ここでこれ以上しつこく検証する必要はないだろう。

三．さらにイブン・エズラは『申命記』第三十一章九節で言われている「そしてモーセは律法を書いた」という言葉に注意を促す。これは間違いなくモーセの言葉ではありえない。モーセの行ったことや書いたことを語ろうとする、別の人物の言葉である。

四．イブン・エズラは『創世記』第十二章六節にも注意を向けている。ここはアブラハムがカナン人の地を通ったことが語られる箇所だが、物語の書き手は「当時その地にはカナン人がいた」と付け加えている。こうすることで、書き手はこれを書いた時点と「当時」をはっきり区別しているのである。したがってこれらの言葉はモーセの死後、カナン人たちが既に追い出されて、もうその地に住んでいなかった時代に書かれたに違いない。[6]

このことはイブン・エズラ自身、この箇所に付けた注解の中で、次のような言葉で示している。「『当時その地にはカナン人がいた』。カナンの地には別の者が住んでい

4　スピノザが典拠として挙げている「ラビたちの報告」とは、まさに「ラビたちの語り」を意味するタルムードの『ソター編』を指すと考えられる（底本の指摘）。『ヨシュア記』第四章に、イスラエル人たちが神に護られて無事ヨルダン川を渡った記念として、川から拾ってきた十二個の石で記念碑（?）を作る場面がある（八節）。彼らはまた、この時、神の奇跡により干上がったヨルダン川の川床にも十二個の石を立てたという（九節）。この十二という数は古代イスラエル十二部族の象徴と考えられるが、これらの箇所との類推で、カナン侵入後に彼らが築いた祭壇も十二個の石からできていたという伝承が生じたらしい。

5　『申命記』第二十七章十五～二十六節にある十二項目の宣誓を指す。レビ族の人たちが「～する者は呪われる」で終わる各項目を唱えるたびに、残りの者たちは「アーメン」と唱和して同意を示すことを求められた。

6　聖書に言われる「カナン人」はモーセの死後、ヨシュアに率いられたイスラエル人たちのカナン侵入によって初めて駆逐されたことになっているので、『創世記』のこの記述をモーセが書いたとすると時代が合わないことになるのである。

て、それをカナン（ノアの孫）が獲得したように思われる。もしこれが本当でないとすると、ここには不可解な事態が隠れているようだ。それを理解しても黙っているべきだが」。つまり、もしカナンがこの地域を侵略によって獲得したとすると、この語句の意味は「当時既にその地にはカナン人がいた」ということになるだろう。つまりこの記述はそれ以前の時代との対照であり、以前はその地は別の民族が住んでいたことになる。しかしもしそうではなく、カナンがその地域に住んだ最初の住民だったとすると（『創世記』第十章から考えればそういう結論になるはずだが）、その時にはこの記述は、これを書いた人にとっての現在の時点との対照になる。したがって、現時点でこれを書いている人はモーセではないことになる。モーセの時代にも当然カナン人はその地に住んでいたからである。しかしこれは不可解であり、イブン・エズラはこれについて口を慎むよう勧めているのである。

五.『創世記』第二十二章十四節で、モリヤの山が「神の山」と呼ばれていること（原注九）もイブン・エズラは指摘する。この山がそういう名前を持つようになったのは、後に神殿の造営地に指定されてからのことである。[7] しかしこの山が造営地に選ばれたのは、モーセの時代のことではなかった。モーセは神に選ばれた場所など指定しておらず、むしろ反対に、神がいつの日かどこかの場所を選び、その地に神の名が冠せられるだろうと予言したのである。

六．最後に、『申命記』第三章で、バシャンの王オグの物語に次のような章句が挿入されていることもイブン・エズラは指摘する。「他の巨人族[8]の中で、残っていたのはバシャンの王オグだけであった。見るがいい、彼の寝台は堅固な寝台である。これ（寝台のこと）は確かに、ラバ［の町］でアンモンの子らの手中にあり、長さは九クビトである[9]（以下略）」。この挿入句は明らかに、これらの巻を書いたのがモーセより

7　モリヤの山は『創世記』同章でアブラハムが息子イサクを生贄にしようとした地であり、はるか後代になってソロモン王がここに神殿を築く（『歴代誌下』第三章一節を参照）。

8　原注「ヘブライ語でレファイムは呪われたものたちを意味するが、『歴代誌［上］』第二十章［四節］からすると固有名詞にもなりうるようだ。したがって、ここでは特定の一族を意味するものと解しておく」。これは近代語訳聖書でもほぼ同様に解されていて、訳語としては「巨人族」ではなく単に「レファイム人」とされることが多い。しかしここでは、あえてラテン語の gigantes を直訳して「巨人族」としておく。そうしないとスピノザがここに注を付けた意味が分かりにくくなるからである。

はるか後代に生きた人物であったことを示している。このような語り口は、はるか昔の出来事を語る人に特有のものだからだ。そういう人は聞き手の信頼を得ようとして、昔の出来事の［今日まで残っている］遺物を話題にする。そしてこの寝台とは明らかに、ダビデの時代に初めて発見されたものである。ダビデがこの町を征服した時の様子は『サムエル記下』第十二章三十節に語られている。[10]

しかし同じような挿入が見られるのはここだけではない。この書き手はここから少し進んだ所でも、モーセの言葉に付け加えてこう述べる。「マナセの子ヤイルはゲシュル人とマアカ人の境に至るまでのアルゴブ全域の管轄権を獲得し、バシャンを含めたその地を自分の名にちなんでヤイルの諸区域と呼び、今日に至っている」[11]。断言してもよいが、この書き手は自分が直前に挙げたモーセの言葉を説明するために、このようなことを付け加えたのである。直前の言葉とはこういうものだ。「そしてギレアドの残りの土地と、オグの王国［がそれまであった］バシャンの全土を、わたし［＝モーセ］はマナセの半部族[12]に与えた。巨人族の地と呼ばれるバシャン全土を含めた、アルゴブ全域の管轄権[13]［がそれである］」。この書き手の時代には、明らかにヘブライ人たちは、ユダ族に連なる「ヤイル」の諸区域がどこのことかは知っていても、

その地を「アルゴブの管轄区」や「巨人族の地」といった名前で呼ばれると理解でき

9　『申命記』第三章十一節を参照。モーセに率いられ、死海南東部を大きく迂回しながら北上したイスラエル民族は、その地でバシャンの王オグに率いられた軍勢を全滅させ、その配下にあった六十の町を略奪する。オグの「寝台」とは要するに彼の遺骸を安置した棺のことらしく、新共同訳聖書でも棺と訳されている。なお、新共同訳には「彼の棺は鉄で作られており」とあるが、本当に材質が鉄だったかどうかは諸説あってはっきりしないので、ここでは本文のように訳しておく。

10　正確には同書第十二章二十六〜三十一節を挙げるべきだろう。

11　『申命記』第三章十四節を参照。

12　古代ヘブライ人を構成するとされる、いわゆるイスラエル十二部族（十二支族とも）の数え方は、その中にレビ族（祭司の一族として聖別されたため、カナン侵入後も部族固有の土地を与えられなかった）を含めるかどうかで微妙に異なってくる。レビ族を含めない場合、そのままだと十一部族になってしまうため、ヤコブ（＝イスラエル）の十人の子の系譜（十部族）に加え、十一男であるヨセフの系譜を二分割して、マナセとエフライムの二部族として勘定する。ところがレビ族を含める場合、これでは十三部族になってしまうため、マナセ族とエフライム族をそれぞれ「半部族」とし、両者を足して一部族（＝ヨセフ族）として勘定するのである。

13　『申命記』第三章十三節を参照。

なかったのだ。このため彼は、昔そういう名前で呼ばれていたこの地が一体どこのことなのか説明しなければならず、同時にまた、なぜ今はヤイルの名前で知られているのかという理由も与えなければならなかった。ヤイルが属するのはユダ族のはずで、マナセ族ではないからである(『歴代誌[上]』第二章二十一～二十二節を参照[14])。

[四] イブン・エズラの見解と、この見解を裏付けるために彼が挙げているモーセ五書の各箇所については、以上をもって説明し終えた。ところが彼が指摘したのはすべてでもなければ、核心部分というわけでもない。なぜならこのモーセ五書には、指摘しておくべき重要な箇所がまだたくさん残っているからである。つまり、

一.この書物の書き手はモーセについて三人称で語るだけでなく、モーセについての証言もたくさん残している。たとえば「神はモーセと語った」「神はモーセと顔と顔を合わせて語った」「モーセは誰よりも謙虚な人だった」(『民数記』第十二章三節)「モーセは軍隊の指揮官たちに対する怒りにとらわれた」(『民数記』第三十一章十四節)「神々しい人モーセ」(『申命記』第三十三章一節)「神のしもべモーセは死んだ。(略)モーセのような預言者は、もうイスラエルに現れなかった」などがそうである。しかし『申命記』の中でも、モーセが民衆に告示したり書きとめたりした律法のことが述

べられている部分になると、モーセは一人称で語り、自分の行いを一人称で述べる。たとえば「神はわたしに語った」（『申命記』第二章一節、十七節など）「わたしは神に祈った」などがそうである。しかしその後モーセの言葉を扱った箇所が終わると、末尾では書き手が再び三人称で話を引き取り、モーセがどのようにこの（つまり既に告示した）律法を書きものにして民衆に引き渡し、どのように民衆へ最後の警告を与え、そしてどのようにして遂にその生涯を終えたか語っている。これらすべて、つまり語り口や証言や物語全体の進み方、そのどれを見ても明らかに、これらの書物がモーセ自身でなく他の人物によって書き上げられたことを物語っている。

二．さらに注意すべきことに、この歴史物語で語られているのは、モーセが死んで

14　『歴代誌』のこの箇所を唯一の例外として、ヤイルは旧約聖書本文ではほぼ一貫して「マナセの子ヤイル」（『民数記』第三十二章四十一節および『列王記上』第四章十三節）と呼ばれている（なお『士師記』第十章三節で言及される「ギレアド人ヤイル」は別人とする）。一部の注釈（畠中等）に見られる「ヤイルの母がマナセ族の出身だった」という説明は、恐らくこの矛盾を解決するために考案されたものと思われるが、旧約聖書内にそれを裏付ける記事は見つからない。

埋葬され、ヘブライ人たちが三十日の喪に服することになった時の様子だけではない。[15]後代に生きたすべての預言者たちとモーセが比べられた上で、モーセが他のどの預言者よりも優れていたと言われるのである。「顔と顔で神と知り合ったモーセのような預言者は、もうイスラエルに現れなかった」という。[16]このような証言はモーセが自分で自分について残すわけがないし、彼の直接の後継者でも不可能である。こういう言い方ができたのは、何世紀も後の時代に生きた誰かに限られる。この書き手が「二度と現れなかった」云々という形で、それを〔遠い〕過去の時代のこととして語っているのが何よりの証拠である。また埋葬地についても「誰もその場所を知らないまま今日に至った」と言われている。[17]

三．モーセの生きていた頃に付いていた名ではなく、はるか後代になって付けられた別の名で示されている場所がいくつかあることにも注意してほしい。たとえばアブラハムが敵を「ダンまで追撃した」（『創世記』第十四章十四節を参照）とあるが、この町がこういう名前を持つようになったのはヨシュアの死後かなり経ってからのことである（『士師記』第十八章二十九節を参照[18]）。

四．これらの歴史物語は、時にモーセの生きていた時代の後まで引き延ばされている。たとえば『出エジプト記』第十六章三十四節では、イスラエルの子らが人の暮らす土地、つまりカナンの地に接する所にたどり着くまで、四十年もの間マナを食べて暮らしたと語られる。だとするとこの話は『ヨシュア記』第五章十二節に語られる時代にまで及ぶことになる。『創世記』第三十六章三十一節にも「これらの者は、イスラエルの子らを王が治めるようになる以前に、エドムを治めていた王であった」と言われる。ここで書き手が語っているのは、ダビデがエドム人たちを屈服させて(原注十)エドムに守備隊を設ける(『サムエル記下』第八章十四節を参照)以前に、彼らが戴いていた王たちのこととしか考えられない。[19]

[五] 以上すべてから、モーセ五書がモーセではなく他の誰かによって、しかもモー

15 この三十日の喪については『申命記』第三十四章八節に記述がある。
16 本書第一章十七節から何度か引用されている『申命記』第三十四章十節の記述を指す。
17 『申命記』第三十四章六節を参照。
18 「その町の元来の名はライシュであった」が、古代イスラエル十二部族の一つであるダン族が先住民から奪ってダンと改名したとある。
19 第十六章三十五節とする方が正確である。

セから何世紀も後に生きた誰かによって書かれたということは、昼間の光よりも明白である。さて、もしよければ、今度はモーセ本人が書いたという、モーセ五書に引用されているさまざまな文書に目を向けてみよう。こうした文書に即して考えても、これらがモーセ五書とは別のものだったことが裏付けられるだろう。

まず『出エジプト記』第十七章十四節により、モーセは神の指図によってアマレク人との戦いのことを書きとめたと分かる。ただ、どの書物にこれを記したのか、この章からははっきり分からない。しかし『民数記』第二十一章十二節[20]に引かれている書物があって、これが「神の戦いの書」と呼ばれている。このアマレク人との戦いや、さらには［エジプト脱出から死海東部に至るまでの］あらゆる宿営地の話（それらを書きとめたのがモーセであったことは『民数記』第三十三章二節の書き手も太鼓判を押している）が語られていたのは、この書物で間違いないようだ。

さらに『出エジプト記』第二十四章四節および七節には、モーセが初めて神と契約を交わした時にイスラエル人たちの前で読み上げたという、「契約の書」[21]と呼ばれる別の書物のことが出て来る。しかしこの書物、というか文書はとても短いものであり、その中身は『出エジプト記』第二十章二十二節から同書第二十四章までに語られている神の法ないし命令に限られていた。まともな分別をもって偏見なしにこの［第二十四］章を読むならば、このことを否定するものは誰もいないだろう。というのもそこでは、モーセは民衆が神と契約を交わしたがっていると知った途端、直ちに神の言葉や神の法を書き記したと語られているからだ。そして朝の光が差すと、彼はいくつかの儀礼を行い、集まった民衆に契約を結ぶにあたってのさまざまな条件を読み聞かせた。そして読み聞かされたそれらの条件をみんなが間違いなく理解してから、民衆は満場一致で契約に同意した。ということは、執筆にかかった時間の短さから考えても、また契約を交わす［ために用いる］という執筆理由から考えても、この文書は今述べたわずかなこと以外のどういう内容も含んでいなかったはずである。

最後に、エジプト脱出から四十年目に、モーセが自らの提示したあらゆる律法に説明を加え（『申命記』第一章五節を参照）、改めて民衆に律法への服従を申し渡し（『申命記』第二十九章十四節を参照）、そしてついにはこれらの説明付き律法とこの新しい

20　第二十一章十四節とする方が正確である。
21　原注「セフェルとはヘブライ語で主に手紙や文書を意味する」

服従契約を内容とする書物を著した（『申命記』第三十一章九節を参照）ことが判明している。この書物は「神の律法の書」[22]と呼ばれているが、これを後にヨシュアが増補して、彼の時代に民衆が改めて取り交わした、神との三度目の契約の物語を書き加えたという（『ヨシュア記』第二十四章二十五〜二十六節を参照）。しかしこのようなモーセとヨシュア両方の契約を内容とする書物など、わたしたちは持ち合わせていないのだから、この書物は失われたものと考えざるをえないだろう。

もっともカルデア語訳者ヨナタン[23]の妄言を真に受けて、聖書の言葉を好き勝手に歪曲するならその限りではない。この人物は以上の難点に惑わされて、自分の無知を認めるよりも聖書を書き換えることを選んだのである。つまり『ヨシュア記』のこの言葉（同書第二十四章二十六節を参照）は「そしてヨシュアはこれらの言葉を神の律法の書に書き加えた」となっているのだが、それを彼はカルデア語で「そしてヨシュアはこれらの言葉を書き、神の律法の書とともに保管した」と訳した。自分に都合のよいことしか見ていない人たちと、一体何をともに行えるだろうか。[24]はっきり言って、これは聖書そのものを否定し、自分の思いつきで新しい聖書を打ち立てるのに等しい行いではないだろうか。

したがって、このモーセが書いた「神の律法の書」[25]なるものはモーセ五書ではなく、モーセ五書を著した誰かが自作の中にうまく挿入したまったく別の文書だった、というのがわたしたちの結論である。これは今述べたことからも明らかだが、以下で述べることによってますます明らかになるだろう。

既に引用した『申命記』のある箇所では、モーセが律法の書を書いたと語られてい

22　新共同訳聖書では「神の教えの書」と訳されている。

23　「カルデア語訳者ヨナタン」とは、紀元一世紀に聖書をアラム語に訳したとされるヨナタン・ベン・ウジエル（呼称には各国語により異同あり）を指す（底本の指摘）。スピノザは他の箇所ではアラム語をシリア語（アラム語の下位区分）と呼ぶことが多いが、ここでは十七世紀当時の一般的用法に従ってカルデア語と呼んでいる。

24　テレンティウス『自虐の人』の一節「法も善も公正も知らない人たちと、一体何をともに行えるだろうか。有利といい不利といい、徳といい損といい、彼らは自分に都合のよいことしか見ていないのに」（六四二～六四三行）に由来する（底本の指摘）。

25　底本は「モーセが書いた神の律法を収めたこの書物 hunc librum legis Dei, quam Moses scripsit」で、これでも意味は通じるが、quam は quem の明らかな誤植なので初版の形に戻して訳しておく。

たが、この時［『申命記』の本当の］書き手はこれに付け加えて、モーセがこの書を祭司たちに渡して、しかるべき時に全民衆に読み聞かせるよう命じたと書いている。[26] ここから分かるのは、この文書の量はモーセ五書よりはるかに少なかったということである。そうでないと、一度の会合でみんなに分かってもらえるように読み聞かせることはできないだろう。またここで見逃してはいけないのは、モーセは自分が書いたあらゆる文書の中でも、この第二の契約にまつわる文書［＝神の律法の書］と歌（これも民衆全体が覚えられるよう、後にモーセが自分で書きつけた）[27] だけを手厚く保護するよう命じていることである。[28] 第一の契約に縛られたのはそこに来て居合わせていた人たちだけだったのに対し、第二の契約は［イスラエル人］全員を、しかもその子孫まで含めて縛るものだった（『申命記』第二十九章十四〜十五節を参照）。だからこそモーセは、この第二の契約をまとめた文書を未来の世代のため手厚く守るよう命じ、またこれに加えて、既に述べたように、主に未来の世代を念頭に置いた歌まで残したのである。

このように、モーセがこれらの文書以外の著作を書いたかどうかは定かではなく、彼自身が後世のため手厚く守るよう指示したのは律法をまとめた小文と歌だけに限られており、またモーセ五書には彼に書けたはずのない箇所が多数見られる。これらのことから考えて、モーセがモーセ五書の著者だと確かな根拠を持って主張することは誰にもできないのであり、そのような主張は理性に真っ向から反すると結論するしかない。

［六］しかしここで恐らく、こう問いかける人が出るだろう。モーセはこうした文書以外にも、さまざまな律法が初めて啓示されるたびに、そうした律法について記していたのではないだろうか。言い換えれば、彼は四十年もの長きにわたって［預言者として］活動したのに、自分の示した律法のうち、わたしが最初の契約の書の内容と断定したわずかなものしか書き残さなかった［というのはあまりにも不自然ではない］のか。だが、こうした疑問にはこう答えておこう。たしかにモーセは、律法を［神から］

26 『申命記』第三十一章九〜十一節を参照。

27 この「歌」とは『申命記』第三十二章一〜四十三節にある、いわゆるモーセの歌を指すものと思われる。この歌をモーセ自身が書きとめたという記述は、同書第三十一章二十二節に出てくる。

28 『申命記』第三十二章四十五〜四十七節の記述を指すと思われる。

伝えられるたびに、その時その場でそれらの律法を書きとめていたかもしれない。そう考えた方が理にかなうように見えると、わたしも認めざるをえない。しかしだからといって、わたしたちにこうした主張を行うことが許されるとは思わない。先に示したように、わたしたちがこうしたことについて何かを主張する場合、その主張はもっぱら聖書そのものに裏付けられることか、または聖書から正しい推論によって直接引き出せることに限るべきであり、［主張しようとする内容が］理にかなうように見えるかどうかで判断してはいけないからである。それに、たとえ純粋に理詰めで考えても、わたしたちは必ずしも先ほどのような主張を余儀なくされるわけではない。もしかしたら長老の誰かがモーセの指図を書き取って民衆に伝え、それを後になって物語作者が寄せ集めて、モーセの生涯の物語にうまく挿入したのかもしれないからだ。

しかしモーセ五書についてはこれくらいにしておこう。これからはモーセ五書以外のさまざまな巻を検証してみたい。

［七］『ヨシュア記』がヨシュア自身の書いたものでないことも、同様の理由から明らかである。ヨシュアについて、その名声が地域全体に伝わったとか（第六章二十七節を参照）[29]、彼はモーセの命じたことを一つもおろそかにしなかったとか（第八章最終

節および第十二章十五節を参照)、年老いた時に「イスラエル人」全員を呼んで集会を開いたとか、[30]ついに息を引き取ったとか、[31]そういうことを証言しているのは別人に違いないからだ。さらに言えば、ここにはヨシュアが死んだ後に起きたこともいくつか語られている。たとえば彼が死んだ後も、彼のことを知っている長老たちが生きている間は、イスラエル人たちは神を敬っていたという。[32]また第十六章十節には「彼ら(エフライム族とマナセ族)はゲゼルの地に暮らすカナン人を追い払わなかった」とあり、さらに補足として「カナン人は今日に至るまでエフライムの間に暮らし、税を納め続けている」[33]とある。これは『士師記』第一章〔二十九節〕に語られていることと全く同じであり、また「今日に至るまで」という言い方からも、書き手が「自分から見て」

29 原文には第七章一節とあるが、内容から修正する。
30 『ヨシュア記』第二十三章一~二節や第二十四章一節を参照(底本は第二十三章二十四節を参照指示しているが、このような節は存在しない。「第二十三章、二十四章を参照」としようとして書き誤ったものと思われる)。
31 『ヨシュア記』第二十四章二十九節を参照。
32 『ヨシュア記』第二十四章三十一節を参照。

大昔の出来事を語っていることが分かる。第十五章最終［六十三］節のユダ族についての記述も、同章十三節からのカレブの物語も、これと似たようなものである。[34]また第二十二章十節以下などで語られている、二つの部族と一つの半部族がヨルダン川の彼岸に［勝手に］祭壇を築いた事件[35]なども、ヨシュアの死後に起きたことと思われる。物語全体を通してヨシュアへの言及が一度もなく、民衆だけで戦争を仕掛けるかどうか検討し、使節を派遣して先方の回答を待ち、最終的には届いた回答に理解を示しているからだ。最後に第十章十四節からも、この書物は明らかにヨシュアの時代から何世紀も後に書かれたことが分かる。「この日より後にも先にも、神が誰かの願いを（これほどまでに）聞き届けたことはなかった」云々という証言があるからだ。こういうわけで、もしヨシュアがかつて何らかの文書を書いたとすると、それは第十章十三節つまりこの同じ物語の中で引き合いに出されている文書のことだったのだろう。[36]

［八］『士師記』の場合、この書物が士師たち自身によって記されたと信じ込んでいる人は、まともな精神の持ち主たちの中には一人もいないだろうと思われる。『士師記』第二章［六〜二十三節］にはこの物語全体に対する総括が含まれているが、ここからこの書物全体がただ一人の作者の手で書かれたことがはっきり分かるからである。

さらに『士師記』の書き手は、当時イスラエルには王がいなかったと何度も断っている。[37] ということは、この書物が書かれたのは、王たちが支配権を獲得した後のことに違いない。

［九］『サムエル記』上下巻に関しても、やはり長々と扱う必要はないだろう。物語がサムエルの生涯のはるか後まで引き延ばされているので、サムエル自身が書いたも

---

33 新共同訳では「彼らは強制労働に服している」となっているが、ラテン語原文を尊重してこう訳す。

34 それぞれ「エブス人はユダの人々と共にエルサレムに住んで今日に至っている」（六十三節）「［アナクが攻めた町］デビルはかつてキルヤト・セフェルと呼ばれていた」（十五節）という、執筆時点がはるか後代であることをうかがわせる記述がある（傍線部強調吉田）。

35 この「二つの部族と一つの半部族」とはそれぞれルベン、ガド、マナセを指す。彼らの独自に築いた祭壇が目立って大きいものだったので、叛意を疑われたらしい。

36 本書第二章十三節でも取り上げられた「日月が静止する」という奇跡を扱ったこの箇所では、『義人の書』（新共同訳では『ヤシャルの書』）という散逸したらしい文書の記述が引き合いに出されている。

37 『士師記』第十七章六節、十八章一節、十九章一節、二十一章二十五節を参照。

のでないことは明らかである」からだ。ただ、これだけは注意しておきたいことがある。それはこの書物もまた、サムエルの時代から何世紀も経って書かれたものだということである。その証拠に、これを書いた人は上巻第九章九節[38]で「昔イスラエルでは、ひとは神意を伺いに行く時、わたしたちは先見人の所へ行くと言った。今日預言者と呼ばれている人は、昔は先見人と呼ばれていたからである」という断りを挟んでいる。

［十］最後に『列王記』上下巻だが、これがソロモンの事績を扱った書物（上巻第十一章四十一節を参照）と、ユダ王国の王たちの年代記（同第十四章二十九節を参照）と、イスラエル王国の王たちの年代記（同第十四章十九節を参照）から抜き出されたものであることは『列王記』そのものからはっきり分かる。

［十一］したがって結論としては、これまで調べてきた聖書各巻はみな後世の作であり、そこに含まれていることは［古代に記録されたことそのものではなく］古代の出来事として語られている［に過ぎない］のである。さて、以上各巻のつながりや論題に注意を向けるなら簡単に思い当たることだが、これらすべては一人の同じ作者の手で書かれたのだろう。この人物は、その発祥から［エルサレムの］町の最初の滅亡に至るまでの、ユダヤ人たちの古代誌を書こうとしたのである。

実際これらの巻は互いに密接につながり合っているけれども、このつながり一つ取って見ても、それらは一人の作者による一貫した物語を持っているとしか考えられない。たとえばモーセの一生を語り終えた途端に、話は「そして神のしもべモーセの死後、神がヨシュアに語りかけたことがあった」云々という具合に、ヨシュアの物語［＝『ヨシュア記』］へ移っていく。この物語がヨシュアの死で終わると、また同じ移り方、同じつなぎ方で士師たちの物語［＝『士師記』］が始められる。「そしてヨシュアの死後、イスラエルの子らが神に問いかけたことがあった」云々という具合である。そしてこの巻は、いわば余談としての『ルツ記』とつながっているが、これも「そして士師たちが裁きを司っていた当時、その地は飢餓に襲われたことがあった」という具合につなげられる。[39] この巻にも同じやり方で『サムエル記』上巻がつなげられ、これが終わると、またおなじみの移り方で下巻が始められる。そしてこの巻には、ダビデの物語がまだ終わらないうちに『列王記』上巻がつなげられ、ダビデの物語が引き続き語られていく。そして最後はこの巻に、また同じつなぎ方で下巻がつなげられる

38　初版は第九章六節となっているが、内容から後代の修正に従う。

のである。

さらに、ある自覚的な意図を持った作者がたった一人でこれらの物語を書いたらしいことは、物語相互の脈絡や並べ方にも表れている。つまりこの作者は、まずヘブライ民族の最初の起源から語り始めて、それからモーセに話を移す。彼がどういう状況や時代背景の下で律法を示し、ヘブライ人たちに多くのことを預言したか、順序よく語っていくのである。それからモーセの預言に従って、ヘブライ人たちが約束の地に攻め入り（『申命記』第七章を参照）、その地を得てから律法を守らなくなり（『申命記』第三十一章十六節）、その結果彼らにいくつもの災厄が降りかかった（同十七節）いきさつが語られる。それからヘブライ人たちが王を立てたがるようになり（『申命記』第十七章十四節）、その王たちも律法を敬う度合いに応じて幸運や不運に見舞われていく（『申命記』第二十八章三十六節および最終〔六十八〕節）いきさつが語られ、ついにはこれもモーセの預言した通り、国の滅亡が語られるのである。ところがこれ以外の、律法への信頼を固めるのに役立たない話題については、完全に沈黙を貫くか、読者を他の物語作者たちに委ねている。こういうわけで、これらの巻は総じて一つの目標に向かっている。その目標とは、モーセの言ったことや命じたことを教えることであり、その正しさをものごとの成り行きによって立証することである。

［十二］これまで三つのことについて考察を進めてきた。一つはこれら各巻の論題がみな一様であること、一つは各巻相互のつながり方、そしてもう一つはこれらがみな後世の作であり、実際の出来事から何世紀も経って書かれたらしいことである。この三つの考察を総合すると、既に述べたように、これら各巻がただ一人の作者の手で書かれたという結論が導かれる。ではその作者とは一体誰だったのだろう。はっきり示せるわけではないが、わたしの見立てでは、それはエズラではなかったかと思われる。[40]この推測にはそれなりの根拠がいくつかある。

この作者（一人であったことが既に分かっている）は物語をヨヤキンの解放まで続けており、しかもヨヤキンが王と食卓を共にしたこと、そしてそれが彼の生涯にわたって（ヨヤキンの生涯のことか、ネブカドネツァル王の子の生涯のことかはっきり

39 ここではスピノザの論点（話のつなぎ方がいつも同じであること）を分かりやすくするため、ラテン語原文で繰り返されている「Et contigit, ...」という表現を意図的に「そして……（という）ことがあった」と直訳しておく。なお底本の指摘によれば、ヘブライ語原文でも同じ表現が繰り返されているという。

しない。ここの文意はかなり曖昧になっている）続いたことまで書き加えているのだ[41]から、作者はエズラより前の時代の人物ではないことがはっきり分かる。しかも聖書は当時生きていた他の人物については何も語っていないのに、エズラについてだけは、彼が神の法の研究や整理に努めたとか（『エズラ記』第七章十節を参照）、モーセの律法に通じた書記官だった（同章六節）といった証言を残している。したがって、これらの巻を記したと推測される人物は、［聖書本文中に登場する人物にそれを求めるならば］エズラ以外には誰もいないのである。

さらにこのエズラにまつわる証言によれば、彼は神の法の研究だけでなく整理にも努めていたことが分かる。また『ネヘミヤ記』第八章八節には「彼らは［エズラが持ち出した］神の律法の書を説明しながら読み上げ、そしてひとびとは知性を働かせてその文書を理解した」と言われている。[42]ところで『申命記』にはモーセの律法の書が、あるいはその大部分が含まれているだけでなく、詳しい説明のために挿入された箇所がいくつも見られる。ここから推測するに『申命記』こそエズラが書き、整理し、説明を付けた「神の律法の書」であり、この時彼らが読み上げたのもこれだったのだろう。そもそも『申命記』に詳しい説明のために加えられた挿入句がたくさんあることに

ついては、イブン・エズラの見解を説明した時にも二つほど例を挙げておいたが[43]、こ

40　ここでいうエズラは、旧約聖書『エズラ記』『ネヘミヤ記』に登場する人物で『エズラ記』の著者とされているエズラのことである。「アルタクセルクセス王の第七年」にユダヤ人の一団とともにバビロンからエルサレムに帰還したと言われている人物だが（『エズラ記』第七章七節を参照）、これが（仮に事実としても）西暦のいつに当たるかは聖書学者の間でも見解が分かれており、特に聖書本文中のペルシャ王アルタクセルクセスを一世（在位前四六五～前四二四）ととるか二世（在位前四〇四～前三五九／三五八）ととるかで六十年以上の開きができる。仮に後者を採用すると、エズラはネヘミヤより大分後の人物（つまり『ネヘミヤ記』にエズラが登場するのは後代の虚構）になるので、本書でこれから展開される「エズラがまとめた旧約聖書前半部各巻（特に『申命記』）をネヘミヤたちが使用した」というスピノザの仮説は部分的に修正を求められることになる。

41　『列王記下』第二十五章二十七～三十節を参照。ヨヤキンはユダ王国の末期（紀元前五九八～前五九七）に三ヶ月だけ在位した王で、新バビロニアの王ネブカドネツァルによってバビロンに幽閉されるが、ネブカドネツァルの子のエビル・メロダク王によって三十七年目に解放され、王と食卓を共にすることになったという。ちなみにエビル・メロダクも在位わずか二年ほど（前五六二～前五六〇）で暗殺されているので、両者の交流はどちらにしても長続きしなかったと推測される。

ういう注釈的箇所は他にもいくらでも見つかる。たとえば『申命記』第二章十二節には「セイルには昔フリ人たちが暮らしていたが、エサウの子らが彼らを追い払って自分たちの目に見える範囲から消し去り、彼らのいた場所に暮らすようになった。これはイスラエル人たちが、神から与えられたその継承地で行ったことと同じである」とある。これは同章四〜五節の説明になっている。[44] つまりセイル山がエサウの子らに継承地として［神から］与えられたというのは［五節］、彼らはそれまで誰も暮らしていなかった山を占拠したのではなく、そこに当初暮らしていたフリ人たちを追い出したり消し去ったりして占領したわけであり、これはちょうどイスラエル人たちがモーセの死後カナンの地で行ったことと同じだというのである。[45]

モーセの言葉の中に挿入句的に挟み込まれた箇所といえば、『申命記』第十章六〜九節もそうだ。誰にでも分かることだが、「その時神はレビ族を分けた」で始まる第十章八節はどう見ても五節からつながっているはずであり、［間に挟まっている六節の］アロンの死の件とは関係ない。エズラがこの一節をここに挿入したのは、民衆が子牛［の偶像］を拝み始めた話の中で、モーセが「自分はアロンのためにも祈った」と述べていた（同書第九章二十節を参照）からだろう。さらにエズラは、神がレビ族を

［自分に仕えさせるために］選び出したのは、モーセがここで語っている時代のことだったと説明している［第十章八節］。これはレビ族の選別の理由を示し、またレビ族が継承地の分配に呼び出されなかった理由を示すためであろう［九節］。そしてこれが済むと、彼はまたモーセの言葉によって物語の本筋をたどり始めるのである。[46]

42　原文には第八章九節とあるが内容から訂正する。ここはバビロンからエルサレムに帰還した民衆の前に、エズラが「律法の書」を持って現れ、レビ族の祭司たちにこれを読み上げさせる場面であり、引用文中の「彼ら」とはこのレビ族の人たちを指す。なお『ネヘミヤ記』では総督ネヘミヤと祭司エズラが協力してユダヤ人たちの綱紀粛正に努めたように描かれている（そしてこの描写がスピノザのエズラ作者説の根拠の一つになっている）が、既に注40にも記した通り、両者を同時代人として絡ませるこうした記述そのものが後代の虚構ではないかという説も存在する。

43　本章三節を参照。

44　原文には第二章三〜四節とあるが、内容から修正する。「エサウの子ら」とはイスラエル民族の始祖ヤコブ（イスラエル）の双子の兄エサウから出た（と、イスラエル側では理解している）近縁部族のことを指す。

45　「モーセの死後」の歴史を知らないと書けないことからも、この箇所は後代の挿入に違いないとスピノザは考えているようである。

これらに加えて『申命記』の序の部分や、その他モーセについて三人称で語られている箇所も、すべて［『申命記』作者による挿入部分に］数え入れるべきである[47]。また間違いなくこれ以外にも、同時代の人たちに話を分かりやすくするために書き加えたり表現を変えたりした箇所はたくさんあるはずだが、それらは既にわたしたちには見分けが付かなくなっている。はっきり言うが、もしモーセ自身の書いた律法の書がわたしたちの手元にあったなら、掟を語る言葉にも順序にもその根拠にも、大きな違いが見つかったに違いない。実際『申命記』から十戒だけを取り上げても、これを『出エジプト記』の十戒（十戒を授かるいきさつは『出エジプト記』の方で詳しく語られている）[48]と照らし合わせてみると、両者は先に指摘したすべての点において異なっているると分かる。たとえば第四戒は命じ方に違いがあるだけでなく、はるかに長々と説明されている。またその論拠を見ても『出エジプト記』の十戒で提示されたものとは天地ほどの違いがある[49]。さらに第十戒も、説明の順序が『申命記』と『出エジプト記』では異なっている[50]。

こうした説明的挿入はここ以外にもさまざまな箇所で見られるが、既に述べたように、これらはみなエズラが行ったのだろうと推測される。エズラこそ同時代人たちに

神の法を説明してみせた人物だからである。だとするとこの「『申命記』という」書物

46　この箇所の記述は少し雑然としているが、要するにスピノザは『申命記』第十章六〜九節はアロンの死を報告する六〜七節と、レビ族の「選別」とその帰結を報告する八〜九節という、それぞれ意図の異なる二種類の挿入が組み合わさってできていると主張したいようである。

47　『申命記』第一章一〜五節を参照。

48　原文は「ubi eius historia ex professo narratur」で、直訳すると「それ（＝十戒）の物語はそこ（＝『出エジプト記』）で ex professo に語られる」となる。簡潔だが ex professo の解釈に困る難読箇所である。よくある慣用表現として「専門的に」「意図的に」と訳すと何のことか分からないので、各国語訳では元の動詞 profiteor の原義の一つ「不特定多数に向けて自説を公にする、公言する」を活かしたと思われる「詳細に」「はっきりと」といった訳が多い（畠中訳の「本格的に」という訳もこれらの解釈の延長線上にあると考えられる）。これはよいのだが、『出エジプト記』と『申命記』の十戒は以下の本文に指摘されているような内容の異同こそ目立つものの、どちらかがどちらかより詳しく書かれているとは言いづらい。したがって『申命記』より『出エジプト記』で「詳しく語られている」のは十戒そのものの物語というよりも、モーセたちが十戒を授かる経緯の物語（これは確かに『出エジプト記』の独壇場である）と解釈し、全体を本文のように意訳することにした。

は、エズラの手で整えられ説明を付された「神の律法の書」なのだろう。またこの書物は、既に述べたエズラの著作と思われる聖書各巻の中でも、最初に書かれた巻だと思われる。この推定の根拠は、この巻の内容となっている父祖の掟こそ、民衆が何よりも必要としていたものだからである。またこの『申命記』は他のあらゆる巻と異なり、直前の巻につながるような接続表現が一切なく、「これがモーセの言葉である」云々という独立した語りで始まっている。[51]

そしてエズラは、『申命記』を書き終えて民衆に律法を教え込んだ後、今度はヘブライ民族の歴史全体を記述する仕事に取り掛かったのだろう。それは世界の創造からエルサレムの町の滅亡に至るまでの歴史であり、そしてこの歴史の中のふさわしい箇所に『申命記』という巻も挿入されたのだろう。その最初の五巻をモーセの名で〔＝モーセ五書と〕呼ぶようになったのは、恐らくここが特にモーセの生涯を扱った部分ということで、この主要人物の名を取ったのだろう。また同じ理由から、第六の巻はヨシュアの、第七巻は士師たちの、第八巻はルツの、そして第九巻と、恐らく十巻もサムエルの、そして最後に第十一巻と十二巻は王たち〔＝列王〕の名で呼んだのだろう。

さて、果たしてエズラはこれらの著作に自ら最終的な仕上げを施し、望んでいた通りの形で完結させることができたのだろうか。これについては次章を見てほしい。

49 第四戒とはいわゆる安息日を定めた条項で、それぞれ『出エジプト記』第二十章八〜十一節と『申命記』第五章十二〜十五節に記されている。安息日を遵守すべき理由は、前者では神の天地創造（六日かけて創造し七日目に休んだこと）になぞらえて説明されるのに対し、後者ではエジプト脱出を成功に導いてくれた神に感謝するためと説明される。

50 それぞれ『出エジプト記』第二十章十七節と『申命記』第五章二十一節を参照。「隣人のものを欲してはならない」という主旨は同じだが、具体的に列挙される「隣人のもの」の内容や順序に若干の違いがある。前者は「家、妻、召使い、牛、ロバ」の順であり、後者は「妻、家、畑、召使い、牛、ロバ」の順である。

51 『申命記』第一章一節を参照。正確には「これがイスラエルのすべての人たちに告げられたモーセの言葉である」。

第九章

［前章と］同じ［『創世記』から『列王記』までの］各巻について、別の問題が取り上げられる。エズラはこれらの巻に最終的な仕上げを施したのか、またヘブライ語の聖書写本に見られる欄外の書き込みは［本文に採用されなかった］異本の読みだったのか、といった問題である

［一］先ほどから、これら各巻の本当の著者について考察を進めてきた。それが誰だったかについて、わたしたちには独自の見解があり、わたしたちはこれを裏付けるために［聖書本文の］さまざまな箇所を持ち出したのだった。こうした考察がこれらの巻の完全な理解にどれほど役立つかは、それらの箇所自体から簡単に分かるだろう。

以上のような考察がなければ、こうした箇所は誰の目にも不可解と映ったに違いないからである。

ところで、これらの巻には著者の問題以外にも注意すべき点がいくつかあるのだが、広く行きわたった迷信のせいで、それに気付くのは容易ではない。その中でも特に重大なのは、エズラは（他の誰かを著者とする方が確実だと誰かが示してくれるまでは、わたしはエズラを上記各巻の著者と見なしておく）これらの巻に含まれている物語に最終的な仕上げを施さなかったということである。彼はさまざまな著者の書いた歴史物語を取りまとめたに過ぎず、時には単に書き写しただけのこともあった。それらの物語は、まだ吟味も整理もされないままの形で後世に残されたのである。

エズラが自らの仕事を余すところなく完結させられなかったのは（不慮の死に見舞われたのでないとすると）どういう事情によるのか、わたしには見当もつかない。しかしこのこと自体は、いくらヘブライ人たちの古代の歴史書が残っていなくても、そのわずかに残された断片を見ただけでありありと分かる。

［二］たとえば『列王記下』第十八章十七節以下のヒゼキヤの物語は、ユダ王国の王たちの年代記の中に記載されたイザヤの報告から書き写されたものである。[1] つまり

『イザヤ書』の中のこの物語は、元々ユダ王国の王たちの年代記に含まれていた（『歴代誌下』第三十二章の最後から二節目［＝三十二節］を参照）ものだが、読めば分かるように、ごくわずかな違いを除いて（原注十一）全体的に上記の箇所と同じ言葉で語られている。しかしごくわずかとはいえ違いがあることから、このイザヤの報告には異本があったと結論するしかない。もっとも、ここにも何らかの秘密が隠されているはずだ、と考えたがる夢見がちな人はその限りではないだろう。[2]

また、この『列王記下』の最終章［＝第二十五章］も『エレミヤ書』の最終章［＝第五十二章］および第三十九章と四十章に含まれている。さらに『サムエル記下』第七章が『歴代誌上』第十七章に記されている［文章と同じである］のは一目瞭然である。[3]ただしさまざまな箇所で語句が不思議なほど変わっている（原注十二）のが分かるから、両者がナタンの物語にまつわる二つの別々の写本から取られたことは簡単に

1　『イザヤ書』第三十六章二節以下を参照。

2　ヒゼキヤの事績を記した文書として「預言者、アモツの子イザヤの見た幻」「ユダとイスラエルの列王の書」の二つ（書名はいずれも新共同訳に準じる）が挙げられている。

見分けられるだろう。

最後に、『創世記』第三十六章三十一節以下にあるエドムの王たちの系譜は、これも同じ言葉で『歴代誌上』第一章［四十三～五十四節］に挙げられている。ただし『歴代誌』の著者は、ここで語っていることを明らかに別の歴史書から借りてきているが、その借用元はわたしたちがエズラ作と見なしているあの十二の文書ではない［＝つまり『創世記』が先に存在していて『歴代誌』に借用されたとは考えられない］だろう。[4]

こういうわけで、もしそうした［大元になった］歴史書自体がわたしたちの手元に残されていたら、ことの真相は直接確かめることができたに違いない。しかし既に述べたように、それらの書物は失われてしまっているから、わたしたちは残っている歴史物語自体を吟味する他ないのである。つまりそれらの物語の並び方やつながり方、さまざまな重複する記述、そして年数計算上の矛盾などを調べていけば、いずれはそれ以外のさまざまなことについても判断が付けられるようになるかもしれない。

それではそうした歴史物語を、少なくともその主だったものを、ここでじっくり調べてみよう。

［三］まず調べてみたいのは、ユダとタマルの物語である。『創世記』第三十八章に

あるこの物語を、作者はこう始めている。「さてそのころ、ユダはその兄弟から離れることになった」。この「そのころ」とは作者が直前に語った別の期間（原注十三）を指すはずだが、『創世記』で直前に扱われている出来事［＝ヨセフがエジプトへ売り飛ばされる話］にはどうしても結びつかない。というのもヨセフがエジプトに連れ去られた時点から計算した場合、族長ヤコブが一族すべてを率いてやはりエジプトに旅立つ時点までに経過した期間は、二十二年を上回ることは絶対ありえないからだ。つまり、ヨセフは兄たちによって売り飛ばされた時十七歳で、ファラオの命令で牢獄から呼び出された時には三十歳だった［＝ここまでで十三年経過している］。これに豊作の七年と飢饉の二年を足せば[5]、合計で二十二年となる。しかしたったこれだけの期間に、あれほど多くのことが起こりえたと考えるような人は誰もいないだろう。ユダは最初に結婚した一人の妻との間に三人の［男の］子を次々と儲け、その長男が適齢期まで成長してタマルを妻にする。しかし長男は死に、次男がタマルと再婚するが、

3　ダビデ王の治世に現れて王に度々進言した預言者ナタンの登場する箇所である。

4　原文には第三十六章三十節とあるが内容から修正する。

彼も死ぬ。そしてその出来事からずっと後になって、男のユダ自身が嫁と知らないままタマルと関係し、これによって彼はまたも子を二人授かる。これは双子［＝ペレッとゼラ］であった。そしてこの双子のうちの一人［＝ペレツ］にも、物語内の時間で子ができているのである。[6]

こういうわけで、これらの出来事をすべて『創世記』で扱われている期間内に盛り込むのは不可能だから、これらは本来、別の書物でその直前に扱われていた［もっと長大な］期間と関連させられていたと解するしかない。したがって、エズラはこの物語もただ写し取っただけで、まだ内容を吟味しないうちに『創世記』の残りの部分へ挿入したのだろう。

［四］しかしこの章に限らず、そもそもヨセフとヤコブの物語全体が、さまざまな物語作者からの寄せ集めや書き写しでできていると考えざるをえない。それほどこの物語には首尾一貫性が欠けているのである。たとえば『創世記』第四十七章［七〜九節］には、ヨセフの導きで初めてファラオに拝謁した時、ヤコブは百三十歳だったと語られている。もし百三十から、ヨセフを失って悲しみに暮れていた年数の二十二を引き、さらに連れ去られた時点でのヨセフの年齢十七を引き、さらにまた［二人目の

妻］ラケルのために奉仕した年数七を引くならば、ヤコブは八十四歳という、とんでもない高齢でレアを［最初の］妻に迎えたことになる。[7] そして反対に、ディナはシケムから暴行を受けた時まだ七歳だったことになり（原注十四）、また［その報復として］シメオンとレビが町を略奪し尽くして住民すべてを剣で殺害した時、二人はまだ十二歳と十一歳だったことになる。[8]

［五］モーセ五書全体をここで調べてみるまでもないだろう。この五つの巻では、掟であれ物語であれ、すべてが順序も何もなくごちゃ混ぜに語られていて、時系列もばらばらである。また同じ一つの物語が何回も、時には違う形で繰り返されている。こうしたことに注意を向けさえすれば、これらが総じてごちゃ混ぜに集められ積み重ね

5 牢獄から出たヨセフはファラオの夢を謎解きし、七年の豊作の後に七年の飢饉が訪れることを予言して重用される。ヤコブ（イスラエル）一族がエジプトに下るのは七年の豊作が終わり、飢饉が二年続いた時点でのことである（『創世記』第四十五章六節「この二年の間、世界中を飢饉が襲っています」云々を参照）。

6 『創世記』第四十六章十二節を参照。ヤコブと共にエジプトに下った一族の中に、ペレツの子供二人の名が見られる。

られたものであることは簡単に見当がつく。一つ一つを調べて順序よく並べるのは、後回しにする方が手っ取り早いと考えられたのだろう。

［六］しかしこれは、モーセ五書の内容だけに限ったことではない。その後の七巻［『ヨシュア記』から『列王記』まで］に含まれる、エルサレムの町の破壊までを扱った残りの物語も、同じやり方で寄せ集められたのである。たとえば『士師記』第二章六節以下では、それまでと別の作者（この人物もヨシュアの事績を書き残したのだろう）の物語が取り込まれ、その言葉がそのまま写し取られている。このことは誰の目にも明らかではないだろうか。そもそもわたしたちが著者と見なす人物［エズラ］は、『ヨシュア記』最終章でヨシュアが死んで埋葬されたと語っているのだから、この『士師記』の第一章ではヨシュアの死後に起きたことについて語ると約束しているも同然だろう。[9] 自分で決めた物語の筋に従うつもりがあったなら、どうして上記の［＝第一章の］事柄に続けて、ここで［また］ヨシュア自身のことを語り始めるだろうか（原注十五）。

　同じように、『サムエル記上』第十七、十八章も別の作者の物語から取り込まれている。この作者は、ダビデがサウルの王宮に出入りするようになったのには、同書第

7　ここは『創世記』第二十七～二十九章に語られたヤコブ（イスラエル）の前半生の物語を知らないと分かりにくい。兄（エサウ）に憎まれたヤコブは身の危険を感じ、母方の伯父ラバンの下に身を寄せる。やがてラバンの二人の娘のうち、妹のラケルを妻に望むが、結婚する条件として七年働かされる。ところが七年後、ヤコブにまず与えられたのは姉のレアの方であった。あくまで妹の方を望むヤコブは伯父に言いくるめられ、ラケルを二人目の妻としてもらい受ける代償にもう七年働くことを承諾する。なおラケルとの結婚まで合計十四年かかったように誤解されることも多いが、ラケルの方は承諾と引き換えにいわば「前払い」されているので、レアとの結婚からラケルとの結婚までは一週間しか離れていない（『創世記』第二十九章二十八節を参照）。

8　ヤコブとレアの娘ディナと、土地の有力者の息子シケムの物語については、『創世記』第三十四章の記述を参照。シケムは後に正式に使いを立て、ディナを妻にもらえるよう願い出るが、ディナの兄シメオンとレビはシケム父子を謀殺した上、シケムの勢力下だった町の住民にも略奪の限りを尽くす。これは古代社会の短絡的で血なまぐさい復讐劇というよりも、この土地の定住者たちに広まっていたある種の（開放的、と形容することに問題があるならば）民族無差別的・個人主義的な略奪婚と、遊牧民族の（閉鎖的、と形容することに問題があるならば）排外・集団主義的な婚姻形態との対立を描いた、一種の文化摩擦の物語として解釈すべきであるように思われる。なお、ディナと兄たちの年齢の考証については原注十四を参照。

十六章で語られているのと全く違った別の理由があったと考えていたようだ。つまりダビデは（第十六章で語られているように）召使いたちの助言に従ったサウルに呼び出されたから彼の下に赴いた[10]のではなく、たまたま父の命令で陣中の兄たちの下に遣わされた時、ペリシテ人ゴリアテに勝利したことで初めてサウルの目にとまり、王宮に留め置かれたと考えられている。

同書第二十六章についても事情は同じだろうと推測される。つまりここで作者は、第二十四章にあるのと同じ物語を、別の作者の見解に従って語っているようである[11]。

［七］しかしこうしたことについてはこれくらいにして、次に年数の計算を調べ直してみる。『列王記上』第六章［一節］では、ソロモンが神殿を築いたのはエジプト脱出から四百八十年目のことだったと言われているが、物語それ自体を根拠にするならば、はるかに長い年数が経っていると結論せざるをえない。つまり、

モーセが荒野で民衆を統治していた期間　四十年

百十年生きたというヨシュアだが、ヨセフスらの見解に従うなら[12]、彼が支配していたと考えられる期間は長くても　二十六年

9　底本では「約束した promisit」と直接法完了形に修正して読む案（Gawlick）に従っているが、初版以来の形 promiserit に戻す。この promiserit は修正案では接続法完了形として解されているが、むしろ同形の直接法未来完了形と解するべきと思われる。ヨシュアの死と埋葬を「語った」以上、それに続く物語がヨシュアの死後の出来事を題材とすることは、いわば「近未来において約束が完了している」と見なしうるからである。またこう解釈して初めて、『ヨシュア記』最終章の原文自体にはそのような約束が書かれていないという事実も説明がつく。わざわざ言葉にして約束するまでもなく、『士師記』がヨシュア死後の出来事を扱うべきことは、物語の内部構造から「約束されているも同然のこと」だとスピノザは考えているのである。

10　「神の悪霊（＝深い憂鬱）」に悩むサウル王を慰めるために「琴の名手」ダビデが王宮に呼び出されるというこの逸話は、本書第一章二十五節でも引用されている。

11　この二つはどちらもサウルとダビデの反目後の物語で、簡単に殺せたはずのサウルをダビデが見逃してやることで、その度量の大きさにサウルが打たれる、という筋書きが共通している。しかし第二十四章ではダビデ一行の潜伏する洞窟にサウルが偶然一人で入り込んでくるのに対し、第二十六章では逆にサウルの宿営にダビデたちが侵入するという場面設定になっている。

12　ヨセフス『ユダヤ古代誌』第五巻一章二十九節を参照（邦訳第二巻四一ページ）。ただし二十六年でなく二十五年と書かれている。

クシャン・リシュアタイムが民衆を支配していた期間[13]　八年
ケナズの子オトニエルが士師だった期間[14]（原注十六）四十年
モアブの王エグロンが民衆を支配していた期間[15]　十八年
エフドとシャムガルが彼らの士師だった期間[16]　八十年
またもカナンの王ヤビンが民衆を支配した期間[17]　二十年
その後民衆が平穏に暮らした期間[18]　四十年
さらにその後ミディアン人の支配下にあった期間[19]　七年
ギデオンの時代に自由を享受した期間[20]　四十年
かわってアビメレクの支配に屈することになった期間[21]　三年
プアの子トラが士師だった期間[22]　二十三年
かわってヤイルが士師だった期間[23]　二十二年
民衆がまたもペリシテ人とアンモン人に支配されていた期間[24]　十八年
エフタが士師だった期間[25]　六年
ベツレヘムのイブツァンが士師だった期間[26]　七年
ゼブルンのエロン[27]［が士師だった期間］　十年

ピルアトンのアブドン[28]［が士師だった期間］ 八年

13 『士師記』第三章八節を参照。クシャン・リシュアタイムは新共同訳では「アラム・ナハライムの王」とされるが、これは単に原語を音写しただけで、ユーフラテス川流域のどこからしいという以上の詳細は分からない。

14 『士師記』第三章十一節を参照。

15 『士師記』第三章十四節を参照。

16 『士師記』第三章三十節を参照。

17 『士師記』第四章三節を参照。

18 『士師記』第五章三十一節を参照。

19 『士師記』第六章一節を参照。

20 『士師記』第八章二十八節を参照。

21 『士師記』第九章二十二節を参照。

22 『士師記』第十章二節を参照。

23 『士師記』第十章三節を参照。

24 『士師記』第十章八節を参照。

25 『士師記』第十二章七節を参照。

26 『士師記』第十二章九節を参照。

27 『士師記』第十二章十一節を参照。

民衆がまたもペリシテ人に支配されていた期間[29]　四十年
サムソンが士師だった期間[30]（原注十七）　二十年
かわってエリ[31]［が士師だった期間］　四十年
サムエルに解放されるまで、民衆がまたもペリシテ人に支配されていた期間[32]　二十年
ダビデの治世[33]　四十年
神殿を建造するまでのソロモンの治世[34]　四年
これらをすべて足し合わせると、経過した年数は全部で　五百八十年

［八］これにはさらに、ヨシュアの死からクシャン・リシュアタイムに征服されるまで、ヘブライ人たちの国が繁栄を続けていた時代の年数を加える必要がある。それはかなり長期にわたるものだったと思われる。ヨシュアの死後直ちに、その神威を目撃していた人たちが一人残らず、しかも一斉に死に絶えたとは思えないし、彼らの後継者たちが一度に律法を放棄して、美徳のきわみから悪徳と無気力のどん底へ、急転直下の堕落を遂げたとも思えない。さらに言えば、クシャン・リシュアタイムが彼らを瞬時に屈服させてしまったとも思えない。そもそもこうしたことは、どれ一つとって

もほとんど一時代を要する出来事である。したがって聖書は、多年にわたるさまざまな出来事を黙って省略しているはずであり、そうした出来事を一括したのが『士師記』第二章七節、九〜十節［のような箇所の記述］に違いない。

さらにサムエルが士師であった年数も足す必要があるのだが、これも何年だったのか聖書には出ていない。最後にまた、サウル王の治世の年数も加えなければならない。この年数を先ほどの計算に入れなかったのは、サウルの物語からは彼が何年在位していたのかはっきり分からないからである。

［九］たしかに『サムエル記上』第十三章一節には、彼［＝サウル］が二年王位に

28 『士師記』第十二章十四節を参照。
29 『士師記』第十三章一節を参照。
30 『士師記』第十五章二十節および第十六章三十一節を参照。
31 『サムエル記上』第四章十八節を参照。
32 『サムエル記上』第七章二節を参照。
33 『列王記上』第二章十一節を参照。
34 『列王記上』第六章一節を参照。

あったと言われている。だがここの原文には不備があるし、物語そのものから考えてももっと多くの年数を想定すべきだと思われる。原文に不備があることは、ヘブライ語をほんの初歩の段階でも習ったことのある人なら、誰でも認めるに違いない。つまりこの文は「……歳でサウルは王位に就き、イスラエルに二年君臨した」という具合に始まっている。はっきり言うが、王位を手にした時のサウルの年齢が抜け落ちているのは誰の目にも明らかではないだろうか。他方、物語そのものから結論される年数がもっと多いはずだというのも、やはり誰もが認めるだろうと思う。『サムエル記上』第二十七章七節によると、ダビデがサウルと不和になりペリシテ人たちの土地に逃れた時、彼はその地に一年と四ヶ月隠れ住んだと言われているからだ。したがって、この計算では残りすべての出来事が［二年から一年四ヶ月を引いた残り］八ヶ月の間に起きたことになるが、そんなことは誰も信じないだろう。少なくともヨセフスは『ユダヤ古代誌』第六巻末尾でこの文章に修正を加え「こうしてサウルはサムエルの存命中十八年間国を治め、その死後さらに二年間治めた」としている。[35]

またそもそも、この第十三章の物語全体がそれ以前の記述とまったく対応していない。第七章最終［十三］節で、ペリシテ人たちはヘブライ人に徹底的に打ち負かされたせいで、サムエルの存命中にはイスラエルの国境に踏み込もうとしなかったと語られている。ところがここ〔第十三章〕では、ヘブライ人たちが（サムエルは存命中なのに）ペリシテ人の侵入を受け、彼らのせいで大変な苦境に追いやられていて、身を守るための武器がないばかりか、武器を作る手立てもないほど困窮をきわめていたというのである。[36] こうした『サムエル記上』にある物語すべての辻褄を合わせて、みな一人の作者の手で書きとめられ整理されたように見せようとするなら、ひどく苦労す

35 『ユダヤ古代誌』第六巻十六章九節を参照（邦訳第二巻二二九ページ）。「二年」というのはスピノザが読んだラテン語訳にある数字で、今日に伝わるギリシャ語原文では「二十二年」となっている。ところがこれは、サウルの治世年数を全部で「二十年」とする同じ『ユダヤ古代誌』第十巻八章四節（邦訳第三巻二七〇ページ）の記述と合わない。同書の校訂者の中には、サウルの治世を「四十年」とする新約聖書（『使徒言行録』第十三章二十一節）の記述と辻褄を合わせるため、後代のキリスト教徒が元々のギリシャ語原文を書き換えたのではないかと推測する人も存在する（Thackeray / Marcus）。

36 『サムエル記上』第十三章十九〜二十二節を参照。手立てがないというか、そもそも「どこにも鍛冶屋がいなかった」と書かれているが、これは聖書ではペリシテ人側の対イスラエル政策の結果とされている。

るに違いない。

［十］さて、本題に戻ることにしよう。こういうわけで、先ほどの計算にはサウルの治世の年数が加えられなければならない。さらにまた、この計算にはヘブライ人たちが内乱状態にあった年数も入っていない。これも聖書自体からはっきり知ることができないからである。正直に言うと、『士師記』第十七章から巻末［＝第二十一章］まで語られている内乱がいつ起きたのか、わたしにはよく分からない。

以上の事情からはっきり分かる通り、聖書のさまざまな物語そのものを根拠にして正確な年数を算出することはできない。またそれらの物語は一つにまとまっておらず、むしろ大きく食い違っていると考えるしかない。したがってまた、これらの物語は別々の書き手の作品から寄せ集められたものであり、まだきちんとした整理も吟味も受けていなかったと認めざるをえないのである。

［十二］［『列王記』の元になった］ユダの王たちの年代記とイスラエルの王たちの年代記の間にも、年数計算をめぐってかなりの不一致があったようである。たとえばイスラエルの王たちの年代記によれば、アハブの子のヨラムが［イスラエルの］支配を始めたのは［ユダの王である］ヨシャファトの子のヨラムの治世二年目のことだったと

いう（『列王記下』第一章十七節を参照）。ところがユダの王たちの年代記によれば、ヨシャファトの子のヨラムが［ユダの］支配を始めたのは［イスラエルの王である］アハブの子のヨラムの治世五年目のことだったという（同書第八章十六節を参照）[37]。さらにまた、もし『歴代誌』のさまざまな物語を『列王記』のそれと比較してみれば、やはり同様の不一致がいくつも見つかるはずだが、それらをここで列挙する必要はないだろう。

ましてや、そうした物語の辻褄を合わせるためにさまざまな著作家たちが付けた注釈は、なおさら検討に値しない。律法学者《ラビ》たちは錯乱の極みにあるからだ。わたしが

37 底本は「ヨシャファトの子のヨラムは父王ヨシャファトの在世中に既に政治の実権を握っていて、父の死後（これが「アハブの子のヨラムの治世の五年目」）改めてユダの王として即位した。したがってアハブの子のヨラムがイスラエル王に即位した「ヨシャファトの子のヨラムの治世二年目」とは、ヨシャファトの子のヨラムが正式に即位した二年目ではなく、執政を始めた二年目と解するべきである」という中世南仏のユダヤ人聖書学者キムヒ（David ben Josef Kimchi 一一六〇〜一二三五？）の説を紹介しているが、この説の信頼性については特に論評を加えていない。

読んだ注釈者たちに限って言えば、彼らは空想にふけり、ない言葉を読み込み、さらには言葉そのものを完全にねじ曲げる。たとえば『歴代誌下』［第二十二章二節］に「王位に就いた時アハズヤは四十二であった」とあるところを、ある注釈者たちは、これはアハズヤの誕生からではなく、［イスラエルの王でありアハズヤの母方の曽祖父である］オムリの治世から数え始めて四十二年目という意味だと言い張っている。[38] もし彼らが、これこそ『歴代誌』の著者の真意だったという立証に成功していたら、わたしは即座に、その著者とやらはよほど話が不得意だったに違いないと断定していただろう。彼らはこうした仕方で、ほかにも数多くのことを捏造するのだが、もしそれらが本当なら、古代のヘブライ人たちは自分たちの言葉も話し方の順序もまるで分かっていなかったと断定するほかない。その場合、わたしは聖書解釈の根拠も基準も得られないから、誰が何を勝手に捏造しても文句をつけられなくなるだろう。

［十二］しかし、こういうわたしの批判はあまりにも漠然としていて、十分な根拠に基づいていないと考える人があるかもしれない。そういう人は、逆にこちらからお願いしたいのだが、どうかご自分でも同じことをしていただきたい。こうした歴史物語をまとめるための、いかがわしい所の少しもない、どんな歴史家でも年代記執筆のお

手本にできるような何か確実な手順を、どうかわたしたちに示していただきたい。そしてこうした物語を解釈してどうにか辻褄を合わせようとする際には、慣用句や話し方や構文や文脈に万全の配慮をした上で、わたしたちが解釈を書く場合にもお手本にできるような説明を付けていただきたい（原注十八）。もしそうしたことを見事にやってのける人がいたならば、わたしは直ちにその人に全面降伏する。その人は「わたしにとって偉大なるアポロとなるだろう」[39]。正直に言えば、わたし自身そのようなものを長いこと探し求めてきたにもかかわらず、まだ何一つ見つけられていないから

38　アハズヤは（ヨシャファトの子の）ヨラムの次のユダ王国の王。オムリは前注に出た（アハブの子の）ヨラムの先々代のイスラエルの王で、アハズヤの母方の曽祖父にあたる。なぜここまでややこしい読みを考え出す必要があったかというと、そうしなければ「アハズヤは二十二で王位に就いた」という『列王記下』第八章二十六節の記述と矛盾するからである。

39　ウェルギリウス『牧歌』第三巻一〇四行「あなたはわたしにとって偉大なるアポロとなるだろう」からの借用（底本に第三巻四〇四行とあるのは誤植）である。アポロ（ギリシャ語名はアポロン）はギリシャ・ローマ神話の知恵と託宣の神として知られる。

である。[40]

さらに付け加えると、ここに書いたことは一つの例外もなく、すべてわたしがずっと以前から熟慮を重ねてきたことである。わたしは子供のころから聖書に関する世間一般の考え方を吹き込まれてきたにもかかわらず、結局こうした見解を取らないわけにはいかなくなったのだ。しかし読者をこうした話題に長く引き留めて、絶望的な企てに挑ませるのは筋違いというものだろう。ただ、わたし自身の考えをはっきり説明するためには、問題となっていることそのものを示しておく必要があったのである。

そういうわけで、話題を移そう。これら聖書各巻のたどった運命について注意すべきことには、他にどのようなものがあるだろうか。

［十三］今示した以外に注意すべきこととして挙げられるのは、後代の人たちがあまり念入りに受け継いでいかなかったせいで、これら各巻にはさまざまな書き誤りが入り込んでいるということである。現に写本を作った古代の人たちも、読み方の疑わしい箇所を指摘している。彼らはまた、欠落と思われる箇所もいくつか指摘しているが、すべてを指摘し尽くしたわけではない。とはいえ、果たしてこうした書き誤りは、読者をいつまでも足踏みさせるほど重大なものなのだろうか。今すぐにこれを詳しく論

じるのは止めておく。[41] しかしわたし個人としては、少なくとも比較的自由な判断を駆使しながら聖書を読む人たちにとっては、これらの誤りは軽微なものに過ぎないように思われる。そしてこれははっきり断言できるが、わたしは道徳上の教えについては、その内容を曖昧にしたり疑わしくしたりできるどのような書き誤りにも異読にも気づかなかったのである。

ところが多くの人は、これ以外の［＝道徳にまつわること以外の］ことについても一切の欠陥の存在を認めようとせず、神は何らかの格別の思し召しによって、聖書各巻全体が損なわれないよう守ってくださったのだと言い張っている。さまざまな異読があるのは深遠きわまりない秘密の表れであり、章句の途中に二十八箇所ほど見られる星形の目印もそうなのだという。[42] それどころか、一つ一つの字画にすら偉大な奥義が

40　文脈からすると「解釈の師にできるような人物を長年探してきたがまだ巡り合えていない」という意味にもとれそうだが、原文がはっきり人間ではなくものを目的語としている(neminem ... similem ではなく nihil...simile)ので一応こう訳しておく。

41　これをスピノザが「詳しく論じる」のは本書第十二章からのことである。そういう意味では、この箇所は第十二章以降で取り上げられる主題のいわば予告編となっている。

宿っていると彼らは主張する。彼らがこうした主張に至ったのは、愚かさや年寄りめいた古物崇拝によるものなのか、それとも高慢や悪意によるものなのか、わたしは知らない。ただ少なくとも知っているのは、わたし自身は彼らの書いたものから奥義の香りなど何一つ嗅ぎ取れなかったし、ただ子供じみた考えしか読み取れなかったということである。わたしはまた、カバラを奉じる冗舌家たちの書いたものも読んだし、さらに何人かとは面識もあったのだが、その荒唐無稽さにはいくら驚いても驚き足りなかった。[43]

［十四］先に述べたような書き誤りの混入については、まともな判断力の持ち主なら、あのサウルについての記述（既に挙げた『サムエル記上』第十三章一節）を読めば認めないわけにはいかないだろう。[44] また『サムエル記下』第六章二節には「そしてダビデと彼に従うユダのすべての民は立ち去り、そこから神の箱を運び出した」とある。ここでも彼らが立ち去った土地、つまり神の箱を運び出した土地の名であるキルヤト・エアリム（原注十九）が抜けていることは誰の目にも明らかである。[45] また『サムエル記下』第十三章三十七節は「そしてアブサロムはゲシュルの王アミフドの子タルマイの元へ逃れ去り、息子を思って毎日嘆き続け、アブサロムはゲシュルへ逃れ去り、そ

こに三年間とどまった」となっているが（原注二十）、これも混乱した不完全な記述であることは否めない。[46]なお、以前わたしは同じような箇所を他にも取り上げたと思うのだが、今すぐには思い浮かばない。[47]

［十五］さて、ヘブライ語聖書写本のあちこちには欄外への書き込みが見られるが、これらは疑わしい［＝本文に採用されなかった］読み方である。これもまた、次のような事情を知っていれば誰もが認めるに違いない。つまりヘブライ語の文字はカフ כ と

42 この二十八の欠落箇所については本章二十一節を参照。

43 カバラ Kabbala とはユダヤ神秘主義思想の一種で、後代になってある種の魔術的世界観としてユダヤ教の枠外にも影響を及ぼすにいたった。旧約聖書解釈上の立場としては、師弟間の口伝を重視する秘密主義的な特徴が濃厚とされる。

44 本章九節を参照。

45 この箇所は新共同訳も含めて「そしてダビデと彼に従うすべての民はバアレ・ユダから立ち去り……」のように、原文中の「バアレ・ユダ（発音上はバアレ・イェフダとした方が正確）」を地名と解した訳が多いが、スピノザはこの解釈を採用しない。原注十九はその理由をめぐる書き込みであり、この点きわめて示唆的である。ただし、残念なことにスピノザの真筆だという決定的な証拠はない。

ベートב、ユッドיとヴァヴו、ダレットדとレーシュרなどのように、形がよく似ているのでお互いに紛れてしまうことが多いのである。たとえば『サムエル記下』第五章の最後から二番目の節〔＝二十四節〕に「お前がそれを聞く所で בשמעך（＝聞く時に）」と書かれているが、欄外には「お前がそれを聞くならば כשמעך」とあり、『士師記』第二十一章二十二節にも「彼女らの父や兄弟が群れをなして לרוב（つまりしばしば）わたしたちの元に来た時には」云々と書かれているが、欄外には「訴えを起こすために לריב〔来た時には〕」とある。

さらにまた、こうした欄外注は、いわゆる「無音化する文字」が使われることからも数多く生じる。これは発音していると感じられにくく、他の字と取り違えられてしまうことが非常に多い文字のことである。たとえば『レビ記』第二十五章三十節[48]には「城壁のない לא 町にある家は〔買主の所有権が〕確約されるであろう」と書かれているが、欄外には「城壁のある לו 町に」云々とある。

〔十六〕こうしたことはそれ自体で十分に明らかだが、しかしパリサイ人たちの中には、これらの欄外注が何らかの秘密を表すために、聖書各巻の著者たち自身によって加えられたり示されたりしたと考える人もいる。彼らはさまざまな理由を挙げてこの考えを根付かせようとしているので、これに反論しておきたい。

彼らがそう考える第一の理由は、わたしにはあまりピンとこないのだが、［彼らの］聖書読解上の習慣に由来するものである。もしこれらの欄外注が［異なる写本間の］

---

46 「息子」とはアブサロムに殺されたアムノン（二人はどちらもダビデの息子で、腹違いの兄弟）のことだから、ここで息子の死を悲しんでいるのはダビデでないとおかしい。底本の注釈では「混乱」＝同じ内容（アブサロムの逃亡）が繰り返されていることで、「不完全」＝一部の主語（ダビデ）が脱落していることだとしているが、それぞれの形容にそこまで厳密な対応部分が見出せるかどうかは疑問である。なお、文意を混乱から救うための注釈者たちの原文改変の試みと、それに対する批判については原注二十を参照。ただし、この原注もスピノザの真筆だという決定的な証拠はない。

47 本書のどこかなのか、それとも別の文書、たとえば破門の前後にスピノザが著したとされる現存しない『弁明書』でのことなのかはっきりしない。後から思い出して注などを書き入れていないことから察するに、スピノザ自身にとっては割とどうでもよい記憶だったらしい。この辺りの細かな例に対するスピノザの「こだわりのなさ」は、たとえば後世の一部の啓蒙主義者たちに見られるような、おかしな箇所を一つでも多く指摘して聖書の権威を弱めようとする手法とは大きく異なっている、という指摘がある（Gawlick）。

48 原文には第二十五章二十七節とあるが、内容から底本の修正に従う。

読みの違いのために設けられたとすると、［注を設けた］後代の人はどちらの読みにも決めかねていたはずだから、むしろどこでも欄外の読みを採ろうとする［今の彼らの］習慣が幅を利かせるようになったのは妙ではないかと彼らは言う。自分たちの採りたい読みの方を、なぜわざわざ欄外に注記したのか。一番に推している意味や読み方を欄外に注記したりせず、逆に本文自体をそう読んでもらいたい通りに記すべきではなかったか、と言うのである。

これに対し第二の理由は、問題そのものの性質に由来するもので、一理あるように思われる。そもそも書き誤りとは作為ではなく、たまたま写本に入り込んだもののはずだ。結果として、その誤りはさまざまな形をとるはずである。ところがモーセ五書［の本文］では、「少女」を意味するナアラー נערה という名詞はただ一箇所を例外としていつも文法規則に反し、語尾のへーが欠けたナアル נער という形で書かれているのだが、[49] 欄外では一般的な文法規則に従って正しく書かれている。このようなことも、写し手の誤りから生じたのだろうか。だとすると、この名詞が登場するたびに、いつも筆が滑るなどということがありえたのだろうか。さらに言えば、そうした欠陥は簡単に、また何一つはばかることなく、文法規則に従って補ったり直したりできたはずである。こういうわけで、これらの異読がたまたま生じたわけでなく、また明らかな誤りとして訂正されることもなかったのなら、結論としては、これらは何らかの意図に基づいて、何かを表すために、最初の書き手たちによってそう書かれたことになるはずだ。［こう彼らは主張する。］

［十七］しかしこれらの意見に反論するのは簡単である。つまり［第一の意見では］、彼らは自分たちの間で幅を利かせている習慣に基づいて議論しているわけであり、わたしはそれに関わるつもりはない。どんな迷信からそういう習慣が広まりえたのか、わたしには分からない。もしかすると彼らは、どちらの読みも等しく正しい、または等しく許されると評価し、したがってどちらかの読みを軽んじないように、一方を［読まないが］本文に残し、もう一方を［欄外に書かれているが］読もうとしたのかもしれない。要するに彼らは、自覚のないまま正しい方でなく誤った方を選んでしまっ

49　この指摘はヘブライ語、アラム語の権威として知られたバーゼル大学教授ブクストルフ（Johannes Buxtorf：一五六四〜一六二九）の著書『ティベリアス』（初版一六二〇。スピノザの使っていた聖書に合本として付属していたらしい）に見られるという（Gebhardt）。

たら困るから、そうした事柄にはっきり判断を下すことを恐れて、どちらか一方に軍配を上げたがらなかったのだろう。もし彼らが一方だけを［本文に］残してそれを読むことに決めたら、どうしてもそちらの読みに軍配を上げたことになってしまう。特に、巻物の聖書[50]には欄外注など書かれていないのだから。

あるいはもしかすると、もともと彼らは［全体でなく一部の］何らかの箇所を、たとえ正しく写し取られていても違う形で、つまり欄外注の通りに読もうとしてこうなったのかもしれない。だとすると、そのうちこれが一般的に、聖書［全体］を欄外注に従って読む習慣として確立されたのだろう。

［十八］しかし写本を作った人たちは、時にははっきりそう読むべき［だと彼らが考えた］読み方も欄外注で示している。ここでその理由を述べておくと、これはつまり、欄外注はそのすべてが疑わしい読み方を意味するわけではなく、用いられなくなった言葉にも注が付けられているからである。たとえば古びてしまった言葉がそうだし、また当時広まっていた慣習では公の場で読み上げることがはばかられた言葉もそうだ。つまり古代の書き手たちには悪意というものがなかったので、上品ぶった遠回しな言い方を一切用いず、ものごとをそれ本来の呼び名で指し示していた。しかし時代が下

り、悪意や虚栄心がはびこるようになると、古代人なら口にしても卑猥でもなんでもなかった言葉が、卑猥だとみなされ始めた。だからといって聖書それ自体を書き換える必要はなかったわけだが、しかし彼らは大衆の弱さに配慮して、性行為や排泄物にかかわる呼び名を公の場ではより上品に、つまり欄外に注記した通りに読み替えることを取り入れたのである。

結局のところ、聖書を欄外の読み方に従って読み解く習慣が生じた理由はいろいろ考えられるが、しかし少なくとも、欄外の読み方に従う方が解釈として間違いないはずだから、という理由ではないだろう。まもなく示すように、律法学者《ラビ》たちでさえタルムードの中ではマソラ学者たち［の読み方］に従わず、自分たちが推奨する別の読み方を通すことが割とよくあった。[51] しかしたとえそれを度外視しても、欄外注には言語の用法上適切と考えにくい読み方が散見される。たとえば『サムエル記下』第十四章二十二節では「王は自分の従者の意見に従って行為したから」と［本文に］書かれ

50 原語は「聖なる巻物 sacra volumina」。スピノザはシナゴーグで一般に使用されている巻物状の聖書を念頭に置いているそうなので（底本注の指摘）、このように意訳しておく。

ているが、これはまったく無理のない構文であり［意味的にも］同章十五節とかみ合っている。[52] これに対し欄外にある「あなたの従者の［意見に従って云々］」では動詞の人称と合わなくなってしまう。また同書十六章末［二十三節］でも、［本文では］「神の言葉を扱っている（＝神の言葉が扱われている）かのように」と書かれているところを、欄外では「誰かが」という言葉が動詞の主語として付け加えられているが、これも適切とは言い切れない。というのも動詞の能動相の三人称単数で非人称的な言い回しを用いるのは、この［ヘブライ語という］言語では普通の用法であり、これは文法学者なら誰でもわきまえていることだからである。このように、本文に書かれた読み方より優れているとはどうしても考えられないような欄外注はいくつも見つけられる。

［十九］さて、パリサイ人たちが挙げている第二の理由についても、今述べたことに基づいて簡単に反論できる。繰り返すが、写本を作った人たちは疑わしい読みだけでなく、古びてしまった言葉にも注を付けたのである。そもそも、ヘブライ語もほかの言語と同様に、古びて時代遅れになり、後世の人たちに用いられなくなった言葉がいくつもあった。既に述べたように、そうした言葉が見つかると、後世の写本製作者た

ちは一つ一つ注を付け、公の席では当時通用していた言い方に置き換えて読んだのである。

こういう理由から、たとえば「先ほど例に挙げた、少女を意味するはずの」ナアルという名詞を見ると、至る所で注が付けられて「「少女」を表す言葉としてより通じやすいナアラーという形に読み替えられて」いる。古代のヘブライ語では、この言葉は男女の区別なく、ラテン語でいう「若者」と同じ意味で用いられていたからだ。同様に、ヘブライ人たちの都の名前も、古代のヘブライ人たちの間では「今通用している」エル

51 本章二十節を参照。マソラは伝統、継承を意味するヘブライ語であり、転じて古来継承されてきた（と信じられている）ヘブライ語聖書本文を意味することにもなった。ここでマソラ学者と呼ばれているのは、ユダヤ教成立以後、長期にわたってヘブライ語聖書写本の伝承・原文校訂に従事してきた文献学的聖書学者たちのことと思われる。彼らにはいくつかの流派があったが、そのうち北イスラエルの古都ティベリアスを本拠とする学者たちの校訂した写本（完本として残る最古のヘブライ語聖書写本。九世紀末ごろの成立か）が、今日流通しているヘブライ語聖書の源となったという。

52 それぞれ原文では第十四章二十三節および同章十六節となっているが、内容から底本に従ってこう直す。

サライムでなくエルサレムと呼ばれるのが普通であった。［古代ヘブライ語では］「彼」「彼女」両方を示す代名詞である、フウ הוא についてもこれと同じだと思われる。つまり後世のヘブライ人たちは、女性形の時にはヴァヴ ו = v をユッド י = j に変化させた（こういう変化はヘブライ語ではよくあることである）[53]が、古代のヘブライ人たちはこの代名詞の母音［を変化させること］だけで女性形を男性形から区別するのが普通だった［＝つまり子音だけで成立している書き文字自体は hv/hj のように変化させる必要がなかった］のである。

他にもいくつかの不規則動詞は古代と後世で形が違っていたし、さらにまた、古代人たちは ה、א、מ、ן、ת、י、ו、といった文字をわざわざ語尾に付けるという、その時代に特有の装飾法を用いていた。これらすべてを豊富な実例で示すこともできるが、読者の皆さんを退屈させ続けるだけだと思うので止めておく。ただ、どうしてお前にそんなことが分かったのか、と問う人がいるかもしれないので、それに答えておこう。こうしたことは後世の人たちに踏襲こそされなかったが、［ヘブライ語の］最古の書き手たちの文書の中に、つまり聖書各巻の中にいくらでも見つけられる特徴なのだ。既に死語となった言語も含めて、他のどのような言語でも、古びてしまった言葉を見分けるにはこのやり方しかないのである。

［二十］しかしもしかすると、この期に及んでもまだこだわり続けている人がいるかもしれない。仮にわたしがこれらの欄外注の大部分を疑わしい読み方とみなしたとして、それなら一体なぜ、一つの箇所に必ず［本文と一つの欄外注という］二つの読み方しか見られないのか。時には三つとか、それ以上の読み方が見られてもいいではないか。さらにまた、聖書本文には明らかに文法規則に反する箇所があるのに、そうした箇所は欄外注では正しく書かれている。したがって、写本を作った人たちが判断に迷ったとか、どちらの読みが本当か確信できなかったなどとは到底信じられないではないか、といった反論が考えられる。

しかしこうした反論にも簡単に答えられる。たとえば前者の反論だが、たしかに元々あった読み方は、わたしたちの手元に残る写本に見られるよりも多かったのである。たとえばタルムードには、マソラ学者たちに採用されなかった多くの読み方が記録されている。それらは明らかに、あまりにも多くの箇所でマソラ学者たちの読みか

53 現代ヘブライ語でも「彼」はフウ הוא、「彼女」はヒイ היא と書かれる。

らかけ離れているので、あの迷信深いボンベルク聖書[54]の校訂者などは、ついに序文でこう認めなければならなかったほどである。「そしてここでは、既に述べた答えを繰り返すことしかわたしたちにはできない。つまり、マソラ学者たちに従わないのがタルムードの習わしだったということである」。つまりこれらの異読にどう辻褄を合わせてよいか、自分には分からないと言っているのだ。こういうわけで、本当に一つの箇所に決して二つを超える読み方がなかったのかどうか、十分な根拠に基づいて断言することはできないのである。

　そうではあるのだが、一つの箇所に二つを超える読み方が見つからないことは、わたしは「事実として」率直に認めるだけでなく、むしろそれが当然だと思っている。これには二つの理由がある。

　一つには、わたしたちは「先ほど」読み方の異同が生じた原因を示したけれども[55]、この原因によって二つを超える読み方が生じるとは考えにくいからだ。先に示したように、こうした読みの異同が生じたのは、主に「ヘブライ語の字母の中に」互いに紛らわしい文字が何組かあったせいである。ということは、問題はほとんどいつでもベートבかカフכか、ユッドיかヴァヴוか、ダレットדかレーシュרかといった、二つの文字のどちらを［本文に］採用するべきかという点に集約される。これらの文字はきわめて頻繁に用いられるので、往々にして、どちらを採用してもそれなりに意味の通ることがありえたのである。さらに音節が長いか短いかは、先ほどのいわゆる「無音化する文字」によって決まってくる。これに加えて、欄外注すべてが疑わしい読み方というわけではない。既に述べた通り、風紀上の理由から付けられた注も多かったし、また古びて通じなくなった言葉を説明するための注などもあったのである。[56]一つの箇所に二つを超える読み方が見つからないのを、わたしが当然だと思ってい

54　ボンベルク聖書とはイベリア半島出身のヘブライ学者ヤーコブ・ベン・ハイム（ローマ字表記は ben Chajim, ben Hayyim など一定しない。一四七〇ごろ～一五三八ごろ）の校訂によるヘブライ語聖書（一五二五／二六年出版）を指す。この聖書はマソラ学者たちの本文校訂の延長線上に成立した、ヘブライ語聖書印刷史上長く後世の模範となった版である。アントワープ出身の出版業者ボンベルク（Daniel Bomberg：一四七〇／八〇～一五四九？）によってベネチアで刊行されたことから、こう通称されることが多い。

55　本章十五節を参照。

56　本章十八、十九節を参照。

る二つ目の理由は、そもそも写本を作った人たちの参照した聖書原本の数が、かなり限られていたと思われるからだ。恐らく二部か三部で、それ以上ということはないだろう。タルムードの中の小品『ソーフェリーム編』第六章では、こうした欄外注はエズラ自身が付けたことにされているが、これを理由にエズラの時代に作られたと想定されている原本は、三部しか話題に上らない。いずれにせよ、仮に三部だったとすると、そのうち二部がいつも同じ箇所で一致していたというのは大いに考えられる。原本が三部しかないのに、同じ一つの箇所の読み方が三つともばらばらだったら、その方がむしろ不思議だろう。

エズラ以後の時代にそれほどの原本不足が生じた経緯については、『マカバイ記一』第一章やヨセフス『ユダヤ古代誌』第十二巻七章を読むだけで誰もが納得するだろう。[57]それどころか、むしろあれほどの規模であれほど長く続いた迫害の後、少数とはいえ原本を残せただけでも奇跡に近いことのように思われる。このことは、あの［迫害の］物語をそこそこ注意深く読めばみんな同意してくれるだろう。

二つを超える読み方がどこにも現れない事情は、これではっきりしたと思う。したがって、二つより多い読み方がどこにもないことを理由に、聖書に欄外注のついている箇所は何らかの秘密を示すために意図的に誤った形に書かれたのだ、などという結論を下すのは的外れもいい所なのである。

さて、今度は後者の反論を見てみよう。どんな時代の書法にも合わないと考えるしかないほど、明らかに誤った形に書かれている箇所もいくつか存在する。そうした箇所は欄外に注など付けずに、むしろ直接本文を直すべきではなかったか〔＝にもかかわらず注を付けるに止められたのは、何か深遠な秘密が隠されているからではないか〕、というのがその主旨であった。わたしにはこの反論もあまり有効とは思えない。どんな信条から彼ら〔＝写本製作者たち〕がそうしない〔＝直接本文を直さない〕と決めたのか、わたしの知ったことではないからだ。もしかすると、彼らは誠意からそう決めた

57　いずれの場面でもユダヤ人迫害の一環として、聖書（律法の書）の破却や焼却が行われている。『マカバイ記』は、主に紀元前二世紀前半からのユダヤ人たちの独立運動を扱った四編の文書であり、新共同訳聖書には一部の版だけに「旧約聖書続編」として収められている。『ユダヤ古代誌』については、スピノザの読んだラテン語訳とギリシャ語原文では章立てが異なっており、第十二巻五章四節（邦訳第四巻七八ページ）とする方が分かりやすい。

のかもしれない。彼らは後世の人たちに、聖書各巻を自分たち自身が数少ない原本に見出した通りの形で伝えようとして、原本相互の一致しない箇所には疑わしい読み方というよりもむしろさまざまな異読として注を付けたのかもしれない。わたしがそれらを「疑わしい読み方」と呼んできたのは、実際わたしにはそうした箇所のほとんどすべてが疑わしく思われ、どちらの読みを優先したらよいかさっぱり分からないから、というだけのことである。

［二十二］最後になるが、これら読み方の疑わしい箇所以外にも、写本を作った人たちは（章句の間に空白を設けることで）原文が破損していた箇所も数多く指摘している。マソラ学者たちの伝えるところでは、章句の途中でこうした空白の設けられた箇所の数は二十八に上るという。わたしの知るところではないが、彼らはこの数にも何らかの秘密が潜んでいると信じているのだろうか。ちなみにパリサイ人たちは、これらの空白の長さが一定を保つよう一心に努めている。[58]

こうした空白箇所の例として（一つだけ挙げておくと）、『創世記』第四章八節にはこのように書かれた箇所がある。「そしてカインは弟アベルに言った……そして彼らが野にあった時、カインは（以下略）」。ここではカインが弟に何を言ったか書いてあるべき箇所に、空白が残されている。このような形で（既に指摘した［読み方の疑わしい］箇所以外にも）写本製作者たちによって残された空白が二十八箇所にわたって見られるのである。もっとも、それらの中には、空白が設けられていなければ破損しているようには見えない箇所も多い。しかしこうしたことについてはもう十分だろう。

58 原文は直訳すると「空白の一定の量を一心に遵守している spatii certam quantitatem religiose observant」。諸国語訳は「量」の解釈をめぐって、「空白箇所の数を二十八以上にも以下にも変更しないよう固執している」という解釈と、「空白部分の長さがどの箇所も一定になるよう（写本を作る時などに）固執している」という解釈に分かれているが、ここでは一応後者に従っておく。

原注

一．〈第一章一節〉

［ヘブライ語では］語の三番目の字がいわゆる「無音化する語根字」に当たる場合これが脱落し、その代わりに二番目の字を重ねる傾向がある。[1] たとえばキラー קרה から無音化したヘー ה が落ちてコレル קלל という言葉ができ、さらにそこからコル קל ができる。〈あるいはニバー נבא から「無音化したアレフ א が落ちて」ノベブ נבב ができ、さらにニブ・シェパタイム ניב שפתים となる。〉これは発言や談話［＝ヘブライ語を直訳すると「唇の果実」］という意味である。同様にバザー בזא からバザズ בזז あるいはブズ בוז ができる（シャガグ שגג、シュグ שוג、ミシュゲー משגה はシャガー שגה

1　「無音化する語根字 radicalis quiescens」という用語については本書第九章十五節を参照（ただし「無音化する文字」という微妙に異なる表現が用いられている）。なお第一章十二節の注にも記したが、ヘブライ文字は右から左に記されるので、ここで言う二番目、三番目とはそれぞれ右から数えて二番目、三番目の文字のことである。

に由来し、ハマム חמם はハマー חמה に、バラル בלל やベリアル בליעל はバラー בלה に由来する)。したがって、このナビ[母音の長短を正確に表記するとナービー] נבא という言葉の解釈は、ラビのシェロモ・ヤルギが行ったものが一番よい。イブン・エズラはヘブライ語を特に詳しく知っていたわけではないので、意味をつかみ損ねている。[2]さらに注意してほしいのは、預言を意味するネブアー נבואה という名詞は一般名詞であり、あらゆる種類の預言を含むということである。これに対し、[ヘブライ語で預言を意味する]他の名詞は特殊名詞であり、大抵の場合何らかの特殊な形の預言だけを指している。もっとも、これは学者たちには既に周知のことだろう。

二(第一章三節、スピノザの肉筆が残っている)

つまり[自然の知を広めようとする人たちを]神の代弁人[と呼ぶことはできない]。神の代弁人とは他人に神の取り決めを通訳する人のことだが、この場合の他人とは啓示を受けられず、神の取り決めを重んじようにも預言者の権威に頼るしかない人たちのことだからである。もし哲学者の言葉に耳を傾ける人たちが自ら哲学者となるように、預言者の言葉に耳を傾ける人たちが自ら預言者となってしまったら、その預言者は神の取り決めの代弁人ではなくなるだろう。その時には、聞き手たちはその預言者のもつ確証と権威ではなく、［自分自身に与えられた］啓示と［自分自身の］内からの確証に頼ることになるからだ。同じように、至高の権力の持ち主たちはその国が定めた権利関係の代弁人である。彼らが制定した法律はもっぱら彼ら自身の権威によって

2　シェロモ・ヤルギ（「ラシ」ことシュロモ・ベン・イツァークの別名）については第十章十五節（ただしシェロモでなくセロモとつづられている）の、イブン・エズラについては第二章十四節の、それぞれ訳注を参照。底本によると、どちらの解釈もスピノザが所持していた聖書に注解として印刷されているという。ラシはネブアー（預言）の語源を、果実や産物を意味するニブという言葉に求め、預言者の活動とは「唇からの果実（ニブ・シェパタイム）を生み出すこと」であると解釈する（典拠としては『イザヤ書』第五十七章十九節などを参照）。イブン・エズラはこの解釈を批判し、ナビ（預言者）とニブは字数が同じ（ヘブライ語では三文字）なのに文字が違うからネブアーとニブも別語源と考えるべきだとする。この原注の書き手（それがスピノザ本人かどうかは断定できない。本文では、スピノザはナビというヘブライ語を少し違う形でつづっている）は、ここでニブより遡ったニバーという形を提示し、この形ならナビ（ナービー）と文字の上で完全に一致することを根拠に、エズラの批判を退けてラシに軍配を上げようとしたものと思われる。

守られ、もっぱら彼ら自身の確証によるものだからである。

三.（第一章二十六節）

たとえある人たちが、他の人たちが自然に授かっていない何かを持っているとしても、そうした人たちが人間としての自然な性質を超え出ているとは言われない。それは単に、その人たちが人間というものの自然な性質の定義から「直ちに」感知されることのないような何かを持っている、というだけのことである。例を挙げると、巨人のような大男は滅多にいないが、大きいといってもやはり人間の大きさである。また、即興で歌を作ることはごく限られた人たちにしかできないが、それにもかかわらず人間のやることである。ある人が目を開いたままものごとを生き生きと、まるで目の前にあるかのように想像できてしまう、というのもこれと同様なのだ。これに対し、もしものごとを感知するための人外の手段と、認識するための人外の土台を持っている人が「本当に」いたら、その人は確かに人間として自然な性質の限界を超越していると言える。

四．（第三章六節）

『創世記』第十五章で、神はアブラハムに、わたしはお前の守護者であり、たくさんの報酬を与えるであろうと語っている。これに対しアブラハムは、わたしが自分に何を望もうと大した意味はない、もう年なのに子がいないのだから、と答えている。

五．（第三章六節）

永遠の生を得るには、旧約聖書にある指図を守るだけでは不十分なのだ。これは『マルコによる福音書』第十章二十一節から明らかだ。

六．（第六章六節、スピノザの肉筆が残っている）

神そのものについて明晰判明な観念をもたず、雑な観念をもっているあいだは、わたしたちは神が存在することに対して、したがってまた、ありとあらゆることに対して疑いを差し挟むことになる。たとえば三角形本来の性質を正しく分かっていない人には、三つの角の和が二直角に等しいことは分からない。これと同じように、神本来の性質［＝本性］を雑に理解している人には、神本来の性質には存在するということが［必ず］属しているとは分からないのである。さて、神本来の性質を明晰判明に理解するためには、ひとびとが共通概念と呼ぶある種の単純きわまりない概念に注意を向けてみる必要がある。そしてこれらの共通概念と、神本来の性質に属するさまざまなことを結び付けてみる必要がある。そうすれば、神は必然的に存在しどこにでも遍在するということが、わたしたちにとって何よりもまず明らかなこととなるだろう。また同時に、わたしたちが理解するすべてのことはそれ自身の内に神本来の性質を含んでいて、この性質を通じて理解されるということが明らかになる。そしてわたしたちが十全に理解することは、みな真であることが明らかとなる。しかしこうしたことについては、『幾何学的な仕方で論証された哲学の諸原理』という本[3]の序文を参照してほしい。

七．（第七章十二節、スピノザの肉筆が残っている）

つまりこの言語に親しんでおらず、その語法もわきまえていないわたしたちには［見つけられない］、ということである。

八．（第七章十七節）

つかみようのあることとは、わたしの理解では、きちんと立証されることだけを指すのではない。そこには通常わたしたちが確実に［内容を］とらえた気になっているようなことや、たとえ決して立証できなくても不審がらずに聞き入れているようなことも含まれる。［たとえば］エウクレイデス［＝ユークリッド］の定理［が何を言おうとしているか］は、まだ証明を受けていなくても誰にでもつかめる。同じように、過去のことであれ未来のことであれ、人間にありそうな範囲を踏み越えないようなことについての物語も、法律や制度や慣習と同様に、つかみようのあることと呼んでおく。たとえ数学的に立証できなくても、それらははっきりつかめることなのである。これこれに対し、ありそうなことの範囲をどうしても踏み越えているように見える謎や物語を、わたしはつかみようのないことと言う。しかしそうした謎や物語の中にも、わたしたちの示した方法で探求していけば、作者の考えをつかめるものはいくつもあるのである。

3　一六六三年に刊行されたスピノザの著作『デカルトの哲学原理』を指す。

九．（第八章三節）［モリヤの山を神の山と呼んでいるのは］アブラハムではなく物語作者である。作者自身が述べているように、今日「神の山で啓示されるであろう［新共同訳：主の山に、備えあり］」という名で呼ばれているその場所を、アブラハムは「神は予見なさるだろう［新共同訳：主は備えてくださる］」という名で呼んだからだ。

十．（第八章四節）この［ダビデ王の］時代からヨラム王の治世に至って反旗を翻すまで（『列王記下』第八章二十節）、エドムには王がいなくなり、ユダヤ人たちの立てた長官が王に代わる地位を占めた（『列王記上』第二十二章四十八節を参照）。したがって［この間の時期は］エドムの長官が「王」と呼ばれている（『列王記下』第三章九節）。さて、エドム人たちの『創世記』第三十六章の系譜に書かれている］最後の「王」が即位したのはサウルが「イスラエルの初代の」王となる前だったのか、それとも聖書が『創世記』のこの［三十六］章で敗死しなかった王たちだけを取り上げようとしているのか、意見が分かれるところである。なお、ヘブライ人たちの王の一覧にモーセを加えたがる人がいるけれども、これは馬鹿げている。モーセは神にうながされてヘブライ人たちの国を打ち立てたが、この体制は君主国家の体制とは完全に異質なものだったからだ。

十一（第九章二節）

たとえば『列王記下』第十八章二十節を読むと、二人称で「お前は［えらそうなことを］言ったが（アマルタ）、しょせん口先だけだ」云々とある。ところが『イザヤ書』第三十六章五節では「わたしは言ったはずだ（アマルティ）、戦争には計略や軍事力が必要なのだと」となっている。さらに『列王記下』第十八章二十二節を読むと「しかし恐らくお前たちは言うだろう（ヴェキ・トムルン）」と［主語が］複数形になっているが、『イザヤ書』の該当箇所［第三十六章七節］では単数形になっているのが分かる。さらに『イザヤ書』の文面には（『列王記下』第十八章三十二節以下の）「オリーブと蜜に満ちあふれた土地を、お前たちが死なずに生きていけるように［わたしはお前たちに与えよう］」。ヒゼキヤに耳を貸すな」という言葉が欠けている。このような異同は他にもたくさん見つかるが、その中からどの読み方を優先的に採用すべきかは、誰にも決められないだろう。

十二.（第九章二節）

たとえば『サムエル記下』第七章六節を読むと「そしてわたしは絶えず幕屋や天幕とともに放浪した」とある。これに対し『歴代誌上』第十七章五節には「そしてわたしは天幕から天幕へ、幕屋から［幕屋へと］移ってきた」とあり、ミタレク［＝絶えず］がメオヘル［＝天幕から］に、オヘル［＝天幕とともに］がエルオヘル［＝天幕へ］に、ベミシュカン［＝幕屋とともに］がミミシュカン［＝幕屋から］に変わっている。さらに『サムエル記下』第七章十節を読むと「彼を打ち砕くために」とあるが、『歴代誌上』第十七章九節では「彼をすりつぶすために」である。これらの章を一度でも読めば、誰でもこうした多くの異同や、さらに重要性の高い異同に気がつくだろう。ものがまったく見えていなかったり、完全に正気を失っていたりしたらその限りではないが。

十三.（第九章三節、スピノザの肉筆が残っている）

ここの聖書本文は、ヨセフが売り飛ばされた時期だけに関連付けられている［＝直後のユダの物語とは時期的に結びついていない」。これは話の文脈から明らかなだけでなく、ユダ自身の年齢から計算しても分かる。この前の章の物語をもとに計算してよいとすると、ユダはこの「ヨセフが売り飛ばされた」時点で、多く見積もっても二十二歳を超えてはいなかったはずだ。『創世記』第二十九章の最終節から明らかなように、族長ヤコブがラバンに仕え始めてから十年目にユダが、そして十四年目にヨセフが生まれたからである。ヨセフ自身は売り飛ばされた時に十七歳だったから、ユダはその時点で二十一歳だったわけで、これより年長ではなかったはずである。したがって、ヨセフが売り飛ばされる前にユダは家を離れて長いこと戻っていなかったのだ、と信じている人たちは、自分自身をごまかそうとしているわけであり、聖書の神聖さを確信しているというよりはむしろこれに悩まされているのである。

十四．（第九章四節、スピノザの肉筆が残っている）
ある人たちはヤコブが「ラバンのもとを離れた後も」八年か十年ほどメソポタミアとベテルの間を放浪していたと考えている。イブン・エズラには悪いが、これは馬鹿げた感じがする、とわたしは言っておく。「できるだけ速やかに戻って」両親に会いたいという願いに駆り立てられていたはずだから、というだけではない。［自分で立てた］誓いを果たすためにも（『創世記』第二十八章二十節や第三十一章十三節を参照）、彼はできる限り急いで［戻ろうとして］いたはずだからである。もっとも、そんなことは根拠の不確かな推測にすぎないではないか、と思う人たちがいるかもしれない。それでは仕方ない、ヤコブは八年か十年、お望みならさらに多くの年月を、この短い道のりに費やしたとしてみよう。オデュッセウスよりひどい運命にでも導かれたのだろうか。この放浪の最後の年にベニヤミンが生まれたことは、彼らもまず否定できないだろう。つまり彼らの仮定によると、ヨセフが生まれてから十五年目か十六年目かそこらでベニヤミンが生まれたことになる。ヤコブはヨセフが生まれて七年目にラバンのもとを離れ［そして彼らの仮定によればさらに八年か十年ほど放浪を続け］たからである。しかしこの章［の本文］で示した通り、ヨセフ十七歳の年から族長ヤコブ自身がエジプトに移った年までは、二十二年を上回るとは考えられない。そうするとベニヤミンはエジプトに旅立った時点で二十三歳か、多く見積もっても二十四歳だったはずだが、その若さで確実に孫たちがいたことになる（『創世記』第四十六章二十一節を参照。またこの箇所と『民数記』第二十六章三十八〜四十節および『歴代誌上』第八章一節以下を比べてみてほしい)。これはディナが七歳で暴行を受けたという説と同じくらい不合理である。またこの物語の順序からわたしたちが導き出してみた、他のさまざまな結論と同じくらい不合理である。以上のことから明らかなように、不器用な人たちは問題を解きほぐそうとして別の問題に落ち込んだり、ものごとを一層もつれさせてはバラバラに引き裂いたりするのである。

十五.(第九章六節、フランス語で古い仏訳版だけに残っている)
〈つまり、『ヨシュア記』に見られるのとは別の言い回しと順序で〉

十六.(第九章七節)
律法学者《ラビ》のレヴィ・ベン・ゲルソン[5]たちは、聖書では異民族の支配を受けずに過ぎ

---

4 オデュッセウスは古代ギリシャの伝説に登場する英雄で、叙事詩『オデュッセイア』の主人公。トロイア戦争で活躍したが、運命のいたずらにより地中海各地を十年も放浪したのち、ようやく領地に帰還する。

5 ベン・ゲルソン(ゲルソニデス)については、本書第二章十三節の訳注を参照。

たと語られているこの四十年とは、ヨシュアの死を起点に数えられたものだと信じている。したがってこの中には、民衆がクシャン・リシュアタイムの支配に屈していた［はずの］その前の八年も含まれるというのである。そしてこれに続く［モアブの王エグロンに支配されていたはずの］十八年も、エフドとシャムガルが士師を務めていた八十年に繰り入れるべきだという。異民族に隷属していたとされる他の期間についても、彼らは同様に考えていて、これらはいつでも、異民族の支配を受けなかったと聖書が証言している期間に含められるという。しかしヘブライ人たちが何年間隷属していて何年間自由であったのか、聖書ははっきりと数えあげている。しかも［『士師記』］第二章十八節では、ヘブライ人たちは士師たちが生きている間は常に栄えていた［＝彼らのいない時には栄えていなかった］、とはっきり言われているのである。ベン・ゲルソンが他の点では大変な学識のある人だということに異論はない。しかし以上のことから考えて、彼も彼の追随者たちも、このような問題を解きほぐそうとする時には、聖書［の記述］を解明するよりもむしろ明らかに書き改めてしまっているのである。これと同じ誤りを犯している人たちは、他にもいる。聖書はこういう年数の概算を行っている箇所ではユダヤ人国家の成立していた時期だけを示そうとしたのであり、これに対し無政府状態だった時期や他民族に隷属していた時期などは災いの時代、国家体制のいわば端境期として、年数の総計に加えられなかったのだ、などと主張する人たちがそうである。たしかに聖書には、無政府状態だった時期のことは言及せずに通り過ぎようとする傾向がある。しかし他民族に隷属していた時期のことは自由だった時期のことに負けず劣らず書き伝えようとしており、彼らが思い込んでいるような、そうしたことを年代記から削ろうとする傾向などは存在しない。［削るどころか］むしろエズラなどは『列王記上』で、エジプト脱出から端的に経過した［という触れ込みの］年数[6]をそのような概算の中に取り入れようとしていた。これ［が年数の水増しであること］は聖書に通じた人なら決して異論を挟まないくらい明らかなことである。というのも、もう聖書本文の言葉はいちいち挙げないが、『ルツ記』巻末や『歴代誌上』第二章に残されているダビデの系譜本体には、そこまで大きな年数を容れる余地などほとんどないからだ。たとえばナフションはエジプト脱出から二年目にユダ族の

6　『列王記上』第六章一節に、ソロモンがエルサレム大神殿の建設に取りかかったのは「イスラエル人がエジプトの地を出てから四八〇年目」に当たるという記述がある。

指導者だった人物で（『民数記』第七章十一～十二節を参照）、したがって［カナン到着前に］荒野で死んだ。その息子のサルマはヨシュアとともにヨルダン川を渡った。さて、そのサルモン［＝サルマ］は例のダビデの系譜にしたがえばダビデの高祖父であった。もしこの［エズラが『列王記上』で挙げた］四八〇年という数字からソロモンの［神殿建築着工時点での］在位年数四を引き、ダビデの生きた年数七十を引き、荒野で経過したという年数四十を引くならば、ダビデが生まれたのはヨルダン川を渡って三六六年目ということになる。したがってまた、彼の父、祖父、曽祖父、高祖父は、それぞれ九十歳の時に息子をもうけた、ということにどうしてもなってしまう。

十七．（第九章七節、恐らく別人の書き込み）
サムソンはペリシテ人たちがヘブライ人たちを屈服させた後で生まれた。

十八．（第九章十二節、恐らく別人の書き込み）
さもないと、それら［の方法］は聖書の言葉を解明するというよりもむしろ書き改めることになる。

十九・（第九章十四節）

キルヤト・エアリムはバアル・イェフダとも呼ばれるので、キムヒたちはわたしがここで「ユダの民から」と訳したバアレ・イェフダ[7]という言葉を、町の名だと考えている。しかしそれは間違いである。バアレは複数形だからだ。さらにいえば、この『サムエル記下』の文章を『歴代誌上』［第十三章五節］のそれと比べてみると、実はダビデはバアル［・イェフダ＝キルヤト・エアリム］で決起して立ち去ったのではなく、［契約の箱を運び出すために］この町へ出かけて行ったことが分かる。もし『サムエル記下』の作者が、ダビデが聖櫃を運び出した土地を指し示そうとしていたならば、いかにもヘブライ語的な言い回しで「そしてダビデは立ち上がり、バアル・ユダから（略）立ち去り、そこから神の箱を運び出した」と述べていたはずである。

---

7 第九章十四節の本文では「ユダの民は populus...ex Judae」と訳されていて、構文が少し違っている。しかもユダ族を意味する言葉が、本文ではよりラテン語的なユダ Juda に変えられているのに、ここの原注ではヘブライ語的なイェフダ Jehuda のままで統一されていない。キムヒについては第九章十一節および第十五章二節の訳注を参照。

二十．（第九章十四節、フランス語で古い仏訳版だけに残っている）
〈この箇所を注解しようとして、ここを「そしてアブサロムは逃れてゲシュルの王アミフドの子タルマイの元に引きこもり、そこに三年間とどまった。そしてダビデは彼［＝アブサロム］がゲシュルで過ごしていた間、ずっと息子［＝アムノン］を思って嘆き続けた」のように直した人たちがいる。しかしこういうことを解釈と呼べるだろうか。聖書を説明するにあたって、このように言葉を付け加えたり削ったりして文章全体を組み替えてしまうとは。言わせてもらうが、これほど勝手なことをしても許されるというならば、それは聖書を書き改めて、まるで一塊の蜜蠟のように、思い通りの形を与えても許されるということではないか〉

kobunsha classics
光文社古典新訳文庫

神学《しんがく》・政治論《せいじろん》（上）

著者　スピノザ
訳者　吉田《よしだ》 量彦《かずひこ》

2014年5月20日　初版第1刷発行
2025年7月30日　第5刷発行

発行者　三宅貴久
印刷　大日本印刷
製本　大日本印刷

発行所　株式会社光文社
〒112-8011東京都文京区音羽1-16-6
電話　03（5395）8162（編集部）
03（5395）8116（書籍販売部）
03（5395）8125（制作部）
www.kobunsha.com

KOBUNSHA

©Kazuhiko Yoshida 2014
落丁本・乱丁本は制作部へご連絡くだされば、お取り替えいたします。
ISBN978-4-334-75289-7 Printed in Japan

※本書の一切の無断転載及び複写複製（コピー）を禁止します。

本書の電子化は私的使用に限り、著作権法上認められています。ただし代行業者等の第三者による電子データ化及び電子書籍化は、いかなる場合も認められておりません。

いま、息をしている言葉で、もういちど古典を

長い年月をかけて世界中で読み継がれてきたのが古典です。奥の深い味わいある作品ばかりがそろっており、この「古典の森」に分け入ることは人生のもっとも大きな喜びであることに異論のある人はいないはずです。しかしながら、こんなに豊饒で魅力に満ちた古典を、なぜわたしたちはこれほどまで疎んじてきたのでしょうか。

ひとつには古臭い教養主義からの逃走だったのかもしれません。真面目に文学や思想を論じることは、ある種の権威化であるという思いから、その呪縛から逃れるために、教養そのものを否定しすぎてしまったのではないでしょうか。

いま、時代は大きな転換期を迎えています。まれに見るスピードで歴史が動いていくのを多くの人々が実感していると思います。

こんな時わたしたちを支え、導いてくれるものが古典なのです。「いま、息をしている言葉で」——光文社の古典新訳文庫は、さまよえる現代人の心の奥底まで届くような言葉で、古典を現代に蘇らせることを意図して創刊されました。気取らず、自由に、心の赴くままに、気軽に手に取って楽しめる古典作品を、新訳という光のもとに読者に届けていくこと。それがこの文庫の使命だとわたしたちは考えています。

このシリーズについてのご意見、ご感想、ご要望をハガキ、手紙、メール等で翻訳編集部までお寄せください。今後の企画の参考にさせていただきます。
メール　info@kotensinyaku.jp